《周易卦象歌》

八卦取象卦歌

☰乾三连，☷坤六断，☳震仰盂，☶艮覆碗，

☲离中虚，☵坎中满，☱兑上缺，☴巽下断。

分宫卦象次序

（乾、坎、艮、震为阳四宫，巽、离、坤、兑为阴四宫，每宫阴阳八卦。）

乾为天，天风姤，天山遯，天地否，风地观，山地剥，火地晋，火天大有；

坎为水，水泽节，水雷屯，水火既济，泽火革，雷火丰，地火明夷，地水师；

艮为山，山火贲，山天大畜，山泽损，火泽睽，天泽履，风泽中孚，风山渐；

震为雷，雷地豫，雷水解，雷风恒，地风升，水风井，泽风大过，泽雷随；

巽为风，风天小畜，风火家人，风雷益，天雷无妄，火雷噬嗑，山雷颐，山风蛊；

离为火，火山旅，火风鼎，火水未济，山水蒙，风水涣，天水讼，天火同人；

坤为地，地雷复，地泽临，地天泰，雷天大壮，泽天夬，水天需，水地比；

兑为泽，泽水困，泽地萃，泽山咸，水山蹇，地山谦，雷山小过，雷泽归妹。

上下经卦名次序歌

乾坤屯蒙需讼师，比小畜兮履泰否；
同人大有谦豫随，蛊临观兮噬嗑贲；
剥复无妄大畜颐，大过坎离三十备。
咸恒遯兮及大壮，晋与明夷家人睽；
蹇解损益夬姤萃，升困井革鼎震继；
艮渐归妹丰旅巽，兑涣节兮中孚至；
小过既济兼未济，是为下经三十四。

上下经卦变歌

讼自遯变泰归妹，否从渐来随三位，
首困噬嗑未济兼，蛊三变贲井既济，
噬嗑六五本益生，贲原于损既济会，
无妄讼来大畜需，咸旅恒丰皆疑似，
晋从观更睽有三，离与中孚家人系，
蹇利西南小过来，解升二卦相为赘，
鼎由巽变渐涣旅，涣自渐来终于是。

李克精讲

帛书周易

李克 译注

北京联合出版公司
Beijing United Publishing Co.,Ltd.

作者简介

李克，崇贤馆创始人，具有30余年出版经历的资深出版人、国学讲师及古籍收藏家。中国文化书院第三届代表大会会员，中华文化促进会书院联盟副秘书长。1985年毕业于北京大学中文系。曾任国务院古籍整理规划办、中华书局编辑。

著作有《东方圣典》（与余世存合作）《大家读老子》（与任德山合作）《大家读传习录》《帛书道德经》。为抖音视界策划《二十四史名家精讲》课程150讲；在喜马拉雅平台讲述《三维解读老子〈道德经〉》82讲。

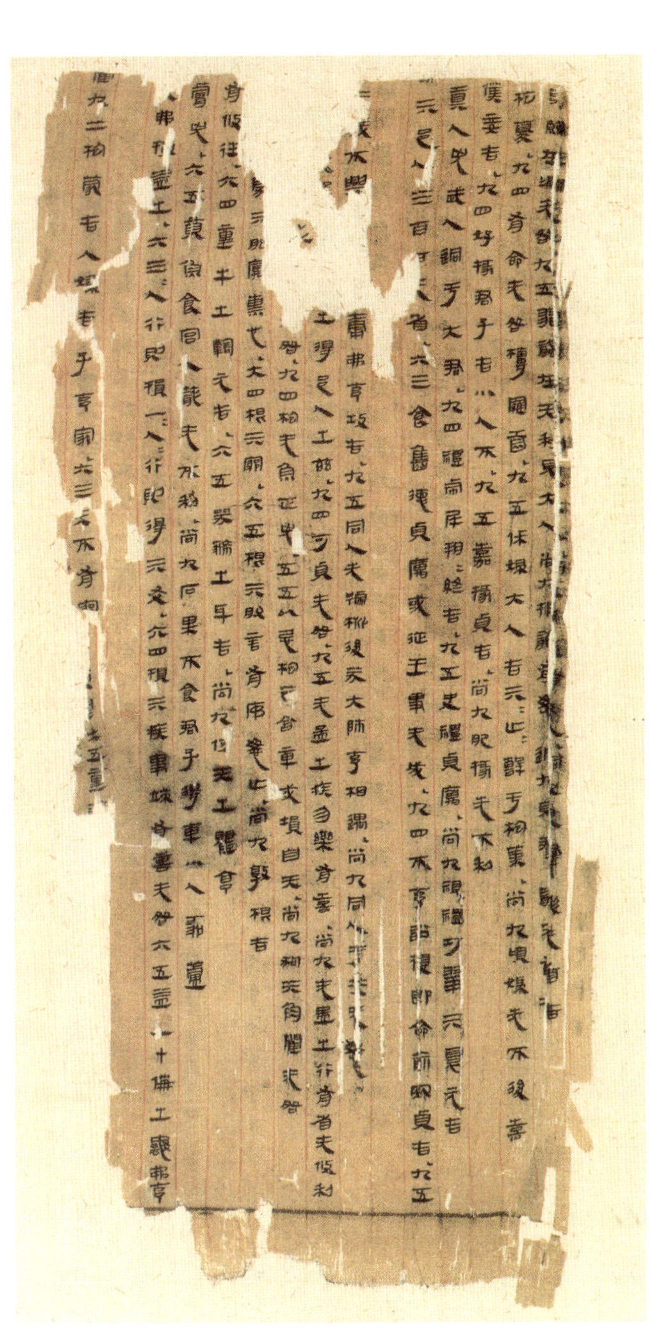

1973年湖南长沙马王堆3号汉墓出土

《帛书周易》原件摄影片段（1）

1973 年湖南长沙马王堆 3 号汉墓出土

《帛书周易》原件摄影片段（2）

出版说明

1973年12月，湖南长沙马王堆3号汉墓出土了大批西汉帛书，震惊了考古界和学术界。这些帛书包含《帛书周易》《帛书老子》《战国纵横家书》《五十二病方》等二十多种古书，十多万文字，为后世研究我国古代早期思想、军事、天文、医学、地理等提供了重要的参考史料，也在形制上第一次向世人形象地展示了古代文献类帛书的原始面貌。

在这些帛书中，《帛书周易》引起了世人的极大关注。它不仅包含《周易》经传原文，还有部分解释《周易》的文章，这对研究《周易》这本奇书的创作年代、历史沿革、思想解读等都具有重大的史学价值，也为推动易学发展带来了积极助力。

那么，《帛书周易》与后世通行本《周易》是否有着异同呢？下面我们来详细介绍：

一、《帛书周易》组成部分

众所周知，《周易》作为群经之首，包含《易经》和《易传》两部分。其中《易经》主要为六十四卦和三百八十六爻，卦和爻后又各有卦辞、爻辞，作为商周时期占卜之用。《易传》相传是孔子及其后学针对《易经》所做的注解之作，包含《文言》《彖（上下）》《象（上下）》《系辞（上下）》《说卦》《序卦》《杂卦》，共七种十篇，又称为“十翼”，以此构成了《周易》之书。

马王堆汉墓出土的《帛书周易》可分为三部分，即《易经》《系辞》及《卷后佚书》，分别被书写在两幅宽帛上。

1.《帛书易经》

《帛书易经》六十四卦位于帛幅卷首，共93行，约4900字。包含卦画、卦名、卦辞、爻题、爻辞五部分。其卦名与通行本多有不同，卦序、卦辞和爻辞也不尽相同。

2.《帛书系辞》

《帛书系辞》书写在另一幅宽帛上，共46行，约2700字，字数比通行本少，且不分上下篇。《帛书系辞》包含了通行本《系辞上》第一至第七，第九至第十二章，《系辞下》第一至第三章，第四、第七部分章节及第九章。对于那些缺少的章节散见于《帛书卷后佚书》的《衷》和《要》篇中。

3.《帛书卷后佚书》

《帛书卷后佚书》包括《二三子》《衷》《要》《缪和》《昭力》五篇，大多都是未曾流传的易学研究之作。这些佚书因为位于帛书外侧，所以缺损比较严重，字数共计约10200字，主要为孔子及其门徒对于卦辞、爻辞、卦符等的讨论记录，是研究孔子及其儒家思想的重要资料。

二、六十四卦卦名

《帛书周易》中六十四卦分为八宫，每宫八卦，按照八卦相重的原则排列次序。具体其与通行本卦名的异同可见下表。

帛书本	键	妇	掾	礼	讼	同人	无孟	狗	第一宫
通行本	乾	否	遯	履	讼	同人	无妄	姤	
帛书本	根	泰蓄	剥	损	蒙	蘩	颐	箇	第二宫
通行本	艮	大畜	剥	损	蒙	贲	颐	蛊	
帛书本	赣	襦	比	蹇	节	既济	屯	井	第三宫
通行本	坎	需	比	蹇	节	既济	屯	井	
帛书本	辰	泰壮	余	少过	归妹	解	丰	恒	第四宫
通行本	震	大壮	豫	小过	归妹	解	丰	恒	
帛书本	川	泰	嗛	林	师	明夷	复	登	第五宫
通行本	坤	泰	谦	临	师	明夷	复	升	

帛书本	夺	夬	卒	钦	困	勒	隋	泰过	第六宫
通行本	兑	夬	萃	咸	困	革	随	大过	
帛书本	罗	大有	溍	旅	乖	未济	筮嗑	鼎	第七宫
通行本	离	大有	晋	旅	睽	未济	噬嗑	鼎	
帛书本	筭	少蓺	观	渐	中复	涣	家人	益	第八宫
通行本	巽	小畜	观	渐	中孚	涣	家人	益	

三、六十四卦卦序

《帛书周易》中载：“天地定立（位），［山泽通气］，火水（水火）相射，雷风相榑（薄）。”

以此作为卦次排列的依据，再根据传统的“乾为天、坤为地、艮为山、兑为泽、坎为水、离为火、震为雷、巽为风”为例，将八卦排为下图：

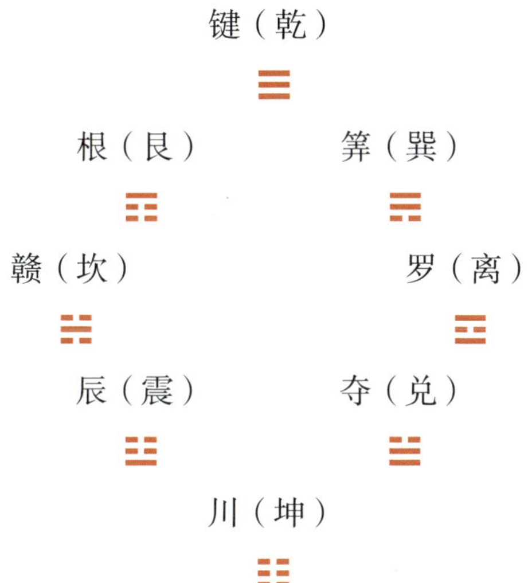

我们按照逆时针的顺序，得出《帛书周易》上卦次序为：键（乾）、根（艮）、赣（坎）、辰（震）、川（坤）、夺（兑）、罗（离）、筭（巽）。再将两对角相连，从左到右得出下卦的次序为：键（乾）、川（坤）、根（艮）、夺（兑）、赣（坎）、罗（离）、辰（震）、筭（巽）。然后上卦从键（乾）卦开始，依次与下卦的八个卦组合，以此类推，上下重卦，组成《帛书周易》六十四卦的次序。由此我们可以看出，《帛书周易》与通行本中只有键（乾）、恒、筭（巽）、中复（中孚）四卦次序相同。

四、六十四卦卦辞、爻辞

除了上述卦名、卦序不同外，《帛书周易》中很多卦辞、爻辞的文字也与通行本有异。

《帛书周易》中因为古音、古字较多，或是受到方言等影响，很多文字与通行本不同，两者或音近或形近，可互相通假。如根卦“初六：根其止，无咎，利光贞。”根据古字古义，根通艮，止通趾。此外，《帛书周易》中对于吉凶的卜辞也比通行本多一些。如箇卦“尚九：不事王矦，高尚其德，凶。”这里比通行本多了断占之辞“凶”字。当然《帛书周易》中还存在一些抄写的错误，如归妹卦“六四：归妹衍期，迟归有时。”此处依据卦画应为九四，所以在研读《帛书周易》时要进行细致比对及勘误。

如今恰逢《帛书周易》出土五十周年，其作为易学研究也经久不衰，我们汲取当代易学专家的研究成果，以及历代对于《周易》的诠释，对《帛书周易》相关资料进行了收集整理、注释校勘，并结合当下生活进行了现代解读，希望能对读者了解《周易》，理解易学哲理有所帮助。

前　言

易学承载着华夏民族遥远而重要的文明记忆。南宋理学大家朱熹将历史上的易学传承划分为五个阶段：画前易，伏羲易，文王易，孔子易和程子易，这一下就追溯到了新石器时代。如果我们能从生物学角度观察，人类确实属于一种需要对自己所记录的信息，做出意义阐释的物种。所以出土文献，对于任何一个民族的文明史、思想史以及社会生活史等诸多方面，都具有极其重要的价值。复旦大学裘锡圭先生在“中国古典学的重建丛书”序言中说：“二十世纪是出土文献大发现的时代。二十世纪七十年代以来，特别是从九十年代至二十一世纪的今天，战国秦汉时代抄写的埋藏于地下的文献层出不穷，极大地丰富了古典学重建所仰赖的资源……出土文献在研究古书的真伪与时代、古书的体例与源流、古书的校勘与解读等古典学问题上，可以发挥极为突出的重要作用。”这次我所做的梳理、翻译和校勘的工作，就是以 1973 年出土于长沙马王堆汉墓的帛书《周易》为蓝本，向广大的学习者们做以比照和讲解。

早在距今 1.2 万年的时点，人类进入了新石器时代，人们开始使用具有文化含义的符号进行祭祀、记录与交流。这些符号被刻在石壁上，学者们称之为符号时期。此后，这些符号数量在增加，又被契刻在陶器上面，良渚古城出土的陶器上，就发现了 600 多个文字符号，学者则称之为初文时期。然而在距今 5000—3000 年间，世界各民族的文字先后走入了成熟的成型期。同步于世界各民族文字的演进过程，东亚地区产生了独特而抽象的文化符号体系。这个体系，经过从远古的伏羲时代到战国中期，一个漫长的演进与迭代的过程；最终华夏先民们，完成了对于不确定性事物进行前瞻性预判的实用体系和哲学体系的建构。

当易学体系在战国中期，发展成了《周易》体系，它也成为了中华民族原生的、具有根性特征的核心典籍。历代的决策者和文化学者，对于易学体系既有膜拜和演绎，也有不停地层累和精研。应该说近 2400 年来，这个演进的过程从未停止过。那我们到底应该如何定性《周易》这本书呢？其实，对于它占筮的原始功用，学者们已有共识。在朱伯昆《易学哲学史》中，他也延用了朱熹的判断，“易本为卜筮而作”的观点。在此基础上，易体系又被分类为理、象、数、图四者，而名之曰易道。

华夏易学体系的宏大，是一代代学人和实践者累积的成果。除去《四库全书》中经部易类的集合，即使在十年非常期间，张政烺先生也完成了关于易学出土文献的研究与探索，后由北京大学李零先生整理成《张政烺论易丛稿》。之后的任继愈先生、李学勤先生、庞朴先生、裘锡圭先生等当代硕学鸿儒，无不皓首穷经，坚持华夏易学的研究，对于马王堆帛书、阜阳汉简和上海博物馆战国楚竹书等新近出土的易学资料与文献，先生们都有研究的观点和成果。

当代易学研究应该跟古代有所不同，因为近年又有大量文献和文物的出土来做以全新的物证。我们举例说明。在 2022 年，浙江省考古所发布在义乌桥头遗址出土的红衣彩陶上，刻有清晰的雷地豫卦图案，这种近 9000 年前以文为卦现象的出现，无疑将易文化的诞生时间，再次向前推进。再比如说，近百余年来，甲骨文的出土与研究，有了更新的成果，对于“贞”字的本义，释为“四德”中的“正固”和“贞洁”。丁四新教授则认为从甲骨文角度，“贞”字应该解为“占问”或是“贞问”。由此可见，易学的研究与推广工作，无论对于学者还是出版人都有巨大的空间。

经世致用和读经持志一直是我们文化中最为优秀的传统。香港中文大学饶宗颐先生曾提出，新出土的帛书《周易》，在卦序上与今传本有所不同，实际上是为我们展现了古人对世界的另一种诠释方式。饶先生在《新经学的提出》一文中说：“马王堆《易》卦的排列，最后的巽宫，以益卦为结束全局，作为最后一卦。这与今本《周易》以既济、未济二卦作结不同，而异曲同工。以未济收场，表示保留‘有馀’，这是中国文化一大特色。‘益’，是积极而富建设性的观念。益卦初九爻辞说：‘利用为大作，元吉，无咎。’上九的爻辞说：‘立心勿恒，凶。’我们如果要大展鸿猷，不是光说说而已，而是要展开‘大作为’，这样或许可以达到像苏诗说的‘天人争挽留’的境界，是天与人所要共同争取的。”经书里面，许多精义对现代人还是有极大的启迪的。

在易学和中华早期文明系统的学习过程中，我有幸在10余年的时间里，参加了浙江良渚古城的发掘记录工作，其后应中科院吕宇斐先生邀请，又参加了神木石峁的考古发掘的记录工作，这应该算是难得的田野考察的实地学习过程。在这些实际工作中，我对于早期文明的符号体系和初文体系的形成，建立了浓厚的兴趣。我先后也跟随一些高校的、专业的先生们，做了较为深入的学习，像北京大学考古文博学院的高明先生，浙江省考古所原所长刘斌先生，四川省考古文博院原院长、李学勤先生的高足高大伦先生，北大考古文博学院的张辛先生，中国台湾奉元书院山长、《周易》研究会会长刘君祖先生等等。与诸位学者的学习与交往，使我更为深刻地认识到，易学这一跨学科的学科是如此之博大精深，这让我产生了更多的敬畏与研究的动力。

然而，对于喜爱传统文化的绝大多数读者来说，在学习帛书《周易》的过程中，如果能够看到一些更早、更确凿的出土文献，通过触摸早期文明的原生状态，从而产生一种真实感，这就可以帮助学习者来完成一种对于文明价值的认同。我想，全球尊重人类文明的每一位成员，应该都需要在精神世界中完成从自觉、自尊而达自信的自我完善的建构。

○

目录

第一宫

第二宫

第三宫

第四宫

第五宫

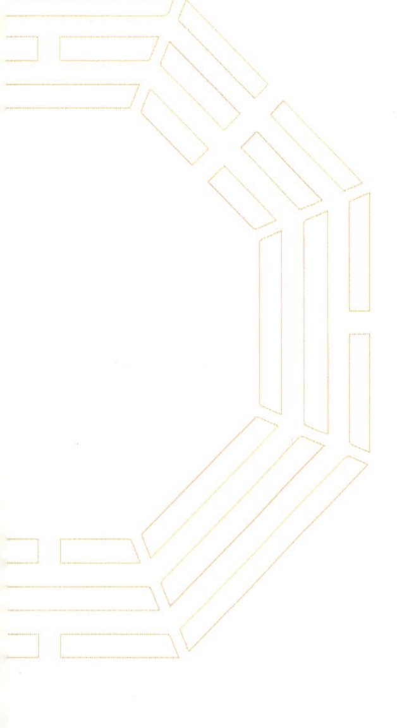

第六宫

第七宫

第八宫

阅读指南

1. 本书正文对帛书本《易经》进行了详细的注释、翻译，并与通行本做了对比，帛书本《易传》的原文则在附录中收录。由于年代久远，帛书出土后已有部分文字残缺不全，这些残字本书中用“□”来表示，为了行文流畅，在译文中，残字部分参考了通行本进行补充，补充译文用“（ ）”表示。

2. 古人将阳爻记作“—”，阴爻记作“- -”，每三爻为一组，组成了八个卦象，分别是乾（☰）、坤（☷）、震（☳）、巽（☴）、坎（☵）、离（☲）、艮（☶）、兑（☱），分别代表天、地、雷、风、水、火、山、泽。由于古字的字形及发音关系，在帛书本中，它们分别被写作键（乾）、川（坤）、辰（震）、筭（巽）、赣（坎）、罗（离）、根（艮）、夺（兑）。此八卦又被称为“经卦”（也称“单卦”），八个经卦两两重叠，组成六十四个“别卦”（也称“重卦”），即《易经》中的六十四卦。上下两个经卦分别称为这一卦的“上卦”和“下卦”，也称“外卦”和“内卦”。其中，下卦表示主方，上卦表示客方。

3. 每个别卦的内容包含了卦画（卦象）、卦名、卦辞、爻题、爻辞五部分。卦画即阳爻和阴爻组成的图示；卦名指我们所熟知的“乾卦”“坤卦”等名称；卦辞指卦名后对这一卦内容的概括句；爻题是指每一卦中“初九”“六四”这类名称；爻辞这是对这一爻内容的解说文字。

4. 古人用“九”表示阳，“六”表示阴，因此，在爻题中，阳爻写作“九”，阴爻写作“六”。通常每卦有六条爻辞，将卦画从下往上看，分别为初爻、二爻、三爻，以此类推。为避免和表示阴爻的“六”重复，第六爻称为“上爻”，帛书本中，“上”写作“尚”。以既济卦为例，从初爻到尚（上）爻分别写作：初九、六二、九三、六四、九五、尚六。“九”和“六”分别表示该爻为阳爻或阴爻，“初、二、三、四、五、尚”则表示该爻在卦画中由下到上的位置。此外，键（乾）卦、川（坤）卦各多出一条爻辞，即迵（用）九、迵（用）六。

5. 六爻所在的位置也有阴阳之分，初爻、三爻、五爻为阳位，二爻、四爻、尚（上）爻为阴位。在一卦中，阳爻在阳位、阴爻在阴位称为“当位”。反之，阳爻在阴位、阴爻在阳位称为“不当位”。当位象征事物发展遵循规律、符合正道，不当位则表示事物发展违背了原本的规律。在具体的每一卦中，爻的当位或不当位对吉凶判断、爻辞解析都有着重要影响。

○第一宫

☰ 键卦第一

【题解】

《汉书·艺文志》记载《周易》成书过程时写道："人更三圣，世历三古。"即伏羲创八卦，周文王姬昌将八卦推演为六十四卦，孔子及其弟子注《易经》成《易传》，《周易》最终形成。

键卦为《帛书周易》中的第一卦，通行本中，键写作乾，为第一卦。相传，键（乾）卦是周文王在被囚于羑里时推演而得，体现了他渴望打开铁锁冲破牢笼的心情。通行本将键改写为乾，则使此卦意义更为丰富。乾代表天、健、刚性、阳性、矫健等含义，代表了刚强勇毅、一往无前的精神，是中华民族的生命之源、文化之本。放眼宇宙，万事万物都在生命的长河中演化生息，这推动宇宙、转动地球、化生万物、演进人类、繁衍中华的伟大力量，究竟从何而来，又会否穷尽呢？易家用一个"乾"字对它进行了高度概括，在《象》解释为"天行健，君子以自强不息"。如果说，世间万物都靠着这"天行健，自强不息"的生命原动力，得以繁衍生息、万代不穷的话，那这也正是易家倡导的每个正人君子、有为之士的最基本的内在力量——孜孜不倦的原动力、自强不息的上进心、日新其德的完美志。

乾之德，也就是前之德、先之德，亦即敢为天下先之德。这在儒家鼓吹士人建功立业的学说中得到发扬，反映出中华先民从事开天辟地的伟大而艰难的事业，义无反顾、勇往直前的精神和道德风尚。

【帛】键[①]：元亨利贞[②]。

【通】乾：元亨利贞。

【译文】键卦：办事能够过程顺利、结果美好。

【帛】初九[③]：浸龙[④]勿用[⑤]。

【通】初九：潜龙勿用。

【译文】初九：圣人、君子、学者等就应该像卧龙那样，潜伏隐居、韬光养晦，不用于世。

【帛】九二：见龙[⑥]在田，利见大人[⑦]。

【通】九二：见龙在田，利见大人。

【译文】九二：龙出现在田间，有利于拜见有权势的人。

---

① 键：卦名，本义为门闩、锁簧、钥匙，可以体现周文王渴望冲出牢笼的心情。古时键、健、乾均从建声，此处也可以理解为键与乾为通假字。

② 元亨利贞：卦辞，表示美好的意思，古人释为四德。元，大，始。享，同亨，亨通。利，有利、得利、顺利。贞，正。

③ 初九：爻题。卦画从由下到上看，第一爻称为“初爻”，初爻为阳爻称为“初九”，若初为阴爻则称为“初六”。九，代表阳爻。六，代表阴爻。

④ 浸龙：潜藏在水中的龙，即卧龙，比喻潜伏隐居的圣人、君王、学者等。浸，通潜。

⑤ 勿用：不用于世。

⑥ 见龙：龙显现出来了。见，通现，显现、出现。

⑦ 见大人：拜见有权势的人。《周易》里的“大人”都是指有权势的、处于统治地位的贵族。见，拜见。

【帛】九三：君子终日键键[①]，夕[②]泥[③]，若厉[④]，无咎[⑤]。

【通】九三：君子终日乾乾。夕惕，若厉，无咎。

【译文】九三：君子整天勤勤恳恳，即使在夜晚仍时刻警惕，谨慎行事。虽有危险，却不会遭受灾祸。

【帛】九四：或[⑥]鰫[⑦]在渊，无咎。

【通】九四：或跃在渊，无咎。

【译文】九四：游龙潜伏在深谷之中，似跃而未跃，不会有过失。

【帛】九五：罪龙[⑧]在天，利见大人。

【通】九五：飞龙在天，利见大人。

【译文】九五：龙高飞于天，利于晋见有权势的人。

【帛】尚九[⑨]：抗龙[⑩]有悔[⑪]。

【通】上九：亢龙有悔。

【译文】尚九：龙飞得过高，会有悔恨。

---

① 键键：勤勉不息。

② 夕：晚上。

③ 泥：通惕，警惕的样子。

④ 厉：危难。

⑤ 无咎：咎，过失、灾祸。无咎就是没有灾祸。

⑥ 或：疑惑。

⑦ 鰫：通跃，跳跃。

⑧ 罪龙：龙行至第五爻位，处于“天道”正位，就像巨龙高飞于天一样。罪，通飞。

⑨ 尚九：一卦中最上方的阳爻。尚，通上，上方。通行本中写作上。

⑩ 抗龙：龙飞过高，会招致悔恨，抗，通“亢”，过也，极也。

⑪ 有悔：有悔恨。

【帛】迵九①：见群龙无首②，吉。

【通】用九：见群龙无首，吉。

【译文】迵九：键卦变为川卦，出现一群龙，谁也不自居首领的位置，则无过亢之灾，这是吉祥的象征。

---

① 迵九：键卦中多出来的一条爻辞，指阳九变为阴六的情况。迵，同用。

② 见群龙无首：键为首，键卦六个阳爻都是震“龙”，是有“首”，而键卦即将进入川卦，性质开始变化，因而川卦是“无见”“无龙”“无首”。

䷋ 妇卦第二

【题解】

妇卦为《帛书周易》中的第二卦，通行本中写作否，为第十二卦。其卦象上为键（乾）下为川（坤），表示天在上方、地在下方，互不相交，反映了闭塞不通、上下不交的问题。站在统治者的角度来看，欺上瞒下、无法上情下达，会使得奸佞小人有机可乘，最终酿成大的灾祸。基于此，儒家主张任人唯贤。

我们常说“否极泰来”。妇（否）卦与泰卦（键下川上）的卦象相反，意义也互相对立。易家认为，事物不可能永远和泰畅达，泰极否来，否极泰来，是《易经》的重要哲学思想。如果说，妇（否）卦表示天地不交，万物不通，世道衰落；那么泰卦则表示天地相交，万物相通，世道昌盛。事物发展到一定程度后，必然向对立方向发生质的变化，如静变动，塞变通，坏变好，乱变治，战变和，敌变友，野蛮变文明，沧海变桑田，深谷变高陵，等等。否泰相倾，盈缩递运，乾坤运转，否极泰来的自然变化和社会进化，绝非易家的空话臆想，而是以地球自然史和人类社会历史的发展事实为根据的。从“否”的含义看，均有非议、贬斥、坏、恶、穷与不通诸义，内含的都是否定之义。但从易家为君子谋、不为小人谋的出发点看，其所否定的只能是反面的东西。因此可以推出，易家的否之德，即否德，绝不是对德本身的否定，而是对非德的否定。这也就是说，易家的否德，正是否非立正之德。

【帛】妇[①]：妇之非[②]人，不利君子贞[③]，大往小来[④]。

【通】否：否之匪人，不利君子贞，大往小来。

【译文】妇卦：闭塞黑暗的局面下小人甚多，不利于君子占卜。此时的卦象是阳刚往外走，阴柔往里来。

【帛】初六：犮[⑤]茅茹[⑥]，以其胃[⑦]。贞[⑧]吉。亨[⑨]。

【通】初六：拔茅茹，以其汇，贞吉。亨。

【译文】初六：拔起茅草，牵连根系，是由于同类汇聚相互牵动，坚守正道可获吉祥，亨通顺利。

【帛】六二：枹[⑩]承[⑪]，小人吉，大人不[⑫]，亨。

【通】六二：包承，小人吉，大人否，亨。

【译文】六二：接受奉承，对小人来说是吉祥的，君子不接受奉承，方可亨通顺利。

---

① 妇：卦名，妇与否古音接近，因而通否。否，指闭塞不通。

② 非：通行本中均作匪。

③ 贞：此处当占卜讲。

④ 大往小来：这是以妇卦的卦象为说的。妇卦是下川上键，与泰卦正好相反。键是外卦，往外，又是纯阳之卦，表示大，可以说“大往”；川是内卦，向内，又是纯阴之卦，表示小，所以说“小来”。

⑤ 犮：古时为拔的异体字，拔除，除去。

⑥ 茅茹：根部连结的茅草。

⑦ 胃：通汇，意为类别、同类。

⑧ 贞：坚守正道。

⑨ 亨：通顺。

⑩ 枹：通包，包容、接受。

⑪ 承：奉承。

⑫ 不：帛书本中将否写作不。

【帛】六三：枹忧[①]。

【通】六三：包羞。

【译文】六三：包容别人对自己的羞辱。

【帛】九四：有命[②]，无咎[③]。梼[④]罗[⑤]齿[⑥]。

【通】九四：有命，无咎。畴离祉。

【译文】九四：奉行天命，没有祸害。让相关同类一道得到福祉。

【帛】九五：休[⑦]妇，大人吉，其亡其亡[⑧]，击[⑨]于枹桑[⑩]。

【通】九五：休否，大人吉，其亡其亡，系于苞桑。

【译文】九五：闭塞黑暗的局面停止，贵族王公可以获得吉祥。危险啊危险，时刻警惕仍然存在的危险，这样才能像丛生的桑树一样坚固安全。

---

① 忧：通羞，羞辱。
② 命：天命。
③ 咎：灾祸。
④ 梼：通畴，表类，同类。
⑤ 罗：通离，当读为丽，指附着，连结在一起。详见《罗卦》注释①
⑥ 齿：通祉，福祉，这里转喻祈求福祉的场所。两字古音属于同一声系而通。
⑦ 休：休止、停止。
⑧ 其亡：将要灭亡。其，将。亡，灭亡、危险。
⑨ 击：通系，指捆绑。
⑩ 枹桑：丛生的桑树。枹，此处通苞，草木丛生、茂盛的样子。

【帛】尚九：顷[①]妇，先不后喜[②]。

【通】上九：倾否，先否后喜。

【译文】尚九：闭塞黑暗到了极点，必然倾覆，起先犹有闭塞，最终通泰欢喜。

---

① 顷：通倾，倾覆。两字古音属于同一声系而通。

② 先不后喜：起先犹有闭塞，最终通泰欢喜。有否极泰来之意。

䷠ 掾卦第三

【题解】

掾卦是《帛书周易》的第三卦，因古汉语中发音与遯接近，通行本中将其写作遯，为第三十三卦。遯是《易经》十二消息卦的六月卦，遯时属未，正是阴爻增长之际，由遯卦的一阴到遯卦的二阴，阳气在逐渐消退。遯正是逃遁、避遁、隐遁、溜之大吉的意思。而遯卦卦辞则对退避之义作了如下判断："退避隐遁，这是亨通的。小事上较为顺利，但要坚持走正道。"

对任何事物而言，退与进都是不可偏废的，只有善知进退，才能立于不败之地。从掾（遯）卦的卦象看，下卦根（艮）表示山，上卦键（乾）表示天，呈现出天空之下有高山的画面，象征着隐让退避。天永远在山之上，即使因为地壳运动、自然变化，山的高度逐渐增加，表现出对天步步紧逼，而天节节后退的态势，但无论天怎样后退避让，山却永远无法高过天，永远居于天的下方。引申到为人处世来看，君子应当与小人保持一定的距离，拓宽心胸和格局，不争一时之气，不抢一时之利，看似隐忍退让，却始终保持着不可被侵犯底线的坚决态度，心中有正气自然就会对小人形成震慑。故虽然小人可能一时当道，君子暂时不能大有作为，但只要明哲保身，从小事做起，以退为进，坚持正道，等候时来运转，还是能继续掌握主动权的。

【帛】掾[①]：掾亨，小利贞[②]。

【通】遯：遯亨，小利贞。

【译文】掾卦：象征退避的结果是亨通顺利，利于问卜细节小事。

【帛】初六：掾尾[③]，厉[④]，勿[⑤]用有攸[⑥]往。

【通】初六：遯尾，厉，勿用有攸往。

【译文】初六：需要退避时犹豫不决而落后，就会有危险，不宜冒险前进。

【帛】六二：共[⑦]之用黄牛之勒[⑧]，莫之胜[⑨]夺[⑩]。

【通】六二：执之用黄牛之革，莫之胜说。

【译文】六二：拿着用黄牛皮做的辔头来捆缚，使牲畜不能挣脱。

【帛】九三：为[⑪]掾，有疾[⑫]厉。畜仆妾[⑬]，吉。

【通】九三：系遯，有疾厉。畜臣妾，吉。

---

① 掾：卦名，通遯，有隐退、退避、遁藏、隐遁、遁逃等意。两字古音相近而通。

② 贞：此处当占卜讲。

③ 尾：在后边，落后。

④ 厉：危险。

⑤ 勿：不。

⑥ 攸：所。

⑦ 共：同执，拿着、持握。

⑧ 勒：同革，套牲口用的辔头。两字古义相同。

⑨ 胜：能够。

⑩ 夺：通脱，这里指逃脱，挣脱的意思。两字古音相同而通。

⑪ 为：这里当牵绊、羁绊讲。

⑫ 疾：病。

⑬ 仆妾：古代用来称呼奴仆。

【译文】九三：被牵系住而不得退避，有疾患和危险，先畜养臣仆婢妾，可得吉祥。

【帛】九四：好[①]掾，君子吉，小人不。

【通】九四：好遯，君子吉，小人否。

【译文】九四：喜爱隐遁，对君子来说吉祥，对小人来说不吉利。

【帛】九五：嘉[②]掾，贞吉。

【通】九五：嘉遯，贞吉。

【译文】九五：成功及时地隐遁，符合正道而可获吉祥。

【帛】尚九：肥[③]掾，先[④]不利。

【通】上九：肥遯，无不利。

【译文】尚九：远走高飞退隐山林，没有什么不利。

---

① 好：喜好、喜爱。

② 嘉：美好、顺利，此处引申为合乎时宜的。

③ 肥：通飞，指远走高飞。

④ 先：因隶书字形相近，帛书本将无误抄为先。

☰ 礼卦第四

【题解】

礼卦为《帛书周易》的第四卦，通行本中写作履卦，为第十卦。礼为礼节、礼仪。履在汉语中的字义主要为行走与鞋子，引申为脚步、实践、做事的态度等。《释名·释衣服》：“履，礼也。饰足所以为礼也。”也就是说人穿上鞋子便是讲礼节、遵守礼仪规范的表现。因此帛书本中的礼在通行本中写作履就很好理解了。

今人的所谓履行、履约，或指按一定的准则约定完成自己的义务，或指一方按双方的合同诺言行事，都有循制而行的意思。在通行本中，履卦出现于小畜之后，按易家的本意，是因为物产蓄积得较为丰富后，才会有礼仪的制定和认真的履行，才会促使人们从物质文明走向精神文明，制礼习礼，行善养德，即《序卦》所谓的“物畜然后有礼，故受之以履。履者，礼也。”从这个意义上可以说，履就是礼，履德就是礼德，即人们按礼制法律去履行自己的义务，言而有信，行而有礼，使人成其为人，而不是只知道蓄积私财、满足私欲的无礼无义之徒，这确是履德的真义。从履卦在事业和人际关系上给人的启示看，在上下级关系森严而紧张的时候，最重要的是要分清上下级的职责和扮演的角色。下级对上级要和颜悦色，小心谨慎地履行自己应尽的职责，切不可言不明而胡言，脚不稳而妄行，冒犯闯祸而遭斥。而上级也不可倚权仗势，过于刚毅果决，一意孤行，以免脱离群众，招致恶果。

【帛】礼[①]：礼虎尾，不真[②]人，亨。

【通】履：履虎尾，不咥人，亨。

【译文】礼卦：人踩了老虎的尾巴，却没有被老虎咬，预示着做事会很顺利。

【帛】初九：错礼[③]，往无咎。

【通】初九：素履，往无咎。

【译文】初九：以质朴的态度处世，做事就不会招致灾祸。

【帛】九二：礼道亶亶[④]，幽人[⑤]贞吉。

【通】九二：履道坦坦，幽人贞吉。

【译文】九二：行道之人胸怀坦荡，隐居之人坚守正道可获吉祥。

【帛】六三：眇[⑥]能[⑦]视，跛[⑧]能利，礼虎尾，真人，凶。武人[⑨]迥[⑩]于大君[⑪]。

【通】六三：眇能视，跛能履，履虎尾，咥人，凶。武人

---

① 礼：卦名，通履，踩，践履、实践的意思。另有研究认为，这里的礼就是指祭祀神灵的仪式。

② 真：通咥，两字古音相近而通。意为咬。

③ 错礼：朴素的态度。错，通素，两字古音相近而通，意为白色的，引申为质朴的。礼，同履，这里引申为做事的态度。

④ 亶亶：平坦、坦荡。亶，通坦，两字古音属于同一声系，因此相通。

⑤ 幽人：隐士，不为人们所知的人。

⑥ 眇：通眇，指一只眼睛失明。两字古义相同而通。

⑦ 能：而，表转折。

⑧ 跛：一条腿瘸。

⑨ 武人：只有武勇而没有文才的人，即有勇无谋的人。

⑩ 迥：通达，这里引申为成为。

⑪ 大君：国君。

为于大君。

【译文】六三：一只眼睛失明而强行去看，一条腿跛着而勉强行走，免为其难做事就好比踩到老虎尾巴而被它咬，会招致灾祸。有勇无谋的人称帝治国结果就会是这样。

【帛】九四：礼虎尾，朔朔①，终吉。

【通】九四：履虎尾，愬愬，终吉。

【译文】九四：踩到老虎尾巴，但能遇险知惧谨慎行事，终将获得吉祥。

【帛】九五：夬②礼，贞③厉。

【通】九五：夬履，贞厉。

【译文】九五：行为急躁莽撞，占得结果为行事有凶险之象。

【帛】尚九：视礼，巧④翔⑤其瞏⑥，元⑦吉。

【通】上九：视履，考祥其旋。元吉。

【译文】尚九：行为审慎，遇事周密而反复地考察，大吉。

---

① 朔朔：恐惧。朔，通愬。两字古音相近而通。

② 夬：决，急躁。

③ 贞：这里当占卜讲。

④ 巧：通考，考察。两字古音属于同一声系而通。

⑤ 翔：通祥，详细、周密。两字古音属于同一声系而通。

⑥ 瞏：反复。瞏与环同音，环与旋同义，因而瞏通旋。

⑦ 元：大。

䷅ | 讼卦第五

【题解】

讼卦为《帛书周易》的第五卦，通行本写法相同，为第六卦。

讼争之事古已有之，至今尤甚。这是社会进步、竞争激烈、经济发展、法制健全之后，人们为了保护自己的合法利益不受侵害，拿起法律武器自我保护的表现。然而，“讼”亦有德，即做事要有理有节，不要得理不让人，更不要胡搅蛮缠，否则，就会像本卦尚九爻辞所说的那样，就算赢了官司，也会被人剥去衣服，蒙受羞辱。通行本中，讼卦接在需卦（襦卦）之后，易家认为，需（襦）卦主要探讨有关饮食方面的规律，而饮食不足，生活得不到保障必定会有讼争，即《序卦》中所说的：“饮食必有讼，故受之以讼。”

从卦象上看，讼卦上卦为键（乾）表示天，下卦为赣（坎）表示水，天往上升，水往下流，主客双方方向相反，象征着双方目标相悖，双方各有各的立场和利益，在思想无法统一、矛盾不能调和的情况下，为了维护各自的利益难免发生斗争，这时只能通过诉讼来解决问题。在现代生活中，所谓做事前就要深谋远虑，无非是考虑到一件事情在进行中或完成后，可能会出现的纷争乃至讼争，宁可先小人后君子，先把协议书或经济合同签订好，定好必要的、详细的、公正的条款，明确彼此的权限、责任和利益，以此来把可能发生的讼争消除于起事之初。应该说，易家举一反三，由天象联想到人事，由讼争之害想到起事之初，看到讼争表面胜利所留下的后遗症，确实不简单，值得今人深思。

【帛】讼[①]：有复[②]，洫宁[③]，克[④]吉，冬[⑤]凶。利用[⑥]见大人，不利涉大川。

【通】讼：有孚，窒惕，中吉，终凶。利见大人，不利涉大川。

【译文】讼卦：象征争论诉讼，诉讼过程中要心存诚信，也要心存警惕戒惧，否则中途吉利，结果却可能凶险。利于见有权势的人物，不利于涉越江河巨流。

【帛】初六：不永[⑦]所事[⑧]，少[⑨]有言[⑩]，冬吉。

【通】初六：不永所事，小有言，终吉。

【译文】初六：争讼不要久缠拖延，虽然稍稍受到责备，但最终可获吉祥。

【帛】九二：不克[⑪]讼，归而逋[⑫]其邑[⑬]人三百户，无省[⑭]。

【通】九二：不克讼，归而逋其邑人三百户，无眚。

---

① 讼：卦名，为诉讼，争讼，言之于公众，争辩等意。

② 复：通孚，意为信，诚信。两字古音相近而通。

③ 洫宁：恐惧、警惕。洫，通窒，两字古音相近而通。宁，通惕，此处联系《键卦》九三爻辞，小心警惕行事便能“虽有危险，亦不会遭受灾祸”，没有灾祸也就是宁，这里宁反义假借为惕。

④ 克：中间、中途。这里应为帛书的抄写者将中误抄为克。

⑤ 冬：通终，最终、结果。

⑥ 用：此处为语气词，不译。

⑦ 永：长久。

⑧ 所事：所讼争之事。

⑨ 少：通小，稍微、略微。两字古时互通。

⑩ 言：议论、谴责。

⑪ 不克：不能制胜。

⑫ 逋：逃亡。

⑬ 邑：居民点。

⑭ 省：通眚，灾祸。两字古代通用。

【译文】九二：诉讼失败，败诉的人归来便是为了逃亡，藏匿到三百户人家的小村庄中，便没有祸患。

【帛】六三：食①旧德②，贞厉③。或从王事④，无成。

【通】六三：食旧德，贞厉，终吉。或从王事，无成。

【译文】六三：继承安享先辈的德业，必须居安思危，（结果终归是吉祥的）。也有从政的可能，但不会有太大成就。

【帛】九四：不克讼，复⑤即⑥命⑦俞⑧，安贞⑨吉。

【通】九四：不克讼，复即命渝，安贞吉。

【译文】九四：诉讼失败，能够回归正常生活而不受诉讼结果的影响，顺乎自然守持正固可获吉祥。

【帛】九五：讼，元吉。

【通】九五：讼，元吉。

【译文】九五：公平公正的诉讼，至为吉祥。

---

① 食：受，享受。

② 旧德：先辈的德业。

③ 厉：危险，这里引申为居安思危。

④ 王事：君王的政事。

⑤ 复：这里当返回讲。

⑥ 即：就。

⑦ 命：命运，这里指正常的生活轨道，和往常一样的生活方式。

⑧ 俞：通渝，改变，引申为回归正轨。

⑨ 贞：这里是正确、纯正之意。

【帛】尚九：或赐[①]之般带[②]，终朝[③]三摅[④]之。

【通】上九：或锡之鞶带，终朝三褫之。

【译文】尚九：通过诉讼之事或许能得到赐赠高级腰带的殊荣，但在一天之间，又多次地被夺去。

---

① 赐：赐予。通行本写作锡。

② 般带：古代贵族配戴的革制腰带，用以显示高贵。般与鞶古音相同而通。

③ 终朝：一整天。

④ 摅：夺。摅疑因与褫字形相近而误抄。

䷌ 同人卦第六

【题解】

同人卦为《帛书周易》的第六卦，通行本中写法相同，为第十三卦。相同、一样，叫同。世界上，有异就有同，有同必有异。同性相斥，异性相吸，只是事物的一个方面，另一个方面则是同类相吸，异类相斥。在某种意义上，人类的这种日益强烈的求同心理，正是对五千年前《易经》同人卦的认同。同人卦的卦辞大意是说，“与同志会合于原野是亨通的，有利于渡过大河，有利于君子坚守志向。”这就说明，易家同人的视野是广阔的，是反对党同伐异的。它所号召的是“同人于野”，也就是要越出郊界、国界，和边远的、文化背景不同的、最广大的人民共同合作，实现文化大同。易家认为这样做不仅是亨通的，而且有利于涉过前进征途上的大河巨川，保持正人君子正确的志向和高贵的同人品德。

从与更多同人合作奋斗的愿望出发，同人卦通过六爻之变数，表达了同人于野、利涉大川、同心同德、团结向上的光辉思想。

【帛】同人[①]：同人于野[②]，亨。利涉大川，利君子贞[③]。

【通】同人：同人于野，亨。利涉大川，利君子贞。

① 同人：卦名。同，会合、聚集。

② 于野：在郊外。

③ 贞：这里当占卜讲。

【译文】同人卦：在郊外与人聚首，亨通顺利。有利于涉越江河巨流，有利于君子占卜。

【帛】初九：同人于门[①]，无咎。

【通】初九：同人于门，无咎。

【译文】初九：刚出门就能聚合志同道合的人，没有灾祸。

【帛】六二：同人于宗[②]，閵[③]。

【通】六二：同人于宗，吝。

【译文】六二：只在宗族内部聚合志同道合的人，是褊狭的。

【帛】九三：服[④]容[⑤]□[⑥]莽[⑦]，登其高□[⑧]，三岁[⑨]不兴。

【通】九三：伏戎于莽，升其高陵，三岁不兴。

【译文】九三：军队埋伏（在）草丛中，却登上（高处）观察形势，这样暴露目标吃败仗，恐怕国家多年也无法恢复元气。

---

① 门：指门口、门边。

② 宗：宗族。

③ 閵：通吝，心地褊狭。两字古音相同而通。

④ 服：通伏，埋伏。

⑤ 容：通戎，指兵器，这里引申为军队。两字古音、义均相似。《释名·释兵》：“佩刀或曰容刀。”容刀即是一种兵器。

⑥ 此处《帛书周易》缺损，根据通行本补字为“于”。

⑦ 莽：草丛、灌木丛。

⑧ 此处《帛书周易》缺损，根据通行本补字为“陵”。陵，山丘。

⑨ 三岁：多年。三，这里是虚指。岁，年。

【帛】□□□□[①]庸[②]，弗克攻[③]，吉。

【通】九四：乘其墉，弗克攻，吉。

【译文】（九四：登上敌方）城墙，又未将其全城攻占，吉祥。

【帛】九五：同人，先号桃[④]后芺[⑤]，大师[⑥]克相遇。

【通】九五：同人，先号咷而后笑，大师克相遇。

【译文】九五：聚合起来的人们，起先号啕大哭，后来欣喜欢笑，是因为大军克敌会师。

【帛】尚九：同人于茭[⑦]，无悔[⑧]。

【通】上九：同人于郊，无悔。

【译文】尚九：在郊野与人聚合，不会有悔恨。

---

① 此处《帛书周易》缺损，根据通行本补字为“九四：乘其”。乘，有登、升之意。

② 庸：通墉，城墙。

③ 弗克攻：不攻打它。弗，不。克，攻打、攻克、攻下。

④ 号桃：大哭的样子。桃，通咷，两字古音相同，古义相近。

⑤ 芺：据研究疑为帛书本对笑的误写。

⑥ 大师：大部队。

⑦ 茭：通郊，两字古音相同而通。

⑧ 悔：懊悔。

䷘ 无孟卦第七

【题解】

无孟卦是《帛书周易》中的第七卦，通行本中孟写作妄，为第二十五卦。孟与妄古音相同，因此古人互用两字，结合此卦含义以及两字的现代字义，题解中我们用妄字来解读。妄是指超离常规、荒谬不合理的胡作非为，或不着边际的胡思乱想。而无妄则正好相反，是指修养无妄美德，不超离常规，不荒谬怪诞，不胡作非为，不胡思乱想，依正轨正道行事的正确行为。

此卦的卦象是辰（震）下键（乾）上，根据易理，这一卦象下象征震，为雷，为龙，为动，为向上，为长子；上象征乾，为天，为马，为健，为向上，为父亲。龙跃而上天，父训导长子，共同目标是向上，这就是无妄。从同性相斥的易学原理看，由于雷辰（震）与大键（乾）都有阳刚向上的趋势，如果彼此步调不一致，各行其是，则很可能妄动生灾。反之，如果辰（震）卦能服顺于天，按天道规律行事，不自行其是，则可以无妄而免祸，顺利前进。正是在这个意义上，易经的无妄卦作出了兼顾正反两面结果，更显全面的价值判断。其卦辞大意是：不妄为是非常亨通、有利而正确的；反之则会盲目妄动，这是不利于前进的。

【帛】无孟[①]：元亨利贞。非正有省，不利有攸往[②]。

【通】无妄：元亨利贞。其匪正有眚。不利有攸往。

【译文】无孟卦：不妄为则至为亨通顺利有利于占卜。行为不守正道则有祸患，不利于外出行动。

【帛】初九：无孟往，吉。

【通】初九：无妄往，吉。

【译文】初九：做事时不妄为，就会吉祥。

【帛】六二：不耕获，不菑[③]馀[④]，利□□[⑤]往。

【通】六二：不耕获，不菑畬。则利有攸往。

【译文】六二：不事耕耘却想要收获；不务开垦却想要熟田，这样的行为（怎能获得）收益。

【帛】六三：无□□□[⑥]或[⑦]击[⑧]□□□□[⑨]之得，邑人[⑩]之兹[⑪]。

---

① 无孟：卦名，有不虚伪、不虚妄、没有妄见之意。孟，通妄，两字古音相同而通。
② 往：前行。
③ 菑：开荒。
④ 馀：通畬，整治熟地。两字古音相同而通。
⑤ 此处《帛书周易》缺损，根据通行本补字为“有攸”。
⑥ 此处《帛书周易》缺损，根据通行本补字为“孟之灾”。无孟（妄）之灾，指无妄行而有的灾祸，是意外之灾。
⑦ 或：有人。
⑧ 击：通系，两字古音相同而通。
⑨ 此处《帛书周易》缺损，根据通行本补字为“之牛，行人”。行人，过路人。
⑩ 邑人：附近居住的邻人。
⑪ 兹：通灾，两字古音相同而通。

【通】六三：无妄之灾。或系之牛，行人之得，邑人之灾。

【译文】六三：（意想不到的灾祸）。有人拴系着（一头耕牛，被路人）顺手牵走，附近住的人家却因此而蒙冤遭灾。

【帛】九四：可贞，无咎。

【通】九四：可贞，无咎。

【译文】九四：可以守持正道，没有灾咎。

【帛】九五：无孟之疾[①]，勿乐[②]有喜[③]。

【通】九五：无妄之疾，勿药有喜。

【译文】九五：不是因为妄行而得的疾病，那么不用服药身体也可以自愈。

【帛】尚九：无孟之行有省，无攸利。

【通】上九：无妄！行有眚，无攸利。

【译文】尚九：不要妄行，妄行就会招致灾祸，没有什么好处。

---

① 疾：小病。

② 乐：通药，这里作动词，服药。两字古音属于同一声系，因此假借。

③ 有喜：病愈。

䷫ | 狗卦第八

【题解】

狗卦为《帛书周易》的第八卦，通行本写作姤，为第四十四卦。此卦键（乾）上筭（巽）下，像一场飓风由天而降，势不可挡，一方面为天下万物卷来了许多成事相合的机遇，另一方面它风势虽猛，但毕竟脚跟不牢，而且暗藏着一股自下而起、刚刚冒头的阴风，显出伺机而上、蠢蠢欲动的危险苗头，故不可不防。卦辞中所谓"女壮，勿用取女"的忠告，正是由此而来，其意可理解为："遇合结交，阴物壮盛时，切勿重用阴险小人，以免遭其暗害。"

狗与姤古音相近，因此古人混用两字，结合具体卦义和现代字意，题解中我们使用姤字来解读。姤就是相遇的意思。姤德，也就是遇合之德、接物待人之德。所谓遇合之德，就是合德，当合则合之德，也就是在各种机遇和诱惑面前，特别是男女比例失调的特殊境域里，要始终保持清醒的头脑、正确的立场，当合则合，不当合则不合，决不误合、苟合、乱合，特别是千般警惕与看似娇柔弱小，实则阴险强硬的小人媾和，以免久后阴壮阳消，反遭其害。从六爻之言的演述里，可进一步体会到易家对治乱、病理、运动的哲学思考，其在天下万物交感生华、中正合德者主政、号令风行天下的大好形势下，能防患于未然，确实是独具慧眼，高瞻远瞩。

【帛】□[①]女壮[②]，勿用取[③]女。

【通】姤：女壮，勿用取女。

【译文】（狗卦：象征邂逅。）女子过分强壮，则不宜娶为妻室。

【帛】初六：击于金梯[④]，贞吉。有攸往，见凶。羸[⑤]豨[⑥]复[⑦]适属[⑧]。

【通】初六：系于金柅，贞吉。有攸往，见凶。羸豕孚蹢躅。

【译文】初六：紧紧系缚在金属制成的刹车上，坚守正道可获吉祥。往前进发，将出现凶险，就像瘦弱的猪行走困难一样。

【帛】九二：枹有鱼[⑨]，无咎，不利宾[⑩]。

【通】九二：包有鱼，无咎，不利宾。

【译文】九二：用白茅包裹着鲜鱼用于祭祀，没有灾祸，但不宜用来招待宾客。

---

① 此处《帛书周易》缺损，根据本卦尚九爻辞及通行本补字为"狗"。狗，卦名，同姤，为遇、邂逅、姤遇等意。两字古音相近而通。

② 壮：这里是太强壮了的意思。

③ 取：通娶。

④ 梯：通柅，指马车车轮的刹车。两字古音相近而通。

⑤ 羸：瘦弱。

⑥ 豨：猪。通行本此处写作豕，两字意义相同。

⑦ 复：通孚，此处解释为牵引。

⑧ 适属：同蹢躅，即踟蹰，行走困难，止步不前的样子。

⑨ 枹有鱼：用白茅包裹着鱼。结合本卦讲男女婚配的问题，可以看出此处借鉴了《诗经·召南·野有死麕》"野有死麕，白茅包之"一句，其大意为猎人打猎得到了一只獐子，用白茅包裹着来向心爱的女子求婚。古人常在祭祀等重要场合用白茅包裹东西表示敬重，此处用白茅包裹鱼是同样的意义。枹，通包，裹，裹扎。

⑩ 宾：宾客。

【帛】九三：□□□□□□□□□□[①]咎。

【通】九三：臀无肤，其行次且。厉，无大咎。

【译文】九三：（臀部皮肤被磨伤，行动趑趄困难。虽有危险，但没有大）难。

【帛】九四：枹无鱼，正[②]凶。

【通】九四：包无鱼，起凶。

【译文】九四：白茅中包裹着的鲜鱼不见了，奋起争执，会有凶险。

【帛】五五[③]：以忌[④]枹苽[⑤]，含章[⑥]，或塤[⑦]自天。

【通】九五：以杞包瓜，含章，有陨自天。

【译文】九五：用柳条编的筐装着的甜瓜，上面还有漂亮的花纹，好运由天而降。

【帛】尚九：狗其角，閵[⑧]，无咎。

【通】上九：姤其角，吝，无咎。

【译文】尚九：与墙角相遇，虽然遇到困难，但没有过错。

---

① 此处《帛书周易》缺损，根据通行本补字为“臀无肤，其行次且。厉，无大”。次且，形容行走很困难的样子。

② 正：征伐，引申为行动，奋起。

③ 五五：此处应为九五，帛书本误抄。

④ 忌：通杞，杞柳，其枝条常用于编作箱、笼、筐、篮等物。两字古音属于同声系而通。

⑤ 枹苽：即包瓜，这里指甜瓜。

⑥ 章：花纹。

⑦ 塤：通陨，陨落。两字古音、字形皆相近而通。

⑧ 閵：通吝，这里指困难，麻烦。

○第二宫

䷳ 根卦第九

【题解】

根卦是《帛书周易》中的第九卦，通行本写作艮，为第五十二卦。根卦，是八纯卦之一，以山为象。根卦的卦象，根（艮）下根（艮）上，下山上山，前山后山；有山叠山、山外山、山上山之貌，是山障路阻、前行止步之意，所以根卦的意义也就在于从身心两方面，讲述了抑止其乱的方法。

卦中六爻依据观物取象的原则，以人体几个关键部位入手，按照从下到上的顺序揭示了抑止的得与失。如从初六到六五，由足部、腿部、腰部到脸部，说明了身体各部位之间是相互关联的，不要顾此失彼。并且提醒人们要注意身心的健康，只有保持健康的体态，树立端正的品性，才能无灾无难，获得精神的愉悦。

正如老子所说“不见可欲，使心不乱”，人们努力做到行为的自控，知进识止，克制不利的欲望，不断提升自我的修养，这样才能达到心如止水、无悔无咎的境界。

【帛】根[①]：其北[②]，不濩[③]其身。行其廷[④]，不见其人，无咎。

---

① 根：卦名，根，通艮。古时两字为同声系，所以通用。《象》曰：“艮，止也。”所以根卦可引申为停止、抑止。

② 北：通背，指脊背、背部。

③ 濩：通获，获得、得到之意。不濩其身，即不顾及身体。

④ 廷：通庭，指庭院、住所。

【通】艮：其背，不获其身。行其庭，不见其人，无咎。

【译文】根卦：象征着抑止。抑止其脊背的活动，不让身体面向利欲之物。就如同行走在庭院中，看不见背后的人，则没有灾祸。

【帛】初六：根其止①，无咎，利永贞②。

【通】初六：艮其趾，无咎，利永贞。

【译文】初六：抑止其行为，就没有灾难，有利于永久坚守正道。

【帛】六二：根其肥③，不登④其隋⑤，其心不快。

【通】六二：艮其腓，不拯其随，其心不快。

【译文】六二：抑止其腿部的行动，无法举步应承跟随，则心里感到不痛快。

【帛】九□□□□⑥戾⑦其肥⑧，厉熏心⑨。

【通】九三：艮其限，列其夤，厉薰心。

【译文】九（三：抑止其腰部的行动），而撕裂了脊肉，则危

---

① 止：通趾，郑玄《注》："古文止作趾。"此处指脚趾，可引申为行为。

② 贞：指正直、正道。

③ 肥：通腓，意即小腿肚。

④ 登：通拯，有向上升起，抬起的意思。

⑤ 隋：马王堆汉墓帛书整理小组《帛书六十四卦释文》中作"随"字，古代隋、随相通，意为伴随、随从。

⑥ 此处《帛书周易》缺损，根据通行本补字为"三：根其限"，同"三：艮其限"。限，王弼《周易注》："限，身之中也。"意为腰部。

⑦ 戾：《周易正义》本作"列"，《周易集解》本作"裂"，意为撕裂、裂开。

⑧ 肥：《帛书周易》中"肥"字右偏旁缺损不清，考证为"肥"字，通夤，意为脊背肉。

⑨ 厉熏心：忧心如焚。厉，指危险。熏，通薰，有烧灼之意。

险像烈火一样烧灼人心。

【帛】大[①]四：根其竆[②]。

【通】六四：艮其身，无咎。

【译文】六四：抑止其上身的活动。

【帛】六五：根其胶[③]，言有序，悔[④]亡[⑤]。

【通】六五：艮其辅，言有序，悔亡。

【译文】六五：抑止其口，说话中肯而条理分明，就能消灾避祸。

【帛】尚九：敦[⑥]根，吉。

【通】上九：敦艮，吉。

【译文】尚九：拥有敦厚的品德而知足知止，吉利。

---

① 大：通行本作“六”，“大”疑为“六”的讹字。

② 竆：同躬，指身体、躯干。与通行本对照，《帛书周易》此句少了“无咎”二字。

③ 胶：通辅，指脸颊、脸部，在此指代嘴巴。

④ 悔：指悔恨。

⑤ 亡：消除、消亡。

⑥ 敦：敦厚、忠厚。

䷙ 泰蓄卦第十

【题解】

泰蓄为《帛书周易》的第十卦，通行本写作大畜，为第二十六卦。泰蓄（大畜），是山中有天、无所不容的卦象。键（乾）下根（艮）上，山上天下，天性向上，山势压下，组成了一对前进与蓄止的矛盾。而要打开这个死结，改变天受制于山的被动局面，既不可停滞也不宜冒进，那么易家解决矛盾的办法就是止而蓄，蓄而强，最终冲破山的重压，形成熔岩喷薄之势。这种蓄止而后动，寓进于蓄，厚积薄发的哲理是相当高深的。

正如泰蓄卦所讲述的蓄养牲畜，驾驶良马、车舆，征服猪牛等，反映了泰蓄卦中的几个方面：一是财物蓄养；二是人才、技能蓄养；三是行为蓄止，禁暴抑盛，获得“天时、地利、人和”之势，则能不断精进，通达天下。

所以，泰蓄是大器晚成，修养品德，百年树人的大正之事。只要我们有大蓄万物的胸怀、日新其德的毅力，以及强烈的求知欲和为人类服务的精神，不惧山险路艰，健而不躁，蓄而不息，学无止境，勇于攀登，那么再高的险峰，再大的困难也终究能克服。这就是蓄止涵容之德，也就是“泰蓄之德”给人的丰富启示。

【帛】泰蓄[①]：利贞。不家食[②]，吉。利涉大川[③]。

【通】大畜：利贞。不家食，吉。利涉大川。

【译文】泰蓄：象征着拥有丰厚的积蓄，利于坚守正道。蓄养大量的贤能之士，则吉祥。如此顺应天道，利于涉越大江大河。

【帛】初九：有厉，利巳[④]。

【通】初九：有厉，利已。

【译文】初九：有危险，则宜停止行动。

【帛】九二：车说[⑤]緮[⑥]。

【通】九二：舆说輹。

【译文】九二：车子与车轮脱落而不能前进。

【帛】九三：良马遂[⑦]，利根[⑧]贞。曰[⑨]阑[⑩]车□[⑪]，利有

---

① 泰蓄：卦名，泰，通大。蓄，通畜，在古代蓄、畜为同声系，故相通，意为积累、积蓄。泰蓄，即为饲养大量牲畜，可引申为拥有丰厚的积蓄，反映了古人的积累意识。

② 不家食：《彖》中载："'不家食，吉。'养贤也。"可据此理解为使贤能之士不用在家自食，也就是蓄养贤能之士。

③ 利涉大川：指利于涉越大江大河。

④ 利巳：唐石经、宋本、阮本均作"有厉，利已。"巳，作已，指停止。

⑤ 说：通脱，有脱离之意。

⑥ 緮：通輹，指捆绑车子与车轴连接处的绳子。

⑦ 遂：《帛书周易》中为"遂"，阮元《周易注疏校勘记》中载："《释文》郑本，作逐逐。"遂与逐意同，指奔驰而去。

⑧ 根：此处假借为艰，意为艰难险阻。

⑨ 曰：朱熹《周易本义》中载："曰，当为日月之日。"可引申为每天、经常的意思。

⑩ 阑：《说文》中载："闲，阑也。从门，中有木。"此处阑，通闲。郑玄《毛诗传笺》中载："闲，习也。"所以，"阑""闲"有练习、学习之意。

⑪ 此处《帛书周易》中有缺损，根据通行本补为"卫"。意为保护、保卫。

攸往[①]。

【通】九三：良马逐，利艰贞。曰闲舆卫，利有攸往。

【译文】九三：驾着良马奔驰，要避开艰险，守持正道。时常练习驾驭车马、（防卫）的技能，有利于往前进发。

【帛】六四：童牛之鞫[②]，元吉[③]。

【通】六四：童牛之牿，元吉。

【译文】六四：给小牛的牛角绑上横木，防止它伤人，大吉。

【帛】六五：哭豨[④]之牙，吉。

【通】六五：豮豕之牙，吉。

【译文】六五：拔掉阉割的猪的牙齿，使它驯服，则大吉。

【帛】尚九：何天之瞿[⑤]，亨。

【通】上九：何天之衢，亨。

【译文】尚九：何等通达的天上大道，万事亨通。

---

① 有攸往：有所往，有所作为。

② 童牛之鞫：给小牛的角绑上横木。童牛，指小牛。鞫，通牿，指绑在牛角上使牛不得顶人的横木。

③ 元吉：元，始也，大也。元吉，即至为吉祥。

④ 哭豨：通行本作“豮豕”。《帛书周易》卷后佚书作“豮豨”，所以“哭”字，疑为讹字。豨，同豕。豮豨，即被阉割的猪。

⑤ 瞿：通衢，指四通八达的大道。

䷖ | 剥卦第十一

【题解】

剥卦为《帛书周易》的第十一卦，通行本写法相同，为第二十三卦。剥，就是剥落、衰败之意，呈现出阳气要被阴气剥尽的情况。从卦象上来看，六爻之中，初六、六二、六三、六四、六五均为阴爻，只有尚九为阳，即可知此理。所以剥卦代表着阴柔增进、侵蚀阳刚的意象，说明小人的势力增长，不利于有所前往，君子这时应当审时度势，谨慎行动。

从爻辞中，我们也可以看到从下而上，呈现出去掉床脚、床板，再到床席等一步步危险逐渐逼近的状态，如此不断侵蚀，使人的坐卧之具都被损坏，也就意味着人将无安身之地了，这也是一种毁灭正道的象征，所以凶多吉少。

最后，卦辞以“石果（硕果）”为喻，说明了阳刚之气的宝贵，提醒人们为人处事要如君子一般坚守正道，避免被恶俗侵蚀，提防小人陷害，这样才能消除祸患，获得光明正大的前途。正所谓君子当“穷则独善其身，达则兼济天下”，一个人在不得志的时候，就要洁身自好，注重提升个人修养和品德；如果在得志显达的时候，则要惩恶扬善，努力造福天下百姓。

【帛】剥[①]：不利有攸往。

【通】剥：不利有攸往。

---

① 剥：卦名，象征着剥落。通行本写法相同。

【译文】剥卦：象征着剥落，不利于有所前往。

【帛】初六：剥臧[①]以足，蔑[②]贞，凶。

【通】初六：剥床以足，蔑贞，凶。

【译文】初六：剥蚀床脚，犹如毁灭了正道，预示着凶险。

【帛】六二：剥臧以辩[③]，蔑贞，凶。

【通】六二：剥床以辨，蔑贞，凶。

【译文】六二：剥蚀床板，同样也是毁灭正道，必有凶险。

【帛】六三：剥，无咎[④]。

【通】六三：剥之，无咎。

【译文】六三：处于剥落之时，却没有灾祸。

【帛】六四：剥臧以肤[⑤]，凶。

【通】六四：剥床以肤，凶。

【译文】六四：剥蚀已达床面，有凶险。

---

① 臧：通床，两字古音相近而相通，指人所坐卧的床。

② 蔑：考据《帛书周易》本爻及六二均作蔑，同蔑，指消灭的意思。

③ 辩：通辨，《周易正义》孔颖达《疏》中载："辨，谓床身之下，床足之上，足与身分辨之处也。"这里指床板。

④ 此句是以六三的爻位来说的。六三虽是阴爻，但与上卦相应的是上九，是阳爻。阴阳得以相应，这在剥卦的五个阴爻中是与众不同的，有应上助阳之功，所以无灾。

⑤ 肤：本义为皮肤，此处指床席、床面。

【帛】六五：贯鱼[①]，食宫人笼[②]，无不利。

【通】六五：贯鱼，以宫人宠，无不利。

【译文】六五：让妃嫔鱼贯而入承受君王的恩宠，没有什么不利。

【帛】尚九：石果[③]不食，君子得车，小人剥芦[④]。

【通】上九：硕果不食，君子得舆，小人剥庐。

【译文】尚九：硕大的果实没有被摘食，君子会驱车装载硕果济世，得到百姓拥护，而小人得到硕果，则国破家亡，使百姓失去庇佑。

---

① 贯鱼：本义指把鱼一条一条串起来，此处形容按次序排列。

② 食宫人笼：妃嫔承受君王的恩宠。食，通以，表用的意思。宫人，指宫中妃嫔。笼，通宠，指得到恩宠、受宠。

③ 石果：清代李道平《周易集解纂疏》载："硕与石同，艮为石，为果蓏，故为硕果。"此处即指硕果，也可引申为国家政权。此句讲述了执政者要廉政清明，为民造福，提防政权落入奸人之手。

④ 芦：通行本作庐，指房屋、房舍。

䷨ 损卦第十二

【题解】

损卦为《帛书周易》的第十二卦，通行本写法相同，为第四十一卦。按照卦变的原理，损卦原来是由泰卦变来的。泰卦上面是坤，下面是乾，叫“地天泰”，东晋蜀才曰：“损卦本于泰卦，乾之九三上升坤六，损下益上，阳得上行。”由此可见，泰卦的第三爻本来是阳爻，现在到损卦里变成了阴爻，泰卦最上面的爻是阴爻，现在损卦里变成了阳爻，这样乾卦少了一阳爻，补了一阴爻，虚阴变成了实阳，这就是损下益上的损卦。

损卦的主旨是讲损、益之间的辩证关系的。世上的事情，从来都是有损有益，有得有失。所谓“塞翁失马，焉知非福”，对待损与益，我们应根据不同的情况采取不同的态度，对此，易家早就洞悉了其中的奥秘。

比如对于祭祀，书中主张祭品不用太丰厚，只要心诚则灵，这是由于当时祭祀的频繁和祭品的丰厚，已经对国家财力造成了影响，所以当时的统治者主张节省开支。但是对于祭祀占卜的器具如灵龟，则不能减省，这是因为神灵的意志是通过占卜工具来传达的。

除此之外，损卦还讲述了国与国、人与人之间的处世原则，希望人们恪守正道，不侵犯他国，不损害他人，保持友好和平之态，施惠于天下，以此则能国泰民安，吉祥无忧。

【帛】损[①]：有复[②]，元吉，无咎，可贞，□[③]有攸往。衙[④]之用？二巧[⑤]可用芳[⑥]。

【通】损：有孚，元吉，无咎，可贞，利有攸往。曷之用？二簋可用享。

【译文】损卦：象征着减损。心怀诚信，大为吉祥，没有过错，可以保持正确的方向，（有利于）往前进发。减损之道怎么体现呢？只要内心真诚，即使用两簋淡食来祭祀神灵也是可以的。

【帛】初九：巳事[⑦]端往[⑧]，无咎，酌损之。

【通】初九：已事遄往，无咎，酌损之。

【译文】初九：祭祀的事，应该迅速进行，这样就不会有什么过失。祭祀时，可以酌情缩减一些祭品。

【帛】九二：利贞，正[⑨]凶，弗损，益之。

【通】九二：利贞，征凶，弗损，益之。

【译文】九二：利于坚守正道，对外讨伐则有凶险，这样不仅不会使对方减损，反而会让对方增益。

---

① 损：卦名，有减少、减损之意，此处可引申为自我约束，勤俭节约，减损缺点等义。

② 复：通孚，指诚信、信用的意思。

③ 此处《帛书周易》缺损，根据通行本补为“利”字。

④ 衙：通曷，怎么、何以的意思。

⑤ 巧：通簋，两字古音同在三部，音近而相通。古代指盛放黍稷等粮食的食器，也是重要的礼器。

⑥ 芳：通享，两字古音同在十部，音近而相通，指祭祀、享祀。

⑦ 巳事：巳，同祀。《周易集解》本作“祀事”，即指祭祀之事。

⑧ 端往：端，通遄。《周易集解》引虞翻注：“遄，速也。”即迅速、快速之意。

⑨ 正：通征，指征伐、出征之意。

【帛】六三：三人行则损一人，一人行则得其友。

【通】六三：三人行则损一人，一人行则得其友。

【译文】六三：三人同行，会因为其中两人背地同谋，而损害另一个人；一人独自出行，则可以交到真正的朋友。

【帛】六四：损其疾，事①端有喜，无咎。

【通】六四：损其疾，使遄有喜，无咎。

【译文】六四：消除身体的疾病，使之能够迅速痊愈，这是一件可喜的事，没有什么灾祸。

【帛】六五：益之十傰之龟②，弗克回③，元吉。

【通】六五：或益之十朋之龟，弗克违，元吉。

【译文】六五：有人赠送价值昂贵的大宝龟，不必婉言谢绝，收下它是大吉大利的事。

【帛】尚九：弗损益之，无□④，贞吉，有攸往，得仆无家⑤。

【通】上九：弗损益之，无咎，贞吉，利有攸往，得臣无家。

【译文】尚九：不用自我减损就能使他人受益，则没有（灾祸），坚守正道可获得吉祥，有利于事业发展，也可使天下百姓臣服。

---

① 事：通使，指使之的意思。

② 十傰之龟：傰，通朋。十傰之龟，指价值十朋贝币的好龟。商周时期，常以贝壳作为货币，十贝为一朋，所以十朋之龟犹言大宝龟。龟甲也是商周人用于占卜的主要材料。

③ 回：回与违古义相通，有违背、拒绝之意。

④ 此处《帛书周易》缺损，根据通行本补为“咎”字，指灾祸。

⑤ 得仆无家：通行本均作“得臣无家。”此句本义为获得无家室的臣仆，可引申为得到臣民的拥护。

䷃ 蒙卦第十三

【题解】

蒙卦为《帛书周易》的第十三卦，通行本写法相同，为第四卦。蒙卦既有幼稚蒙昧的意思，也有开蒙启智的象征。人类由混沌初开的萌芽期，到告别野蛮的启蒙期，是一大历史进步。这一时期人类社会从初始的蛮荒时代，逐步进化为穿衣习礼、设国立君、知书达理，开始社会化分工合作的启蒙时代，人类因此也就迫切需要道德、礼仪的标准建立。

恰如“玉不琢，不成器；人不学，不知道。是故古之王者，建国君民，教学为先。”蒙而不化，愚而文盲，即需要启蒙。启蒙是古代光辉教育思想的结晶，更是古代民族文化建设与传播的圭臬，也是《易经》蒙卦的主德。蒙卦赣（坎）下根（艮）上，水在山下，是山下流出泉水的象征，它给君子的启示就是：行为要果断，育人育德，循循善诱，这就是启蒙者要以“言必信、行必果”的嘉行，培育受启蒙者良好的品德。它体现出中华民族身正为范、学高为师的教育思想。它也即是修养蒙德的真谛：文明启蒙，告别野蛮。

蒙卦中，二阳象征着启蒙者，四阴象征着被启蒙者，爻辞中以发蒙、包蒙、困蒙、童蒙、击蒙等为例，讲述了教育的原则和方法，正如明末理学家、教育家蔡清在其《易经蒙引》中说：“在蒙者便当求明者，在明者便当发蒙者，而各有其道。”这个道即为“童蒙养正”之意，《易经》中对于启蒙教学的真知灼见，值得我们仔细品味。

【帛】□□□□[①]求童蒙，童蒙求我。初筮吉[②]，再参[③]揬[④]，揬即不吉[⑤]。利贞。

【通】蒙：亨。匪我求童蒙，童蒙求我。初筮告，再三渎，渎则不告。利贞。

【译文】（蒙卦：象征着开蒙亨通之意。不是我）去求幼童，而是幼童来求教于我。初次占卜，诚恳求教便施以教诲，如果接二连三地滥问，就是亵渎了神灵，如此则不再施教。懂得了这些，利于守持正道。

【帛】初六：废[⑥]蒙，利用刑人，用说[⑦]桎梏，已往閵[⑧]。

【通】初六：发蒙，利用刑人，用说桎梏，以往吝。

【译文】初六：启发蒙昧，有利于匡正受刑之人的品行，可以帮助他们脱去枷锁，但是冒然施行则会有困难。

【帛】九二：枹[⑨]蒙，吉。入妇[⑩]，吉，子克[⑪]家。

【通】九二：包蒙，吉。纳妇，吉，子克家。

【译文】九二：包容幼童，可获吉祥。迎娶贤美妻室，可获吉祥，

---

① 此处《帛书周易》缺损，根据通行本补为“蒙：亨。匪我”。蒙，卦名，其字义为幼小，象征着蒙昧幼稚之象。童蒙，即幼童。亨，亨通、顺利。匪，同非，表不是的意思。

② 初筮吉：根据通行本，此处“吉”字疑为“告”的讹字。告，即告知、教诲。筮，指用筮草占卜吉凶的方法。

③ 参：通三，《广雅·释言》中载：“参，三也。”表多次，接二连三。

④ 揬：通渎，指亵渎、轻侮之意。

⑤ 不吉：通行本作“不告”，即不施以教诲。

⑥ 废：通发，古代“底”与“发”二字为同声部，故相通，表开发、启发之意。

⑦ 说：通脱，清代焦循《易章句》中载：“说，读如脱去之脱。”表脱离、解脱之意。

⑧ 已往閵：各版本均作“以往吝”。閵，通吝，指困难。已往閵，指继续向前会有困难。

⑨ 枹：通包，引申为包容。

⑩ 入妇：入，同纳，《广韵》中载：“入，纳也，得也。”入妇，即纳娶媳妇。

⑪ 克：即能够胜任之意。

因为儿子可以担负起家庭责任了。

【帛】六三：勿用取□□□夫[①]，不有竆，□□□[②]

【通】六三：勿用取女，见金夫，不有躬，无攸利。

【译文】六三：不宜娶（这样的女子为妻，因为她见到有钱有势的）男子，就会不顾礼节地去接近他，（所以将这种女子娶回家是没有好处的）。

【帛】□□□[③]蒙，閵。

【通】六四：困蒙，吝。

【译文】（六四：困于）蒙昧，犹如陷入困境之中。

【帛】六五：童蒙，□[④]

【通】六五：童蒙，吉。

【译文】六五：幼童受到启蒙，（吉祥）。

【帛】□□□□□□□□□[⑤]利所寇[⑥]。

【通】上九：击蒙，不利为寇，利御寇。

【译文】（尚九：严格教育孩子，可以避免他们走上盗寇的歧路），而有助于他们成为防御敌寇的人。

---

① 此处《帛书周易》缺损，根据通行本补为“女，见金”。取女，即娶妻。金夫，一说是指刚强的男子，一说为富贵之人。

② 此处《帛书周易》缺损，根据通行本补为“无攸利”，指不顺利。

③ 此处《帛书周易》缺损，根据通行本补为“六四：困”。困，即困境，受困于某地。

④ 此处《帛书周易》缺损，根据通行本补为“吉”字，即吉祥。

⑤ 此处《帛书周易》缺损，根据卦辞及通行本补为“尚九：击蒙，不利为寇”。击，即攻击、打击，可引申为严格教育。寇，即伤害、危害。

⑥ 利所寇：王弼本、《周易集解》均作“利御寇”。所，通御，指防御。

䷕ 蘩卦第十四

【题解】

蘩卦是《帛书周易》中的第十四卦，通行本写作贲，为第二十二卦。蘩（贲）卦下为罗（离）卦，上为根（艮）卦。罗（离）代表日，根（艮）代表山，蘩（贲）卦的卦形像太阳落山，可以引申为在黄昏时举行典礼。那么，举行典礼就要装饰，所以蘩卦也有装饰的含义。

装饰意识的产生，是人类审美意识的产生，也是美的产生。《帛书周易》在六十四卦中给予蘩以独立的地位，为中华文化系统奠定了美学基础，具有人文初创的伟大意义。

“蘩”与万物的关系，其实也就是质与文、体与形、内在美与外在美的关系。在保持内刚充实的前提下，注意外柔华丽的适度修饰，这是有益无害的。当然，文之饰不可损害质之美，更不能文过饰非，而要追求一种纯净质朴之美。

从蘩（贲）卦的爻辞来看，本卦从衣、住、行、身各方面讲述了装饰的作用和效果，并且还反映了人们对婚嫁礼节的重视。在六爻中，身体的文饰有“蘩其须”“蘩其止”；衣服的文饰有“蘩茹濡茹”；住所的装饰有“蘩于丘园”；行具的装饰有“蘩茹蕃茹，白马榦茹”，这都表达了人们淳朴的审美价值观，也表现了人们对于美的追求的自觉萌发。由此可以看出，中国古代的美学思想在其不断发展中，逐渐形成了独特的风格和神韵。

【帛】□□□□[1]有攸往。

【通】贲：亨。小利有攸往。

【译文】（蘩卦：象征着文饰。亨通顺利），有利于有所前往。

【帛】□□□□□[2]舍车而徒[3]。

【通】初九：贲其趾，舍车而徒。

【译文】（初九：装上漂亮的鞋子），甘愿舍弃车舆而徒步行走。

【帛】六二：蘩其□[4]

【通】六二：贲其须。

【译文】六二：装饰自己的（胡须）。

【帛】九三：蘩茹濡茹[5]，永贞吉。

【通】九三：贲如濡如，永贞吉。

【译文】九三：装饰得光泽柔润，永久坚守正道可获得吉祥。

【帛】六四：蘩茹蕃茹[6]，白马榦茹[7]。非寇，闽诟[8]。

---

① 此处《帛书周易》缺损，根据通行本补为"蘩：亨。小利"。蘩，卦名，通贲，本义为白蒿，可引申为文饰、装饰。

② 此处《帛书周易》缺损，根据下文及通行本补字为"初九：蘩其止"。止，通趾，指足部，此处可引申为穿上漂亮的鞋子。

③ 徒：指徒步而行。

④ 此处《帛书周易》缺损，根据通行本补字为"须"，即胡须。

⑤ 濡茹：茹，通如，助词。濡，《周易正义》孔颖达《疏》载："濡如润泽之理。"所以"濡"有润泽、柔润之意。

⑥ 蕃茹：蕃，通皤，《周易正义》孔颖达《疏》载："皤是素白之色。"所以蕃，指白色。

⑦ 榦茹：榦，通翰，《周易集解》引虞翻语："翰，高也。"此处可引申为形容马匹高大。

⑧ 闽诟：指婚媾，意为婚姻嫁娶。

【通】六四：贲如皤如，白马翰如。匪寇，婚媾。

【译文】六四：装饰得一身素白，高大的骏马奔驰如飞。那不是来抢劫的寇贼，而是拿着聘礼来求婚的人。

【帛】六五：蘩于□□□[①]白戋戋[②]，閵[③]，终□[④]

【通】六五：贲于丘园，束帛戋戋，吝，终吉。

【译文】六五：用浅少的（丝帛装点山丘园圃），虽然有困难，但是最终可获得（吉祥）。

【帛】□□□□□[⑤]咎。

【通】上九：白贲，无咎。

【译文】（尚九：用洁白肃静的装饰，没有）灾祸。

---

① 此处《帛书周易》缺损，根据通行本补为“丘园，束”。丘园，即山丘园圃，可指代女家结彩饰门。束，古代以五匹布为一束。白，通帛，指精美的丝织品。

② 戋戋：浅小的意思。

③ 閵：通吝，指困难。

④ 此处《帛书周易》缺损，根据通行本补字为“吉”。

⑤ 此处《帛书周易》缺损，根据上下文及通行本补为“尚九：白蘩，无”。白蘩，即洁白素净的装饰。

䷚ 颐卦第十五

【题解】

颐卦为《帛书周易》的第十五卦，通行本写法相同，为第二十七卦。“颐”的本义是下巴，也可指腮帮或脸颊。成语“颐指气使”，就是指有权势者不说话，仅以下巴或脸色来示意的傲慢之态。除此之外，颐还有从脸色、形貌、饮食引申出去的另一个含义，就是保养，并且还可兼指精神方面的保养、修炼，如所谓的颐神养志、颐养天年等等。由此可见，从食养到德养，人们希冀找寻到修养颐德的正确途径。

从卦辞旨意来看，“颐”为颐养之象，它的主旨讲述的就是颐养之道。众生得养而能生，贤者得养而能用，所以古人对于颐养之道，十分重视。就颐养而言，有两种表现：一是自养，卦辞主张“自求口实”，即鼓励自力更生，丰衣足食。二是他养，有以下养上，也有以上养下之象，意即民养君，君对民之意。在古代，百姓奉养君主是常理，但是如果君主只知道从百姓中获取利益，而不施惠于民，则必将走向灭亡。所以上、下失衡都有违于颐养的常道，只有守得正道、施惠于人、和谐共生，才有利于颐养天年，获得吉祥。由此，我们也能看出古代先民对于修身养德，治国为政的先进思想。

【帛】□□□□□□□[1]口实[2]。

【通】颐：贞吉。观颐，自求口实。

【译文】（颐卦：象征着颐养，坚守正道可获得吉祥。观察万物的养育情况，可以明白）自食其力的道理。

【帛】初九：舍而[3]灵龟[4]，□[5]我揣颐[6]，凶。

【通】初九：舍尔灵龟，观我朵颐，凶。

【译文】初九：舍弃你所拥有的物质，而（羡慕）我的富足生活，不思进取，这是有凶险的。

【帛】六二：曰颠颐[7]，柫经[8]于北颐[9]，正[10]凶。

【通】六二：颠颐，拂经于丘颐，征凶。

【译文】六二：可以说颠倒了颐养之道，违反以下养上的常理，这样前行必有凶险。

---

① 此处《帛书周易》缺损，根据通行本补为“颐，贞吉。观颐，自求”。颐，卦名，《序卦》载：“颐者，养也。”所以颐，有颐养、保养之意。观颐，即观察颐养的情况。

② 口实：口中所含的食物，可引申为口粮。

③ 而：同尔，《周易正义》孔颖达《疏》载：“而，汝也。”所以而，表你的意思。

④ 灵龟：古人用龟甲占卜，认为龟能预知吉凶，因而称之为灵龟，此处可引申为拥有的物质。

⑤ 此处《帛书周易》缺损，根据通行本补为“观”，即观看、观察，可引申为羡慕、垂涎。

⑥ 揣颐：揣，通朵，两字古音相近而相通。揣颐，即朵颐，鼓动腮颊吃东西的样子，可引申为富足的生活。

⑦ 曰颠颐：通行本中无“曰”字。颠，即颠倒。六二处下体之中，本该应于六五，却颠倒上下之理，去养初九，所以称为“颠颐”。

⑧ 柫：通拂，王弼《周易注》中载：“拂，违也。”柫经，即违反常理。

⑨ 北颐：“北”疑为讹字，根据通行本应为“丘”字。王弼《周易注》中载：“丘，所履之常也。”丘为六五，是六二应该履行常理的地方，而此时却下不养上，所以有违常理。

⑩ 正：通征，此处有讨伐、征伐之意。

【帛】六三：柫颐，贞[①]凶。十年勿用[②]，无攸利。

【通】六三：拂颐，贞凶。十年勿用，无攸利。

【译文】六三：违背颐养之道，占卜就会有凶险。十年都会不顺，所以没什么益处。

【帛】六四：颠颐[③]，吉。虎视沈沈[④]，其容迪迪[⑤]，无咎。

【通】六四：颠颐，吉。虎视眈眈，其欲逐逐，无咎。

【译文】六四：颠倒颐养之道，以上养下，会获得吉祥。像猛虎那样注视着，不断地求取所养之食，则没有灾祸。

【帛】六□□□[⑥]居贞吉，□□□□[⑦]川。

【通】六五：拂经，居贞吉，不可涉大川。

【译文】六（五：违背常理），如果居家守正，就会获得吉祥，（不可以涉越大）河。

---

①贞：此处指占卜。

②十年勿用：卦中有坤象，坤为地，地数为十。勿用，不顺意思。

③颠颐：此处爻辞看似与六二相悖，但是因为六四居位得正，下应于初，有居上却能向下施德，取之于民而用之于民之意，所以虽然颠颐，但是吉祥。

④虎视沈沈：即虎视眈眈，像老虎那样凶狠地盯着某物。沈沈，同眈眈。

⑤其容迪迪：不断求取所养之食。容，同欲，古音相近而相通，指贪念、贪欲。迪迪，同逐逐，表示无止境的样子。

⑥此处《帛书周易》缺损，根据上下文及通行本补为“五：柫经”。六五，阴居阳位，失其正位，顺上上九则可，下涉则不可。

⑦此处《帛书周易》缺损，根据通行本补为“不可涉大”。

【帛】□□□□□□□[1]涉大川。

【通】上九：由颐，厉吉，利涉大川。

【译文】（尚九：顺从颐养之道，虽有困难但是最终仍能获得吉祥，这样有利于）涉越大河。

---

① 此处《帛书周易》缺损，根据上下文及通行本补为“尚九：由颐，厉吉，利”。由，顺从之意。厉，指困难。尚九为众阴所承，虽失位有厉，但是有众阴在下，所以也有吉象。

䷑ 箇卦第十六

【题解】

箇卦为《帛书周易》的第十六卦，通行本写作蛊，为第十八卦。在易德系统中，每一个卦德都有其不可忽视的合理性和无法避免的局限性，需要全面吸纳才能美德圆满。在通行本中，箇（蛊）卦紧跟隋（随）卦，这就是“随流易合污，合污必生蛊”之意。

所谓生蛊，民间流传有许多说法，有的指人体的寄生虫，有的指陈旧稻谷中生出的飞虫，但最有名的是古代传说的一种做法，即将百种毒虫共放于一个瓮盆之中，任其互相残杀吞食，待一年后诸虫食尽，剩下的最后那只不死的剧毒之虫，就称之为“蛊”，通常被恶巫之流用作害人毒物。由于蛊能害人，而又不易被人所察知，所以引申开去，凡以妖言惑众都被称之为蛊惑人心。可见，“蛊”在人们的心目中，是比闻之色变的老虎、毒蛇更为可怕的神秘毒物，今天可以作为一切有害于人类身心健康的不良事物。

箇（蛊）卦之意就在于除弊治乱。就其卦象而言，山下有风，山风受阻不行，湿气闷热，就产生了蛊。苏轼曾言：“蛊之灾非一日之故也，必世而后见，故爻皆以‘父子’言之。”在六爻中，均以匡正父母之蛊论述利弊，讲述了守正持中的重要性。君子也应该从这一象征中得到启示，积极地引导人民培育良好的品德，抵制各种惑乱人心的弊事，这也是人们所应修养的品德，亦即治蛊之德。

【帛】箇[①]：□吉，亨[②]，利涉大川。先甲三日，后甲三日[③]。

【通】蛊：元亨，利涉大川。先甲三日，后甲三日。

【译文】箇卦：象征着整治蛊乱。行事会（大为）亨通，有利于涉越大江大河。此事宜于在甲日前三天的辛日与甲日后三天的丁日行动。

【帛】初六：榦父之箇[④]，有子，巧[⑤]无咎，厉[⑥]，终吉。

【通】初六：干父之蛊，有子，考无咎。厉，终吉。

【译文】初六：匡正父亲做的不正确的事，这样的儿子才能振兴家业，父亲也会没有灾祸，此事虽然有困难，但最终会获得吉祥。

【帛】□□[⑦]榦母之箇，不可贞[⑧]。

【通】九二：干母之蛊，不可贞。

【译文】（九二）：匡正母亲做的不正确的事，可以适度把握，不必过分持守。

---

① 箇：卦名，通蛊。《竹书周易》及通行本均作“蛊”，有蛊惑、蛊乱之意，所以此卦象征着除弊和治乱。

② 此处王弼本、《周易集解》本、《周易本义》本均作“元亨”，而无“吉”字。“元吉，亨”即事情开始便吉祥亨通。

③ 古代以天干地支记日。十天干为甲、乙、丙、丁、戊、己、庚、辛、壬、癸，所以先甲三日即为“辛”，后甲三日即为“丁”，古人也常以辛日和丁日为吉日。

④ 榦父之箇：榦，通干，《周易集解》引虞翻语：“干，正也。”所以，榦父，指匡正父亲做的不正确的事。

⑤ 巧：通考，在古代，去世的父亲常称为考，但有时也指在世的父辈。

⑥ 厉：指危险、祸乱。

⑦ 此处《帛书周易》缺损，根据上下文及通行本补字为“九二”。

⑧ 贞：有中正之意。

【帛】九三：榦父之箇，少有悔[①]，无大咎。

【通】九三：干父之蛊，小有悔，无大咎。

【译文】九三：匡正父亲做的不正确的事，稍微会有一些悔恨，但是没有大的过失。

【帛】六四：浴[②]父之箇，往见閵。

【通】六四：裕父之蛊，往见吝。

【译文】六四：宽容父亲的错事，施行下去可能会遇到困难。

【帛】六五：榦父之箇，用輿[③]。

【通】六五：干父之蛊，用誉。

【译文】六五：匡正父亲的错事，就会受到赞誉。

【帛】尚九：不事王矦[④]，高尚其德[⑤]，凶[⑥]。

【通】上九：不事王侯，高尚其事。

【译文】尚九：不侍奉君王诸侯，自以为德行高尚，其实则有祸患。

---

① 少有悔：少，同小，有稍微之意。悔，指悔恨。

② 浴：通裕，古代二字属于同声系，所以通用。浴，有缓和、宽容之意。

③ 輿：通誉，指荣誉、名誉。

④ 王矦：即君王诸侯。矦，侯的古字，诸侯。

⑤ 高尚其德：把德行看得很高尚。

⑥ 王弼本、《周易集解》本、《周易本义》本均无“凶”字。

○第三宫

䷜ 赣卦第十七

【题解】

赣卦为《帛书周易》的第十七卦，通行本写作坎，为第二十九卦。赣卦卦象由上赣（坎）下赣（坎）两个经卦组成，其卦辞开头所写“习赣”的习字，即为重叠、重复的意思，因此在翻译时，仍直接译作赣卦。后文习筭（巽）同理。

赣（坎）卦象征困难、险阻。处于困境当中，人会不会遇到危险，事情结果是吉还是凶，是根据所处的具体环境以及个人处事的态度、方式而发生变化的。当我们陷入险境，如果行为冒失、冲动，很容易因为自己的疏忽而导致意外，就如此卦六三爻辞所说，来到凶险的路段，还要一意孤行，不管不顾，就会陷入深渊，遇到大的危险；但如果我们谨小慎微，不轻举妄动，根据局势判断自己的处事方法是否合理，遇事不惊，采取相应措施规避风险，解决困难，结果有可能是吉的。赣（坎）为水，在自然界中，水本身具有很强的流动性和变化性，可以平缓流淌，也可以掀起惊涛骇浪，而为人处世也应当学习水的特质，善于根据环境灵活改变自己的行为方式，找到最优解。这也是易家想要通过这一卦告诉我们的道理：遇到凶险、困境并不可怕，重要的是自己要怎么去处理问题。

另有研究者认为，卦辞中的习就是接触多、见得多，即习见、习以为常之义。从这一角度来理解，生活中常常会遇到挫折、困难，每当苦难来袭，不要畏惧退缩，勇敢面对，多接触不同的情况，在实践中积累经验，才能让自己的能力得到提高，才能临危不乱，化险为夷。

【帛】习赣[①]：有复，巂[②]心，亨，行有尚[③]。

【通】习坎：有孚，维心，亨。

【译文】赣卦：象征重重险陷。做事要有诚信，才能维系人心，自己的行为才有人尊崇。

【帛】初六：习赣，人[④]赣阎[⑤]，凶。

【通】初六：习坎，入于坎窞，凶。

【译文】初六：面临重重险难，又再坠入穴陷深处，有凶险。

【帛】九二：赣有訦[⑥]，求少得。

【通】九二：坎有险，求小得。

【译文】九二：险难中还有险难，只能从小事中谋求解脱。

【帛】六三：来之赣赣[⑦]，哙[⑧]且訦。人□[⑨]赣阎，□□[⑩]

【通】六三：来之坎坎，险且枕。入于坎窞，勿用。

【译文】六三：来到坑坎重重的路段，险之又险。这会让人（落入）险境的深处，（不能继续前行。）

---

① 习赣：两个赣卦相重叠。习，这里当重叠，重复讲。赣，卦名，通坎，两字古音相近，义相同，有水、沟洫、水坑、洼地、池塘、陷阱等意，引申为危险、坎陷等。

② 巂：通维，维系。两字古音相近而通。

③ 行有尚：自己的行为有人尊崇。尚，尊重、推崇。通行本无此句。

④ 人：同入，这里应为帛书本误抄。也有研究认为两字古义相同，互为假借字。

⑤ 赣阎：指坑穴，比喻险境。阎，通窞，小而深的坑。两字古音属于同一声系而通。

⑥ 訦：通险，危险。訦与枕古音属于同一声系而通，枕与险古义相同，因而訦通险。

⑦ 赣赣：坑坎连着坑坎。

⑧ 哙：通险。两字古音属同一声系而通。

⑨ 此处《帛书周易》缺损，根据通行本补字为“于”。

⑩ 此处《帛书周易》缺损，根据通行本补字为“勿用”。

【帛】六四：奠[①]酒巧誎[②]，用缶[③]，人药[④]自牖[⑤]，终无咎。

【通】六四：樽酒簋贰，用缶，纳约自牖。终无咎。

【译文】六四：一樽酒，两簋饭，用朴质的瓦器盛着，从窗口将这些简单的食物送给需要的人，最终没有灾祸。

【帛】九五：赣不盈[⑥]，塭[⑦]既平。无咎。

【通】九五：坎不盈，祇既平，无咎。

【译文】九五：坎险没有填满，小丘已被铲平，没有灾咎。

【帛】尚六：系用讳纆[⑧]，亲[⑨]之于繳勒[⑩]，三岁弗得[⑪]，凶。

【通】上六：系用徽纆。寘于丛棘。三岁不得，凶。

【译文】尚六：被人用绳索重重束缚，囚寘在有荆棘丛的监狱之中，多年不得自由，凶险。

---

① 奠：同樽。古代奠、樽均同尊，故奠与樽同。

② 誎：通贰，两字古义相同而通。

③ 缶：瓦器，土陶器。

④ 药：通约，简约、简单。两字古音相同而通。

⑤ 牖：窗户。

⑥ 盈：充满。

⑦ 塭：此处应为堤，指土丘。帛书本疑为误抄。

⑧ 讳纆：同徽纆，绳索，三股为徽，两股为纆。讳，通徽，两字古音相近而通。纆，通纆，两字古音、义均相同。

⑨ 亲：通寘，放置、安置。两字古音相近而通。

⑩ 繳勒：同丛棘，这里用来指代监狱，周代监狱四周的墙上遍插荆棘。繳，通丛，两字古音相近而通。勒，通棘，两字古音相近而通。

⑪ 弗得：达不到目的，即不能获得自由。

䷄ 襦卦第十八

【题解】

襦卦为《帛书周易》中的第十八卦，通行本中写作需，为第五卦。襦（需）卦的卦象上赣（坎）下键（乾），赣（坎）为水，键（乾）为天，由此可以形象地理解为云层积于天上，等待雨水降下。在重视农业生产的古代社会，农民需要雨水降下来浇灌庄稼，因此易家《序卦》理解此卦："物稚不可不养也，故受之以需。需者，饮食之道也。"最直接的含义就是需养，主要探讨有关饮食方面的规律。需就是需要者的饮食之道，人类的养育之道。

庄稼需要雨水浇灌，而什么时候下雨则不是人能左右的，需要耐心等待雨天的到来，因此，此卦有了等待的含义。旧时的官吏授职后，有按个人资历依次补缺的制度，称之为"需次"。如张三调任某官，需次三年，意即张三为此职等待了三年。引申开去，可以说，任何人在主客观条件不成熟时，要想担任某项工作，都会遇到需要耐心等待的时期，这就是需的阶段，它是人生道路的必经阶段。如何度过这个阶段，正是襦（需）卦所要探索的。

【帛】襦①：有复光②亨。贞吉，利涉大川。

【通】需：有孚光亨。贞吉，利涉大川。

---

① 襦：卦名，通需，为等待，停留之意。两字古音相同而通。

② 光：光明、广阔。

【译文】襦卦：象征等待，心怀诚信则前途光明亨通。只要坚守正道，就可获得吉祥，有利于涉越江河巨流。

【帛】初九：襦于茭，利用恒①，无咎。

【通】初九：需于郊，利用恒，无咎。

【译文】初九：在郊外等待，有利于长久驻军，这样就不会有过失灾难。

【帛】九二：襦于沙②，少有言，冬吉。

【通】九二：需于沙，小有言，终吉。

【译文】九二：在沙滩上等待，虽略受责难，但最终可获得吉祥。

【帛】□③三：襦于泥④，致⑤寇至。

【通】九三：需于泥，致寇至。

【译文】（九）三：在泥泞中等待，招来了盗寇。

【帛】六四：襦于血⑥，出自穴⑦。

【通】六四：需于血，出自穴。

【译文】六四：在血泊中等待，从险陷中逃脱。

---

①恒：长久、持久、持续。

②沙：沙滩。

③此处《帛书周易》缺损，根据通行本补字为“九”。

④泥：泥泞、泥沼。

⑤致：招致。

⑥血：血泊。

⑦穴：土室、洞孔，这里当陷阱讲。

【帛】六五[①]：襦于酒食[②]，贞吉。

【通】九五：需于酒食，贞吉。

【译文】九五：留在充满美酒佳肴的宴会中，要坚守正道才可获吉祥。

【帛】尚六：人于穴[③]，有不楚[④]客三人来，敬[⑤]之，终吉。

【通】上六：入于穴，有不速之客三人来，敬之，终吉。

【译文】尚六：回到家中，有三个不请自来的客人到了，既恭敬相待又心存警惕，最终可获吉祥。

---

① 六五：此处应为九五，帛书本九误抄为六。

② 酒食：美酒佳肴。

③ 穴：古代北方多有穴居，这里的穴指山洞式的家。

④ 楚：通速，召，请的意思。两字古音相近而通。

⑤ 敬：既恭敬又警惕的样子。

䷇ 比卦第十九

【题解】

比卦是《帛书周易》的第十九卦，通行本写法相同，为第八卦。“比”通常指一种认识的方法，即比较、对比、比照等。用来确定事物的比例、比重，等等。但“比”的本意，主要还是亲比的意思，一般指人或物之间的密切关系。所谓比喻、比拟、比兴，以及比较、对比等，都需要将互比的双方放在一起作比，才可得出比的结果，引出比的意象。因此，比就是关系的紧密，如同“海内存知己，天涯若比邻”所形容的那样。

那么，比的行为或态势是否值得称道呢？这点需要具体分析。对于有伟大志向的同道者来说，比无疑是一种亲密无间、有利于事业发展的人际关系；而对于心怀诡计、相互勾结的恶人贼党来说，比则是指狼狈为奸，亦即所谓的“比周”。《荀子·臣道》说的“朋党比周，以环主图私为务”，以及《论语·为政》所说的“君子周而不比，小人比而不周”，都是同一个道理。

易家“网开一面”，让叛逃者离去而不加强制，待心悦诚服真心来归顺才亲比的做法，可以让人联想到诸葛亮“七擒孟获”而释放了敌手，终于使他真心臣服而归顺，巩固了蜀国大后方的历史故事，这就是修养《易经》比德的成功例子。

【帛】比[①]：吉。原筮[②]，元[③]永贞，无咎。不宁[④]方[⑤]来，后夫[⑥]凶。

【通】比：吉。原筮，元永贞，无咎。不宁方来，后夫凶。

【译文】比卦：象征相亲相辅，吉祥。再一次占卜的结果，是只要决定诚意，亲辅有德君长久而坚贞，就不会有灾祸。不愿臣服的邦国来朝，迟迟不来的人会有凶险。

【帛】初六：有复，比之，无咎。有复盈[⑦]缶[⑧]，冬来或池[⑨]，吉。

【通】初六：有孚，比之，无咎。有孚盈缶，终来有它，吉。

【译文】初六：心怀诚信，相亲相辅，就没有灾患。诚信如充盈酒缸的美酒，终将有人前来投附，必然可获吉祥。

【帛】六二：比之□□[⑩]，贞吉。

【通】六二：比之自内，贞吉。

【译文】六二：（在内部）辅佐君主，坚守正道可获得吉祥。

【帛】六三：比之非人。

---

① 比：卦名，有亲近、相辅之意。

② 原筮：再一次占卜。

③ 元：始。

④ 不宁：不安定。

⑤ 方：古代将诸侯、小国称之为方国，或称为方。

⑥ 后夫：指迟迟不来的人。

⑦ 盈：满，溢出。

⑧ 缶：陶制盛水器，如今天的陶罐。

⑨ 池：通它，指别的，别人。两字古音相近而通。

⑩ 此处《帛书周易》缺损，根据通行本补字为“自内”，意为从内部，在内部。

【通】六三：比之匪人。

【译文】六三：相亲相辅于不应当辅佐的人。

【帛】六四：外[①]比之，贞吉。

【通】六四：外比之，贞吉。

【译文】六四：在外亲密辅佐于君主，坚守正道可获得吉祥。

【帛】九五：显[②]比，王用三驱[③]，失前禽，邑人[④]不戒[⑤]，吉。

【通】九五：显比。王用三驱。失前禽，邑人不诫，吉。

【译文】九五：以光明之道相辅佐的例子是，君王狩猎，由三面包围驱赶，听任前方的禽兽逃走，只追逐而不猎杀，老百姓对君王狩猎毫不惊惧，吉祥。

【帛】尚六：比无首[⑥]，凶。

【通】上六：比之无首，凶。

【译文】尚六：没有可以相亲相辅的首领，有凶险。

---

① 外：在外部。

② 显：光明无私。

③ 三驱：古代帝王狩猎取乐时，从左、右、后三方驱赶禽兽，就叫三驱。

④ 邑人：此泛称普通老百姓。邑是古代的居住点，有如后世的村落。

⑤ 戒：戒备、警惕。

⑥ 首：首领、领袖。

䷦ 蹇卦第二十

【题解】

蹇卦为《帛书周易》的第二十卦，通行本写作蹇，为第三十九卦。蹇是跛足的意思，引申为蹇驴或驽马。人若骑着跛足蹇驴，前行于沟渎蹇塞、崎岖坎坷的路上，则其陷入困境的艰难之状是可想而知的。这也正是蹇(蹇)卦与代表不利的剥卦连用，组成“蹇剥”一词，并与蹇连、蹇滞、蹇涩等词大致同义，均用以表示不顺利的由来。从通行本的卦序看，万物乖戾不和下去必定会有难处，所以紧跟着睽卦的是蹇卦。其实，万事不仅开头难，中间有曲折，结束得好亦不易，故此，顺利与蹇难、险阻与畅达，永远是一对既相对立又相统一的矛盾。《易经》特意列出蹇（蹇）卦，正是透过蹇（蹇）卦根（艮）下赣（坎）上的卦象的研究，对事物发展的艰难路途的一种清醒认识，它对于人们修养蹇德——不畏路途艰难，勇于向前之德，具有重要的指导意义。

【帛】蹇[①]：利西南，不利东北。利见大人，贞吉。

【通】蹇：利西南，不利东北。利见大人，贞吉。

【译文】蹇卦：象征行走艰难，往西南走有利，往东北走不利。利于进见贵族王公，坚守正道吉祥。

---

① 蹇：通蹇，卦名，为跛足，行动困难，艰难险阻等意。两字古义相同而通。

【帛】初六：往[①]蹇来[②]舆[③]。

【通】初六：往蹇来誉。

【译文】初六：往前进发艰难，往回走将获称誉。

【帛】六二：王仆蹇蹇，非□[④]之故。

【通】六二：王臣蹇蹇，匪躬之故。

【译文】六二：君王和臣仆历尽艰难，不是为了（自己私事）的原因。

【帛】□□□□□□[⑤]

【通】九三：往蹇来反。

【译文】（九三：往前行走艰难，返回时则正好相反。）

【帛】□□[⑥]往蹇来连。

【通】六四：往蹇来连。

【译文】（六四：）往前进发艰难，返归时艰难不断。

【帛】九五：大蹇，佝[⑦]来。

【通】九五：大蹇，朋来。

【译文】九五：行走极为艰难，却有朋友前来救助。

---

① 往：前进。

② 来：返回。

③ 舆：荣誉、赞誉。

④ 此处《帛书周易》缺损，根据通行本补字为“躬”。躬，自身。

⑤ 此处《帛书周易》缺损，根据通行本补字为“九三：往蹇来反。”反，相反。

⑥ 此处《帛书周易》缺损，根据通行本补字为“六四”。

⑦ 佝：同朋，指朋友。

【帛】尚六：往蹇来石[1]，吉。利见大人。

【通】上六：往蹇来硕，吉。利见大人。

【译文】尚六：往前进发艰难，返归可获硕硕成就，吉祥。利于进见有权势的人物。

① 石：通硕，有硕大，丰富的意思。两字古音同声系而通。

䷻ 节卦第二十一

【题解】

节卦为《帛书周易》的第二十一卦，通行本写法相同，为第六十卦。节制就是节卦所说的要义。“节”的现象广泛地存在于自然，深入于社会，深入于人心，故此受到了易家的高度重视，把它作为治国理政、节财益民的易学范畴加以论述，成为中国政治学和经济学的宝贵文献。

从中外数千年的政治与经济发展来看，易学这种认为适当节制能亨通、超量苦节必害民的思想，是颠扑不破的真理。宋儒道学的苦节主张，违反人性，戕害妇女，遭到鲁迅等新文化先驱的痛斥。孙中山节制资本的主张，则因符合国情而受到社会各界重视。国家计划经济违反经济规律的高积累、重工业、少分配、低消费，把人民节得苦不堪言，以至断送了前苏联政权。因此，重视“节”的时和区、度和量，是节能否亨通，达到治涣兴国目标的关键。

【帛】节[①]：亨。枯节[②]，不可贞。

【通】节：亨。苦节，不可贞。

【译文】节卦：象征节制，亨通顺利。过度地节制，则无法坚守正道。

---

① 节：卦名，为节约、节俭、节制等意。

② 枯节：以节约、节制为苦。枯，通苦，过分。两字古音属同一声系而通。

【帛】初九：不出户牖[①]，无咎。

【通】初九：不出户庭，无咎。

【译文】初九：不走出内院的门，没有灾祸。

【帛】九二：不出门廷[②]，凶。

【通】九二：不出门庭，凶。

【译文】九二：始终不跨出庭院大门，会有凶险。

【帛】六三：不节若[③]，则□□□[④]咎。

【通】六三：不节若，则嗟若，无咎。

【译文】六三：不能自我节制，必然会（忧伤嗟叹，但没有）灾难。

【帛】六四：□□□[⑤]

【通】六四：安节，亨。

【译文】六四：（安于现状自我节制，亨通顺利。）

【帛】□□□□[⑥]吉。往[⑦]得尚[⑧]。

【通】九五：甘节，吉。往有尚。

【译文】（九五：甘美愉悦地节制，）吉祥。往前进发受人嘉奖。

---

① 户牖：门窗，这里引申为住房的内院。

② 门廷：住房的外院。廷，庭院、院子。

③ 若：表叹息的语气词。

④ 此处《帛书周易》缺损，根据通行本补字为“嗟若，无”。嗟，叹息。

⑤ 此处《帛书周易》缺损，根据通行本补字为“安节，亨”。安节，安于节制，以有节制为安。

⑥ 此处《帛书周易》缺损，根据通行本补字为“九五：甘节”。甘，甜美、喜悦。

⑦ 往：前进。

⑧ 尚：崇尚。

【帛】尚六：枯节，贞[①]凶，悔亡[②]。

【通】上六：苦节，贞凶，悔亡。

【译文】尚六：过度节俭，占卜结果为凶险，及时悔改灾祸便可以消失。

① 贞：这里当占卜讲。

② 悔亡：及时悔改便没有灾祸了。亡，无，没有。

䷾ 既济卦第二十二

【题解】

既济卦是《帛书周易》的第二十二卦，通行本写法相同，为第六十三卦。既是完成、已经的意思；济则是如何渡过象征困难和障碍的大江，去济困救穷，拨乱反正，顺应自然和社会的规律，促成其发展而完成大业的意思。既济可以理解为事业的成功和终止，与汉语中的济事即成事的意义相近。可以说，既济这一哲学概念的提出，是易理历史演化论的必然结果。凡事有始必有终，有涉必有济，有事必有果。这正是既济一卦所代表的宇宙哲理。从既济一卦罗（离）下赣（坎）上的结构看，其六爻的排列次序，完全符合先阳后阴、阳阴交配的爻位次序，三阳三阴六爻全部归班就位，也正是一种卦变结束、完事成功的象征。这在《易经》里是绝无仅有的，易家把它作为既济的卦象确实用心良苦。它象征易理最后一个也就是第九个美满理想时代的到来。

从既济的爻辞看，就像一支扬鞭催马，战船香车，远征鬼国，浩浩荡荡的《渡江歌》，其中如何察机识变、用人修德、取得胜利的哲理，是发人深省的。

【帛】既济[①]：亨，小利贞。初吉，冬乳[②]。

【通】既济：亨，小利贞。初吉，终乱。

---

① 既济：卦名，有既定，既成，事已成，既渡，既通，到达彼岸等意。

② 乳：通乱。两字古字形相近而通。

【译文】既济卦：象征完成，柔小者亦亨通顺利，利于坚守正道。若不慎守成功，虽起初吉利，但最终还是会混乱的。

【帛】初六[①]：抴[②]其纶[③]，濡[④]其尾[⑤]，无咎。

【通】初九：曳其轮，濡其尾，无咎。

【译文】初九：拉着车轮渡河，虽然沾湿了车尾，但没有灾祸。

【帛】六二：妇亡[⑥]其发[⑦]，勿遂[⑧]，七日得。

【通】六二：妇丧其茀，勿逐，七日得。

【译文】六二：妇人丢失头上的首饰，不用追寻，七日后可以失而复得。

【帛】□□[⑨]高宗[⑩]伐鬼方[⑪]，三年克[⑫]之。小人勿用。

【通】九三：高宗伐鬼方，三年克之。小人勿用。

【译文】（九三：）殷高宗征伐鬼方，经三年苦战才获得胜利。小人不予重用。

---

① 初六：此处应为初九，帛书本误抄。

② 抴：通曳，有拉，拖之意。两字古音相近而通。

③ 纶：通轮。两字古音属同一声系而通。

④ 濡：沾湿、浸渍。

⑤ 尾：指车的尾部。

⑥ 亡：通丧，指丢失、失去。两字古音同声系，义相同。

⑦ 发：通茀，妇女的首饰。两字古音相近而通。

⑧ 遂：通逐，追寻。两字古义相近而通。

⑨ 此处《帛书周易》缺损，根据通行本补字为“九三”。

⑩ 高宗：殷高宗，名武丁，殷代最著名的帝王之一。

⑪ 鬼方：殷代边境民族建立的方国。

⑫ 克：这里当战胜讲。

【帛】六四：襦[①]有衣茹[②]，冬日戒。

【通】六四：繻有衣袽。终日戒。

【译文】六四：华美的短袄变成破衣败絮，应当整天警惕戒备灾祸。

【帛】九五：东邻杀牛以祭，不若西邻之濯祭[③]，实受其福，吉。

【通】九五：东邻杀牛，不如西邻之禴祭，实受其福。

【译文】九五：东边的邻国杀牛举行大祭，不如西边的邻国举行简朴的祭礼诚敬，更能实在地承受神灵施降的福泽，吉祥。

【帛】尚六：濡其首，厉。

【通】上六：濡其首，厉。

【译文】尚六：渡河被水淹没了头，有危险。

---

① 襦：短袄。

② 茹：通袽，破衣败絮。两字古音相同而通。

③ 濯祭：古代一种比较简单的祭祀活动。濯，通禴，两字古音相同而通。

䷂ | 屯卦第二十三

【题解】

屯卦是《帛书周易》的第二十三卦，通行本写法相同，为第三卦。

在人类社会漫长的发展历程中，纯光明、纯进取和纯黑暗纯停滞的时代都极为罕见，甚至这只是一种纯主观的想象。纯阳纯阴、至刚至柔的乾坤父母，绝不可能独自主宰世界。他们终于在龙战于野、天地玄黄的非常时期相会结合了……

从卦象上看，屯卦下为辰（震）表示雷，上为赣（坎）表示水，宇宙生命创世纪之时，乾坤交合，风云际会，雷声震动于下而雨云囤积于上，犹如混沌初散、开天辟地的一刻，为万物萌生提供了有利条件。易家从中获得启示，刻下了“屯，元亨，利贞。勿用有攸往，利建侯”的卦辞，其卦意主题由“屯”的本义，即幼草曲折萌生发芽之状引申而来，大意为：在宇宙的屯养时期，万物初生，发育亨通，顺利而贞正。不用人为助长，事业也会顺利前进，是有利于建设事业的始创期。

在乾坤始合、万物屯养时期，所要加强修养的所谓“屯德”，其实就是帮助万物生长的天德。对人类而言，则是为开创进步事业、休养生息、积极建功的美德。

【帛】屯[①]：元亨，利贞。勿用有攸往，利律矦[②]。

【通】屯：元亨，利贞。勿用有攸往，利建侯。

【译文】屯卦：象征初生，具有原始的、伟大的、亨通有益的、贞正坚固的品性。不适合出行，有利于封侯建国。

【帛】初九：半远[③]，利居[④]贞，利建矦。

【通】初九：磐桓，利居贞，利建侯。

【译文】初九：徘徊流连，有利于居处正道，利于建立诸侯基业。

【帛】六二：屯如坛如[⑤]，乘马烦如[⑥]，非寇闽厚[⑦]。□[⑧]子贞不字[⑨]，十年乃字。

【通】六二：屯如邅如，乘马班如。匪寇婚媾。女子贞不字，十年乃字。

【译文】六二：困顿艰难踯躅，骑着马徘徊前行，不是匪盗而是求婚者。（女）子守贞洁不急于出嫁，过了十年才出嫁。

---

① 屯：卦名，有初生、初始阶段，积聚，万事开头难的意思。

② 律矦：封侯建国。律，应为建，帛书本误抄。

③ 半远：即磐桓，徘徊不进的样子。半与磐、元与桓，古音相近而通。

④ 居：处于。

⑤ 屯如坛如：徘徊不进的样子。坛，通邅，两字古音属于同一声系而通。

⑥ 烦如：就地回旋的样子。烦，通班，两字古音相近而通。

⑦ 闽厚：即婚媾，嫁娶，缔结婚姻关系。

⑧ 此处《帛书周易》缺损，根据通行本补字为“女”。

⑨ 字：指女子许嫁。

【帛】六三：即[①]鹿毋华[②]，唯[③]人于林中。君子几[④]不如舍[⑤]，往哭[⑥]。

【通】六三：即鹿无虞，惟入于林中。君子几不如舍。往吝。

【译文】六三：于附近的山中逐鹿而没有掌管山泽的虞人引导，独自深入茫茫林海那很危险。君子应当见机行事，此时不如放弃追逐，如果继续前追则会有遗憾。

【帛】六四：乘马□[⑦]如，求闽厚，往吉，无不利。

【通】六四：乘马班如，求婚媾，往吉，无不利。

【译文】六四：骑着马（徘徊）前行，去求婚，坚定前往就会获得吉庆，没有什么不利的。

【帛】九五：屯其膏[⑧]，小贞吉，大贞凶。

【通】九五：屯其膏，小贞吉，大贞凶。

【译文】九五：克服初创的艰难即将广施膏泽，问小事者守持正固可获吉祥，问大事者守持正固以防凶险。

---

① 即：接近。

② 华：通虞，即虞人，周代管理山林狩猎的官员。王侯贵族围猎时，虞人负责将野兽驱赶出来供狩猎者射杀。

③ 唯：发语词，无实义。

④ 几：通机，机智、机动。

⑤ 舍：放弃。

⑥ 哭：吝的异体字，表悔恨、遗憾。

⑦ 此处《帛书周易》缺损，根据通行本补字为“班”，结合帛书本前文写作“烦”。

⑧ 膏：肥肉、油脂。

【帛】尚六：乘马烦如，汲[①]血连如[②]。

【通】上六：乘马班如，泣血涟如。

【译文】尚六：骑着马徘徊难进，而且有泣血伤心泪涟涟的哀痛。

① 汲：通泣，哭而无声。两字古音相近而通。

② 连如：流不断的样子。连，通涟。

䷯ 井卦第二十四

【题解】

井卦为《帛书周易》的第二十四卦，通行本写法相同，为第四十八卦。

中国有句古话“改邑不改井”，记载在《易经》中的井卦里，最早强调了井在古代社会生活中的重要性。那么，我们又如何理解井卦卦辞里关于“井水眼看提至井口了，却打翻了水瓶，凶险”的警告呢？难道井卦真是一个令人避之不及的凶卦吗？这与易者提倡的高尚伟大的井德岂非大相径庭？首先，从井的卦象看，如《象》所言，是木上有水之象，就像用桶盛水，用勺舀水，使水源源不断地从地下提上来，这就是井；故此君子以辛勤的劳动来鼓励和劝慰人民，提倡勤勤恳恳为民服务的井德精神。而《彖》也说，顺应水的本性把井水提升到地面上来，这就是井；它滋养万物而没有穷尽。所谓改变了城邑改不了井，这是因为井有刚正中直的井德。眼看把水提到井口了，却没把水提上来，这是还没有取得功劳啊；打翻了水瓶，无水可饮，所以才凶险。由此可见，井之象虽然有深陷之意，却并无必然的危险。危险的是汲井人的不修井德和粗心大意，以至用井不当，功败垂成。易家唯恐人们有负井德，有违井训，故提出此警告，用心可谓良苦。这一切可从井卦五常一吉的爻辞里看出来。

【帛】井[1]：茝邑不茝井[2]，无亡无得，往来井井，歖[3]至亦未汲[4]井，累[5]其刑垪[6]，凶。

【通】井：改邑不改井，无丧无得，往来井井。汔至亦未繘井，羸其瓶，凶。

【译文】井卦：象征水井，村邑迁移但井迁不走，每日汲取不见减少而泉水流入不见增多，来来往往的人都依赖井水为用。汲水已至井口，水瓶却毁坏了，有凶险。

【帛】初六：井泥[7]不食，旧井无禽。

【通】初六：井泥不食。旧井无禽。

【译文】初六：井底泥沙沉积不能饮用，这口井久未修葺甚至连禽兽也不来这饮水。

【帛】九二：井渎[8]射付[9]，唯[10]敝句[11]。

【通】九二：井谷射鲋，瓮敝漏。

【译文】九二：在井下的穴隙中射取小鱼，射坏了鱼篓。

---

① 井：卦名，为饮水用井之意。比喻养人，用之不竭。

② 茝邑不茝井：村子搬迁但水井不迁走。茝，通改，表改变、迁移，两字古音相近而通。

③ 歖：通汔，意为几乎。

④ 汲：从井里取水。

⑤ 累：同羸，表毁坏。

⑥ 垪：瓶的异体字，古代在井中汲水的尖底陶瓶。

⑦ 井泥：指井底的泥沙。

⑧ 井渎：井口。渎，通谷，两字古音相近而通。

⑨ 射付：射杀小鲫鱼，用弓箭射鱼是古代捕鱼的一种方法。付，同鲋。

⑩ 唯：通维，表击，击中。

⑪ 敝句：破鱼篓。句，通笱，捕鱼用的器具。

【帛】九三：井茳[1]不食，为我心塞[2]。可用汲，王明并受其福。

【通】九三：井渫不食，为我心恻。可用汲，王明并受其福。

【译文】九三：水井已掏治洁净却没有人汲水使用，这使我心里为之忧虑。这是可以汲取饮用的水，如果君王贤明则君臣万民必能同享井水的福泽。

【帛】六四：井椒[3]，无咎。

【通】六四：井甃，无咎。

【译文】六四：水井正在加固修治，没有灾难。

【帛】九五：井戾[4]，寒湶[5]，食。

【通】九五：井洌，寒泉，食。

【译文】九五：井水清凉，犹如寒泉，很好喝。

【帛】尚六：井收[6]勿幕[7]，有复，元吉。

【通】上六：井收勿幕，有孚，元吉。

【译文】尚六：水井建成后不必覆上盖子，心怀诚信与人分享使用，至为吉祥。

---

① 茳：通渫，清除污秽。
② 塞：通恻，表悲伤、悲痛。两字古音相近而通。
③ 椒：通甃，指砌井壁，修治水井。
④ 戾：通洌，清凉。两字古音相近而通。
⑤ 湶：泉的异体字。
⑥ 井收：收取井上汲水用的器物，如绳、瓶等。
⑦ 幕：遮盖。

○第四宫

䷲ 辰卦第二十五

【题解】

辰卦为《帛书周易》的第二十五卦，通行本写作震，为第五十一卦。辰（震）为雷，两雷接连而到，有震动之象，所以辰（震）卦主旨是讲雷电这种自然现象所引起的人们的反映及后果，以及由此提醒人们所应采取的应对措施和注意事项。从另一个侧面，此卦对于我们研究古代天文学也提供了比较可靠的文献资料。

在古代，由于科技与知识的落后，人们对于自然界中一些无法解释和掌控的现象，常常归结为神灵意志的活动。譬如雷电、地震等大震动，它们的破坏性和威慑力让人们心生畏惧，由此延伸出这些自然现象是因为人们行为的失当而引发上天的震怒，给人以一种警告。所以，卦辞、爻辞中“辰来朔朔”“辰疏疏”“辰往来厉”都是告诫人们雷电来袭时，要注意躲避危险。即使“意亡贝”也“勿遂”，因为钱财都是身外之物，生命安全才是第一要位。在面对雷电时，只有“辰行”才能“无省”，以此引导人们要谨慎慎行，守正养德，将闻雷后自然发生的心理恐惧转化为自觉的震德修养。然后由近及远，从做好身边的小事开始，培养自己临乱不惊、镇定从容的长者气质和风度，为即将担当的大任做好人格和心理准备，这也就是此卦所想告诉人们的箴言。

【帛】辰[①]：亨。辰来朔朔[②]，芺言亚亚[③]，辰敬百里[④]，不亡钆觞[⑤]。

【通】震：亨。震来虩虩，笑言哑哑。震惊百里，不丧匕鬯。

【译文】震卦：象征着震动，万事亨通。雷电袭来万物恐惧，人们会因为戒惧慎行而强化修身，这样才能镇定自若，谈笑风生。隆隆雷声响彻百里，主持祭祀的人却没有受到惊吓而失落手中的酒匙。

【帛】初九：辰来朔朔，后芺□[⑥]亚亚，吉。

【通】初九：震来虩虩，后笑言哑哑，吉。

【译文】初九：雷电袭来万物恐惧，人们会因为戒惧慎行而强化修身，然后才能做到（谈）笑自若，由此可收获吉祥。

【帛】六二：辰来厉，意亡贝[⑦]，齍于九陵[⑧]，勿遂[⑨]，七日得。

【通】六二：震来厉，亿丧贝，跻于九陵，勿逐，七日得。

---

① 辰：卦名，通震。《周易集解》引郑玄语："震为雷。雷，动物之气也。"可引申为雷声起动，或震动之意。

② 朔朔：通虩虩，《释文》中载："虩虩，恐懼貌。"朔朔，就是恐惧的样子。

③ 芺言亚亚：芺，通笑，古代形近且同声系，所以相通。亚，通哑，《说文》中载："哑，笑也。"芺言亚亚，即指欢声笑语，有说有笑的样子。

④ 辰敬百里：敬：通惊。意思是轰隆的雷声震惊百里。

⑤ 不亡钆觞：亡，同丧，指丧失、丢失的意思。钆，同匕，指饭勺、羹匙之类的器具。觞，同鬯，本指重大节日活动用的香酒，此处借指宗庙祭祀。

⑥ 此处《帛书周易》缺损，根据通行本补为"言"。

⑦ 意亡贝：意，同亿、噫，《周易集解》引虞翻语："亿，惜辞也。"由此可知，意为语气词。贝，殷周时期以贝为货币，这里指代宝物、宝贝。

⑧ 齍于九陵：齍通跻。齍于九陵，即登上九陵之时。

⑨ 遂：通逐，指追寻、追逐。

【译文】六二：雷电交加，十分危险。啊！在惊慌中不小心丢失了宝贝，这时正在攀登陡峭的九陵高山，可以不去追寻丢失之物，七天后会失而复得。

【帛】六三：辰疏疏[①]，辰行，无省[②]。

【通】六三：震苏苏，震行，无眚。

【译文】六三：雷声隆隆，让人惶恐不安，从而谨慎前行，就不会有什么灾祸。

【帛】九四：辰遂泥[③]。

【通】九四：震遂泥。

【译文】九四：雷声震动之时，陷入泥淖之中。

【帛】六五：辰往来厉，意无亡，有事[④]。

【通】六五：震往来厉，亿无丧，有事。

【译文】六五：雷声震动之时，来往行动会有危险。啊！万无一失，还是应该谨慎行事，恪守正道，以长保祭祀之事。

---

① 辰疏疏：疏疏，通苏苏，《周易正义》孔颖达《疏》中载："苏苏，畏惧不安貌。"意即雷声大，让人感到害怕。

② 省：通眚，意为灾祸。

③ 辰遂泥：唐石经、宋本、阮本均作"震遂泥"。遂，同坠，意即陷入。

④ 有事：指祭祀宗庙的活动。

【帛】尚六：辰昔昔[①]，视懼懼[②]，正凶。辰不于其竆，于其邻，往无咎[③]。闽诟有言。

【通】上六：震索索，视矍矍，征凶。震不于其躬，于其邻，无咎。婚媾有言。

【译文】尚六：雷声响起，使人内心惶恐，环顾四周，如果出征远行，则会有凶险。巨雷还没有伤及自身，而只是波及了邻居时，如果谨慎出行则没有灾祸。如果占卜得此爻，有婚约则将陷入言语之争。

---

① 昔昔：昔，通索，《周易正义》孔颖达《疏》中载："索索，心不安貌。"所以昔昔，即恐惧而战栗的样子。

② 懼懼：通矍矍，《释文》中载："矍矍，目不正。"所以懼懼，形容惊恐而视线不定的样子。

③ 通行本中此句无"往"字。

䷡ 泰壮卦第二十六

【题解】

泰壮卦为《帛书周易》的第二十六卦，通行本写作大壮，为第三十四卦。泰壮（大壮）卦即阳气大壮之义。它是十二消息卦的二月卦，紧接着三阳开泰的一月泰卦之后，是阳爻逐渐增长为四，阴爻逐渐退缩为二，形成了键（乾）下辰（震）上、雷天大壮的可喜构局，真可谓：天上雷动声威壮，地下万物阳气足，朗朗乾坤澄玉宇，歪风邪气顿时除，体现出一派阳气充盛的大好景象。

泰壮时期是正道大行于世，形势向好的一面演变的时期，这种时候，易家的主张尤重壮德，即适度壮大武力，遵循正道，亦即后来儒家发展为“非礼勿动，非礼勿听，非礼勿视”的礼德。中国向来为文明古国、礼仪之邦，礼的道德化和规范化，是中国步入文明社会的必由之路。如果人幼不学礼，大不知礼，那他不是无知文盲，就是不开化的野蛮人。归根结底，所谓礼，亦即文明规范，是人类社会进化的产物和象征。无规矩，不成方圆，无礼仪，则不成文明世界。易家早在人类思壮好强、尚武崇力的古代，就提出了修壮德——即武德、礼德的思想，不鼓励人们使用蛮力，恃强用壮，因为过刚则易折。在治国理事上，要避免“羝羊触藩，羸其角”两败俱伤、进退两难的现象发生，遇到事情以教化、说理服人，这可以说是中华民族关于物质、精神文明不可偏废的最早阐发。

【帛】泰壮[1]：利贞。

【通】大壮：利贞。

【译文】泰壮：象征着强盛，有利于坚守正道。

【帛】初九：壮于止，正凶，有复[2]。

【通】初九：壮于趾，征凶，有孚。

【译文】初九：脚趾受伤，向前进发会有凶险，避免灾祸的方法就是心怀诚信。

【帛】九二：贞吉。

【通】九二：贞吉。

【译文】九二：坚守正道会获得吉祥。

【帛】九三：小人用壮，君子用亡[3]，贞[4]厉。羝羊[5]触藩[6]，羸其角[7]。

【通】九三：小人用壮，君子用罔，贞厉。羝羊触藩，羸其角。

【译文】九三：小人捕兽使用蛮力，君子捕兽使用罗网，占卜会有凶兆。公羊用角冲撞藩篱，结果羊角被缠挂而进退不得。

---

① 泰壮：卦名，通行本作“大壮”。《周易正义》孔颖达《疏》中载：“大者，壮也。”《周易集解》引虞翻语：“壮，伤也。”所以泰壮有两层含义，一是指强盛、强壮之意；二是指受伤。

② 复：通孚，指诚信。

③ 亡：通罔，即无，也可理解为捕鸟兽的罗网。

④ 贞：此处指占卜、卜问。

⑤ 羝羊：即公羊。

⑥ 藩：即藩篱。

⑦ 羸：指缠绕、纠结。

【帛】九四：贞吉，悔亡[①]。藩[②]块[③]不羸，壮于泰车之緮[④]。

【通】九四：贞吉，悔亡。藩决不羸，壮于大舆之輹。

【译文】九四：坚守正道可获得吉祥，悔恨也会随之消亡。公羊冲破了藩篱，如果不加以管束，还会冲坏大车的辐条。

【帛】六五：亡羊于易[⑤]，无悔。

【通】六五：丧羊于易，无悔。

【译文】六五：在田畔丢失了羊，这无须悔恨。

【帛】尚六：羝羊触藩，不能退，不能遂[⑥]，无攸利，根[⑦]则吉。

【通】上六：羝羊触藩，不能退，不能遂，无攸利，艰则吉。

【译文】尚六：公羊冲撞藩篱，不能后退，也不能前进，没有什么利益可得，虽然处境艰难，但是最终会收获吉祥。

---

① 亡：即消失之意。

② 藩：疑作藩，此处指藩篱

③ 块：疑作决，有开裂之意。

④ 緮：通輹，指车的辐条。

⑤ 亡羊于易：易，作埸，指疆界、田畴。亡羊于易，指在田畔丢失了羊，也有说此为殷先王王亥丧牛羊于有易的事情。

⑥ 遂：即前进、前往。

⑦ 根，通艰，指艰难之意。

䷏ 余卦第二十七

【题解】

余卦为《帛书周易》的第二十七卦，通行本写作豫，为第十六卦。根据余（豫）卦卦象来看，川（坤）下辰（震）上，如蛟龙游于地面，惊雷震于平野，所以“欢娱不忘戒备，有利于为建功立业而出师征战”。

对人们而言，占得欢娱是令人开心的结果，如果我们能够在享乐之中，谨慎修德，把握适度，则这种安逸幸福就会持久绵长。但是如果我们一味贪图享乐，不懂节制，被快乐冲昏头脑，则有可能会乐极生悲。所以余卦的主旨就是指导我们如何对待欢娱享乐，它提出了“鸣余”“杅余”“允余”“冥余”四种情况产生的不同后果。针对“鸣余”“杅余”，人们获得功名利禄之后，如果沾沾自喜，耽于享乐而不思进取，就会导致学业荒废、事业衰退，后果必然不利。如果为了求取功名，而谗上媚下、飞扬跋扈，则也同样不会有好下场。

安乐喜悦本身就来自于自我的感觉，如果我们能够注重自身修养，让自己变得充实丰盈，那么我们内心的幸福感就会油然而生，也会以崇高的人格魅力树立威信，远播声誉，吸引朋友而来。如果我们沉溺享乐之时，能够常怀律己之心，及时幡然醒悟，那么也能化凶为吉，化悔为喜。总体来说，余卦代表着豫德时代，是圣人、君子发扬品德，为民族建功立业的时候，如果人们能够做到清正廉明、嘉言懿德，那么就会有一番大作为。

【帛】余[①]：利建疾[②]，行师[③]。

【通】豫：利建侯，行师。

【译文】余卦：象征着快乐，有利于建立诸侯和出兵征伐。

【帛】初六：鸣余[④]，凶。

【通】初六：鸣豫，凶。

【译文】初六：有声名而耽于享乐，有凶险。

【帛】六二：疥于石[⑤]，不终日，贞吉。

【通】六二：介于石，不终日，贞吉。

【译文】六二：像石头一样坚毅刚强，即使不能持续一天，但恪守正道就会获得吉祥。

【帛】六三：杅余[⑥]，悔，迟有悔。

【通】六三：盱豫，悔，迟有悔。

【译文】六三：媚上求欢，将有悔恨，而悔悟太迟，则更增悔恨。

---

① 余：卦名，通豫，《周易集解》引郑玄语："豫，喜佚说乐之貌也。"所以余，象征着喜悦、快乐。

② 建疾：即建立诸侯。

③ 行师：即动用军队，出兵征伐。

④ 鸣余：王弼《周易注》："鸣者，声名闻之谓也。"所以鸣余，即有声名而享乐。

⑤ 疥于石：疥，通介，有坚固刚直之意。于，指好像、比如。

⑥ 杅余：杅，通盱，指张目仰视。这是以六三的爻辞为说的。六三是阴爻，居于阳位，位不正，上面的九四就是全卦六爻中唯一的阳爻，六三对于九四是处于仰视的地位，所以称为"盱"。这里又用以喻指行为不正的小人对上司的阿谀奉承。

【帛】九四：允[①]余，大有得，勿疑，傰[②]甲[③]谗[④]。

【通】九四：由豫，大有得，勿疑，朋盍簪。

【译文】九四：安乐喜悦由自身而来，会大有所得。诚信不疑，朋友才会来聚会相从。

【帛】六五：贞疾[⑤]，恒不死。

【通】六五：贞疾，恒不死。

【译文】六五：占卜有关疾病之事，虽然病患很久但却长寿不死。

【帛】尚六：冥[⑥]余，成或谕[⑦]，无咎。

【通】上六：冥豫，成有渝，无咎。

【译文】尚六：日夜沉溺于享乐，如果能够认识错误，改过自新，则不会有祸患。

---

① 允余：允，通行本写作由，可理解为由自身而来。

② 傰：通朋，此处作朋友。

③ 甲：通盍，王弼《周易注》："盍，合也。"有汇合、聚合之意。

④ 谗：通簪，古人用来束发的头饰，根据卦象可理解为众阴聚合在一起。

⑤ 贞疾：指占卜疾病之事。

⑥ 冥：指幽冥昏暗。

⑦ 成或谕：或，通有。谕，通渝，指变化、改变，也可表知晓之意。

䷽ 少过卦第二十八

【题解】

少过卦为《帛书周易》的第二十八卦，通行本写作小过，为第六十二卦。常言道："小过不改，终成大错。"但易家的少过（小过）卦却是一个吉卦，这其中有何深意呢？从卦辞的阐析看，少过（小过）卦的卦意旨在阐述事物的发展必须经由小事情的完善才能达到亨通，过而能守，守而能固，善莫大焉。"小过"可获大吉之义，其目的是求正，"小过"只是纠枉的手段和形式过分一点点，或是在正确的方向下超前过火了一点儿，所以只是小的偏差，没有大的害处。

易家看来，在符合时代精神的前提下，待人接物上礼貌周全一点儿，人情世故上用情深一点儿，生活小事上节约多了一点儿，因符合柔顺的小过之德，所以都是无伤大雅、无违时代的。所谓礼多人不怪，爱深情更切，俭为持家宝，均属情有可原。

当然，除了适度把握过的程度外，还要注意预防过失。《帛书周易》认为"弗过愚之""弗愚过之"，没有过失，或过失很小的时候要谨慎行事，防微杜渐，以免酿成大错。而防止过失发生的关键就是提升自我修养，这也是贯穿整个易家思想的精神要义。

【帛】少过[1]：亨，利贞。可小事，不可大事。翡鸟[2]遗之音[3]，不宜上，宜下，泰吉。

【通】小过：亨，利贞。可小事，不可大事。飞鸟遗之音，不宜上，宜下，大吉。

【译文】少过：象征着稍有过越，亨通顺利，利于坚守正道。可以做寻常小事，不要去干大事。就像鸟儿飞过，余音回响，预示人们不宜好高骛远，而宜量力而行，这样才会大吉。

【帛】初六：翡鸟以凶[4]。

【通】初六：飞鸟以凶。

【译文】初六：飞鸟逆势高飞有凶险。

【帛】六二：过其祖[5]，愚[6]其比[7]；不及其君，愚其仆[8]，无咎。

【通】六二：过其祖，遇其妣；不及其君，遇其臣，无咎。

【译文】六二：涉及家中之事，如果祖父不在，可向祖母请示；涉及国家之事，如果国君不便，可向大臣请示，这样做不会有过错。

---

① 少过：卦名，通行本作“小过”。《周易正义》孔颖达《疏》：“过之小事谓之小过，即行过乎恭，丧过乎哀之谓是也。”所以过，有过越，过失之意。

② 翡鸟：翡，同飞，翡鸟，指飞鸟。下文的翡鸟，意思相同。

③ 遗之音：指鸟飞过后留下的余音。

④ 翡鸟以凶：此卦初失位不正，欲上而应四，然四失位不正，进而遇逆，所以有凶。

⑤ 祖：指祖父。

⑥ 愚：通遇，此处指相遇、遇到。

⑦ 比：通妣。《曲礼》载：“生曰父母，死曰考妣。”此处比，引申为祖母。

⑧ 仆：通行本作臣，指大臣、臣仆。

【帛】九三：弗过仿[①]之，从或臧之[②]，凶。

【通】九三：弗过防之，从或戕之，凶。

【译文】九三：不加倍防范，而是任其放纵，可能会受到伤害，这样就会有凶险。

【帛】九四：无咎，弗过愚[③]之；往厉必革[④]，勿用，永贞。

【通】九四：无咎，弗过遇之；往厉必戒，勿用，永贞。

【译文】九四：没有灾祸，没有过失时，需防止发生过错；往前进发会有危险，必须警惕戒备，不要意气用事，应长久地守持正道。

【帛】六五：密云不雨，自我西茭[⑤]，公射[⑥]取皮[⑦]在穴。

【通】六五：密云不雨，自我西郊，公弋取彼在穴。

【译文】六五：阴云密布而不降雨，乌云从我居住的城邑的西郊升起，公侯拿起箭绳，射取穴中的鸟兽。

---

① 仿：通防，指提防、防备之意。

② 从或臧之：从，同纵，指放纵。臧，通戕，《周易集解》引虞翻语："戕，犹杀也。"指杀害、伤害之意。

③ 愚：此处指防止、预防。

④ 革：通戒，有警告、戒备之意。

⑤ 西茭：茭，通郊，即西郊。

⑥ 公射：其他各本均作"公弋"。《周易集解》引虞翻语："公谓三也。弋，矰缴射也。"意即公侯用带有绳子的箭射鸟。

⑦ 皮：通彼，此处指鸟。

【帛】尚六：弗愚过之，翟鸟罗[1]之，凶，是谓兹省[2]。

【通】上六：弗遇过之，飞鸟离之，凶，是谓灾眚。

【译文】尚六：不加以预防，就会发生过错，就如同张网捕鸟，必有凶险，这就是灾祸降临。

① 罗：通行本作离，表示张网捕获。

② 兹省：通灾眚，指灾祸降临。

䷵ | 归妹卦第二十九

【题解】

归妹卦为《帛书周易》的第二十九卦，通行本写法相同，为第五十四卦。中国商朝的英明君王帝乙，为了弥合商周两家濒临破裂的政治关系，将自己的女儿嫁给了后来的周文王，这就是历史上著名的和亲事件——“帝乙归妹”，它开创了商周良好关系的新时期，为热爱和平的商周人民所深深感激怀念。易家借用这一人尽皆知的历史事件，以及古代娣侄制度的规矩来形象说明了人生的哲理。

辰（震）在上而动，夺（兑）在下而悦，这就是“归妹”所蕴含的“天地之大义”，也即“男大当婚，女大当嫁”。这是男女天经地义的终身大事，它贯穿着人的一生，故此夫妻间应相敬如宾、白头到老，如果一方违反夫妻之义，或角色不正，或以强凌弱，甚至随意破坏婚姻这一稳定的关系，那就必然会遭来凶险之事。

“归妹”之初九，讲述了当位为正，虽有“跛履”，但“正吉”，也就是说只要男女双方共同努力营造生活，则婚姻美满。九四讲述了“归妹衍期”，但是静待时机，仍会大吉，意即婚姻大事不能操之过急，得双方互相磨合，才能长久幸福。六五则告诉人们结婚要选良辰吉日，以期待有个好兆头。总之，《帛书周易》在“归妹”中作出了君子应该修养归妹之德，维护好文明的婚姻关系的结论。而这一结论，也是贯穿于六爻爻辞的始终的。

【帛】归妹[①]：正凶[②]，无攸利。

【通】归妹：征凶，无攸利。

【译文】归妹：象征着婚嫁。前行则有凶险，没有益处。

【帛】初九：归妹以弟[③]，跛能利[④]，正吉。

【通】初九：归妹以娣，跛能履，征吉。

【译文】初九：少女出嫁，妹妹陪嫁。这就像跛脚的人虽偏斜不正，但相协而行，前行终会获得吉利。

【帛】九二：眇[⑤]能视，利幽人[⑥]贞。

【通】九二：眇能视，利幽人之贞。

【译文】九二：眼睛失明却能看见东西，犹如囚禁之人仍坚守正道，心向光明。

【帛】六三：归妹以嬬[⑦]，□归以苐[⑧]。

【通】六三：归妹以须，反归以娣。

---

① 归妹：卦名，各版本皆同。归，《周易集解》引虞翻语："归，嫁也。"妹，王弼《周易注》："妹者，少女之称也。"所以归妹，即嫁女之意，此卦主要象征着婚嫁。此卦图，《帛书周易》第一、二、三爻均有误抄。

② 正凶：卦中二、五失位无应，三、四失位无应，初与四、二与五、三与尚均无应，所以"正凶，无攸利。"

③ 弟：通娣，本义指女弟，即妹妹。先秦贵族的礼俗，姐姐出嫁时常以其妹妹陪嫁作妾，也称为娣。这里的娣就是指陪姐姐出嫁作妾的少女。

④ 利：通履，指行走。

⑤ 眇：原指一只眼睛失明，后也指双目失明。

⑥ 幽人：可指代隐居之人，也可指囚禁之人。

⑦ 嬬：通须，指姐姐。

⑧ 此处《帛书周易》缺损，根据上下文及通行本补字为"反"，指返回。苐，通娣。此句即指出嫁后与妹妹一起返回父母家。

【译文】六三：出嫁少女让其姐姐做陪嫁，又与其妹妹一起（返回）父母家。

【帛】六四[①]：归妹衍期[②]，迟归有时。

【通】九四：归妹愆期，迟归有时。

【译文】九四：少女出嫁却拖延日期，延迟出嫁是为了等待合适的时机。

【帛】六五：帝乙[③]归妹，其君之袂[④]不若其苐之快[⑤]良，日月既望[⑥]，吉。

【通】六五：帝乙归妹，其君之袂不如其娣之袂良。月几望，吉。

【译文】六五：帝乙嫁女，其君后的衣饰反不如从嫁的侍妾华丽，出嫁的日子选在接近月圆之日，吉祥。

【帛】尚六：女承筐[⑦]，无实；士封羊[⑧]，无血。无攸利。

【通】上六：女承筐，无实；士刲羊，无血。无攸利。

---

① 六四：此处依据卦象应为九四，《帛书周易》有抄误。

② 衍期：通愆期，指延期。

③ 帝乙：一说是指商王文丁之子，其曾为了缓和商周矛盾，将女儿嫁于周文王，进行联姻。一说是指商王成汤，因又名天乙、大乙，被称为帝乙。

④ 袂：指衣袖，这里泛指嫁妆衣着。

⑤ 快，为“袂”字的讹字。

⑥ 日月既望：通行本无“日”字，“既”为“几”字。望，月相名，指月满之日。

⑦ 承筐：捧着盛东西的筐子。

⑧ 刲羊：用刀宰羊。古代婚嫁时，有祭祀宗庙之礼，女子拿着果篮盛放果品献神，男子宰羊洒血祭神，如果一切顺利，则吉祥，反之则不祥。

【**译文**】尚六：女子拿着竹筐，里面没有装东西；男子用刀宰羊，不见羊血，这些都是没有利益的不祥之兆。

䷧ 解卦第三十

【题解】

解卦为《帛书周易》的第三十卦，通行本写法相同，为第四十卦。中国古代有“解民于倒悬”的赞语。在易家眼里，解卦就意味着苦难的解除、束缚的解脱、人民的解放，是动而脱险的卦象。解卦下位为赣（坎），是大水、暴雨、深陷、危险之象，上位为辰（震），是雷鸣、躁动、草木万物破土穿壳而出，欣欣向荣之象，赣（坎）下辰（震）上，其寓意正是天地交合、雷鸣雨降，人民得救于水火之中的欢欣景象。

解卦中从田猎、商旅、经营上阐述了躲避危险，解除困厄的方法。《序卦传》认为，万物不可以始终都受到阻难，所以通行本中接着蹇卦的，正是解决困难的解卦。应该说，在古代等级森严，刑法苛厉，下层百姓动辄获咎，惨遭刑罚囚禁的黑暗岁月，易家注重解放，提倡解德，使众多被判有罪者得到解脱释放，重获人身自由的主张，还是很有进步意义的。以古鉴今，按照先哲关于只有解放全人类，才能使自己得到真正解放的远大理想，如果我们在制定和执行法律条规时，宽严结合、恩威并重、惩教结合、以儆效尤，那么想必是颇合古人易道与解德之旨的。

【帛】解[①]：利西南。无所往，其来复吉；有攸往，宿吉[②]。

【通】解：利西南。无所往，其来复吉；有攸往，夙吉。

【译文】解卦：象征着解除困难，有利于向西南方前行。但是如果没有事情可不必前往，返回原地可获得吉祥；如果有事情必须前往，则应及早行动，可获得吉祥。

【帛】初六：无咎。

【通】初六：无咎。

【译文】初六：无灾祸。

【帛】九二：田获三狐[③]，得□□□□[④]

【通】九二：田获三狐，得黄矢，贞吉。

【译文】九二：打猎时捕获了三只狐狸，并获得（黄色的箭头，占问会获得吉祥）。

【帛】□□□[⑤]且乘，致寇至，贞閵。

【通】六三：负且乘，致寇至，贞吝。

【译文】（六三：背负财物）而乘坐大车，将招致盗匪的抢劫，占问会遇到危险。

---

① 解：卦名，朱熹《周易本义》载："解，难之散也。"即有解除困难的意思。所以本卦象征着解脱、缓解之意。此卦图《帛书周易》中第一爻有误抄。

② 宿吉：宿，同夙，有早的意思。

③ 三狐：三只狐狸。三，也可泛指多数。

④ 此处《帛书周易》有缺失，根据通行本补为"黄矢，贞吉"。黄矢，黄色的箭头，即铜箭头。贞，此处指占卜。

⑤ 此处《帛书周易》有缺失，根据通行本补为"六三：负"。负，背负。乘，乘车。

【帛】九四：解其栂[①]，傰至此复[②]。

【通】九四：解而拇，朋至斯孚。

【译文】九四：摆脱小人的纠缠，志同道合的人才会心怀诚信前来相助。

【帛】六五：君子唯[③]有解，吉。有复于小人。

【通】六五：君子维有解，吉。有孚于小人。

【译文】六五：君子只有解脱困境，才吉祥。能够以诚信之德，感化小人。

【帛】尚六：公用射敻[④]于高庯[⑤]之上，获之，无不利。

【通】上六：公用射隼于高墉之上，获之，无不利。

【译文】尚六：王公射猎栖息在高墙上的鹰隼，并且捕获了它，这没有什么不利。

---

① 解其栂：通行本作“解而拇”。栂，同拇，指拇指，也泛指手脚。此处可引申为摆脱小人的纠缠。

② 傰至此复：志同道合的人会心怀诚信前来相助。傰，通朋，指志同道合的朋友。复，通孚，指诚信、信用。

③ 唯：通行本作维，《周易集解》作惟，表只有的意思。

④ 敻：疑为隼，即鹰隼等猛禽。

⑤ 庯：通墉，指城墙。

䷶ 丰卦第三十一

【题解】

丰卦为《帛书周易》的第三十一卦，通行本写法相同，为第五十五卦。丰卦的卦象是罗（离）下辰（震）上，喻义是雷电交加、大雨丰沛、万物繁茂的丰盛景象，象征着太阳高升，如日中天之势，这是大好时节，要抓住时机，有所作为。

从卦辞来看，丰卦描述了一次日食的全过程，但是，易家也借此传达了丰茂过甚也会带来遮阴蔽阳的不利影响。“丰”之义，美而满、腴而肥、多而足，人见人爱。但是，在丰德时代，物象华美丰赡的背后也有森暗阴郁的一面。因此易家并没有短视地陶醉于一国一时的丰庆喜悦中，而是从日升月落、天地盈亏的变化规律中，富有远见地指出了“勿忧”的道路。这就是要光明磊落地做事做人，抓紧天下光明的时机，明断是非、扬德立信，以免被丰盛时代的极大繁荣所沉迷遮蔽。

由丰见封，由喜见忧，于有利中见不利，于不利中见有利，进而抓住丰时，修养丰德，亦即盛世美德的规律，正是丰卦中所体现出的易家智慧。

【帛】丰[①]：亨。王叚[②]之，勿忧，宜日中。

【通】丰：亨。王假之，勿忧，宜日中。

---

① 丰：卦名，《象》载：“丰，大也。”《说文》载：“丰，豆之丰满者也。”所以丰，有盛大、丰富之意。

② 叚：同假，王弼《周易注》载：“工假之，工之所致。”所以叚，有达到的意思。

【译文】丰卦：象征着丰盈盛大，亨通顺利。君王可以达到丰盈盛大的境界，不用忧虑，就像正午时分的太阳一样，散发着充盈的光辉。

【帛】初九：禺其肥主①，唯旬②，无咎，往有尚③。

【通】初九：遇其配主，虽旬，无咎，往有尚。

【译文】初九：遇见与自己志同道合的人，只要学识能力均等，相处没有矛盾，则进一步交往会有收获。

【帛】六二：丰其剖④，日中见斗，往得疑□⑤，有复洫若⑥。

【通】六二：丰其蔀，日中见斗，往得疑疾，有孚发若，吉。

【译文】六二：云层丰厚遮蔽了太阳，皓日当空却看见北斗星，前往会遭猜疑（和嫉恨），如果以诚信待人，则拨云见日，心地光明。

【帛】九三：丰其薠⑦，日中见茉⑧，折其右弓⑨，无咎。

【通】九三：丰其沛，日中见沫，折其右肱，无咎。

【译文】九三：日光被乌云覆盖，正午看见小星星，幽暗不明

---

① 禺其肥主：禺，通遇，指遇到、相遇。肥，通配，即配偶。

② 唯旬：唯，同虽，表只有的意思。旬，通常十日为一旬。此处旬，有均等无差的意思。

③ 尚：同赏，高亨《周易古经今注》载："尚借为赏。"所以尚，指奖赏，也可引申为收获。

④ 剖：通蔀，指覆盖、遮蔽，此处指日食造成的天象。

⑤ 此处《帛书周易》缺失，根据通行本补为"疾"，即思想上容易多疑。

⑥ 洫若：洫，通发，因方言发音缘故，两字相通，有拨开之意。若，好像、犹如。通行本中"若"字后有吉字，《帛书周易》无"吉"字。

⑦ 薠：同沛，《周易集解》引虞翻语："日在云下称沛。沛，不明也。"所以薠，有幽暗不明之意。

⑧ 茉：同沫，《九家易》载："沫，斗杓后小星也。"这里指微暗不明的小星星。

⑨ 右弓：弓，通肱，即右臂。

中不慎折断右臂，但是最终治愈没有灾祸。

【帛】九四：丰其剖，日中见斗，禺其夷主[①]，吉。

【通】九四：丰其蔀，日中见斗，遇其夷主，吉。

【译文】九四：日食发生，太阳被遮蔽，正午看见北斗星，正如遇到了东方的君主，会收获吉祥。

【帛】六五：来章[②]，有庆举[③]，吉。

【通】六五：来章，有庆誉，吉。

【译文】六五：太阳出来，光明重现，人们竞相欢庆，吉祥。

【帛】尚六：丰其屋，剖其家，闺其户[④]，哭[⑤]其无人，三岁不遂[⑥]，凶。

【通】上六：丰其屋，蔀其家，窥其户，阒其无人，三岁不觌，凶。

【译文】尚六：偌大的房子空荡荡的，屋顶上散乱地铺着草席，从门缝里窥视，里面寂静无人，三年都不见有人出入，所以有凶险。

---

① 夷主：夷，《说文》中载："夷，平也，东方之人也。"夷，即东方。主，指六五。九四不动，则遇到邻近的六五，九四动则下应初九，迎于光明，所以称吉。

② 来章：《周易集解》引虞翻语："在内称来。章，显也。"所以来章，即彰显。

③ 庆举：通庆誉，指喜庆与荣誉。

④ 闺其户：闺，通窥，指窥探其门户。户，古代单扇的门叫户，双扇的门称门。

⑤ 哭：同阒，指寂静无人。

⑥ 遂：同觌，显现、观察。

䷟ 恒卦第三十二

【题解】

恒卦为《帛书周易》的第三十二卦，通行本写法相同，且也为第三十二卦。惊雷炸响于天，疾风穿行于地，成为巽下震上、应天随物的恒卦之象。卦辞据此而认为：普天之下，凡恒久者，必然亨通而没有过错。它利于坚守正道，前往行事。

在易学恒道思想的深刻影响下，中国人历来重视守恒道、树恒心、立恒基、置恒产，把循恒道、开恒业、有恒心当作恒德高深、人格饱满、事业成功的标志，而将逆恒道、无恒业、无恒心、无恒产当作心浮气躁、漂萍游蟹、盲动失败的同义词。道家始祖老子也说："恒德不离，复归于婴儿……恒德不忒，复归于无极。"认为只要时刻不离恒道恒德，就能复归天性、修达正道，树典范、化万物。

具体而言，人们在恒德不变的时代，应如何坚守正道、趋善避恶，这正是恒卦六爻所要探讨的。人们从易家推理的六爻主旨可以看到，其对恒德的尺度把握，男女对于恒德的坚守标准做了细致的分析。比如，坚守正道是好的表现，但是如果过分追求或不能持久，则就是有害的。对于男女而言，古人提倡妇女从一而终，对于男性则可以因事制宜，灵活变通，这在如今看来是有失偏颇的。但从整体而言，其强调了在利于坚守、亨通正确的恒德时代，人们应该追求正道，根据事理实情、轻重缓急决定取舍，持正纠偏还是有一定道理和进步意义的。

【帛】恒[①]：亨，无咎，利贞，利有攸往。

【通】恒：亨，无咎，利贞，利有攸往。

【译文】恒卦：象征着恒久。亨通顺利，没有灾祸，有利于坚守正道，向前进发。

【帛】初六：夐[②]恒，贞凶，无攸利。

【通】初六：浚恒，贞凶，无攸利。

【译文】初六：无限深入地追求恒久之道，占问结果则是凶险，没有什么利益可得。

【帛】九二：悔亡[③]。

【通】九二：悔亡。

【译文】九二：悔恨之事消失。

【帛】九三：不恒其德，或承之羞[④]，贞閵。

【通】九三：不恒其德，或承之羞，贞吝。

【译文】九三：不能持久地坚守其美德，则会蒙受羞辱，以致于陷入困境。

【帛】九四：田无禽[⑤]。

【通】九四：田无禽。

---

① 恒：卦名，指长久、恒久之意。

② 夐：通浚，有深入、深远之意。

③ 悔亡：即悔恨消失。亡，即消失。

④ 或承之羞：蒙受羞辱。承，承受。羞，耻辱、羞辱。

⑤ 禽：通擒，指擒获鸟兽等猎物。

【译文】九四：田猎却没有打到猎物。

【帛】六五：恒其德，贞妇人□[①]，夫子[②]凶。

【通】六五：恒其德，贞妇人吉，夫子凶。

【译文】六五：持久地坚守其美德，对于女子而言守持正道（会获得吉祥），对于男子而言则会有凶险。

【帛】尚六：夐恒[③]，凶。

【通】上六：振恒，凶。

【译文】尚六：摇摆不定，不利于坚守恒久之道，所以有凶险。

---

① 此处《帛书周易》缺失，根据通行本补为“吉”字。

② 夫子：指丈夫。

③ 夐恒：夐，此处通振，指振动。

○第五宫

☷ 川卦第三十三

【题解】

川卦为《帛书周易》的第三十三卦，通行本写作坤，为第二卦。在日常生活中，或许大多数人更熟悉的是坤这一卦名。为了便于理解，此处题解我们以“坤”来解读。

坤是地，乾是天。乾德如天高，坤德似地厚。乾德行豪壮，坤德品坚贞。乾德山难撼，坤德可海涵。坤德是中华民族的又一基本美德。其重要性绝不亚于乾德，甚至可以说是乾德得以实现的最基本条件。坤德为何如此重要？从宇宙演化、万物化生的全息观照看，任何事物的发展都是相辅相成的。有正有反，有动有静，有白有黑，有主有次，有生有亡，有长有消，有张有弛，有美有丑，有亏有盈，正是世界得以存在、万物得以生息的原因。

人类社会也是如此。就每个生命主体而言，首先应该发挥乾德自强不息的精神，否则个人以至社会的生机就会窒息。从卦理看，六十四卦都要以乾卦为主卦，三百八十六爻都要以“飞龙”为主爻，各卦自身也只能以一爻为主。而如果用系统观来考察易理，那么在母系统之中，子系统里的飞龙，只不过是更大母系统里主卦主爻的一个配角，一个“利见大人”的下属。所以，不论是在易理卦象中，还是在实际生活中，我们都要看到，唱主角的只是少数，多数人都要唱配角。如果人人都要唱主角，而不唱配角，则天下大乱，万事难成。从这个意义上说，修养坤德，培养自己甘当配角，当好配角的高尚品德，是为人做事更为基本的需要。

【帛】川[①]：元亨，利牝马[②]之贞。君子有攸往，先迷后得主，利。西南得朋[③]，东北亡朋。安[④]贞[⑤]吉。

【通】坤：元亨，利牝马之贞。君子有攸往，先迷后得主，利。西南得朋，东北丧朋。安贞吉。

【译文】坤卦：象征地，具有伟大的、元始亨通的德行，像雌马一样守持正固是最有利的。君子有所往求，如果遇事争先居首则会迷失方向，如果跟随人后，就会找到主人，因而获得利益。往西南方可以获得可观收获，往东北方将受到损失。卜问是否平安，结果是吉祥的。

【帛】初六：礼[⑥]霜，坚冰至。

【通】初六：履霜，坚冰至。

【译文】初六：当踩到地面上的薄霜时，便可知道结坚冰的寒冬要到了。

【帛】六二：直方大[⑦]，不习[⑧]无不利。

【通】六二：直方大，不习无不利。

【译文】六二：大地是正直、端方、宏大的，一个人具备了这

---

① 川：卦名，为地，有柔性、阴性、顺从、柔顺、安静之意。通行本写作坤。

② 牝马：母马。

③ 朋：殷周以海贝作货币，十贝一串，就叫一朋。因此朋可代指财产、收益。

④ 安：平安。

⑤ 贞：此处当占卜讲。

⑥ 礼：通履，详见《礼卦第四》。

⑦ 直方大：中国古人讲天圆地方，这里是用来形容大地平直、广博的特点，引申为人应当具有的品格。

⑧ 习：熟悉。

样的德行，即使不熟悉的地方也不会不利。

【帛】六三：合[①]章[②]可贞。或从[③]王事[④]，无□[⑤]有终。

【通】六三：含章可贞。或从王事，无成有终。

【译文】六三：蕴含美好的内涵，可以守持正固。若能辅助君王的事业，则虽无（成就，）却将取得好的结果。

【帛】□□□□□□□□[⑥]

【通】六四：括囊，无咎无誉。

【译文】（六四：将口袋收紧，没有灾祸也得不到荣誉。）

【帛】六五：黄常[⑦]，元吉。

【通】六五：黄裳，元吉。

【译文】六五：黄色的衣裳，会有吉祥。

【帛】尚六：龙战[⑧]于野，其血玄[⑨]黄。

【通】上六：龙战于野，其血玄黄。

【译文】尚六：龙在旷野里战斗，流出黑黄色的血。

---

① 合：通含，包含。

② 章：花纹，引申为美好的品质。

③ 从：从事。

④ 王事：君王的政事。

⑤ 此处《帛书周易》缺损，根据通行本补字为“成”。

⑥ 此处《帛书周易》缺损，根据通行本补字为“六四：括囊，无咎无誉。”括囊，扎紧袋子。

⑦ 常：通裳，衣裳。

⑧ 战：战斗。

⑨ 玄：黑色。

【帛】迥六：利永贞。

【通】用六：利永贞。

【译文】迥六：有利于长久坚守正道。

䷊ 泰卦第三十四

【题解】

泰卦为《帛书周易》的第三十四卦，通行本写法相同，为第十一卦。

泰字与太、极、最等字意义相通，其在中华文化的辞典中，主要是安宁、平安的意思，含义十分吉祥。如安泰、富泰、康泰、和泰、福泰、通泰，等等。

如果我们将如今的太平时代，称之为古人向往的尧舜盛世，那么，泰德，也就是万古称颂的尧舜之德，是一种高尚无私、求贤禅让、造福大众、万民景仰的美德。可以说，正因为尧舜修养了这种美德，才有了天人合一、社会和泰的局面。简而言之，泰时的祥和局面，从大自然的角度看，是天下的温暖阳气逐渐上升，地上阴湿之气逐渐退缩，冷暖二气交融汇和，催化万物生长的场景；从人类社会角度看，是泰德发扬、上下一心、同心同德、和气生财、安康和谐的时代。其关键在于统治者要能够观察并辅助天地化生万物的神妙机宜，修养泰德，任人唯贤，虚位尊贤。

【帛】□□□□□□□①

【通】泰：小往大来，吉，亨。

【译文】（泰卦：象征亨通太平，阴柔者往外，阳刚者入内，

① 此处《帛书周易》缺损，根据通行本补字为“泰：小往大来，吉，亨。”泰，卦名，为通畅、平安、太平、安泰等意。

表示吉祥、顺利。）

【帛】□□[①]犮茅茹[②]，以其胃[③]。□[④]吉。

【通】初九：拔茅茹，以其汇。征，吉。

【译文】（初九：）拔起茅草时根系受到牵连，是由于同类汇聚而相互牵动。（往前进发无阻滞，）可获吉祥。

【帛】九二：枹妄[⑤]，用冯河[⑥]，不騢[⑦]遗[⑧]，弗忘[⑨]得尚[⑩]于中行[⑪]。

【通】九二：包荒，用冯河，不遐遗。朋亡，得尚于中行。

【译文】九二：有包容万物的胸怀，涉越大河的气概，广纳远方贤哲的德行，不结党营私，这一切都是得之于光明正大的原则。

【帛】九三：无平不波[⑫]，无往不复，根□□□□□[⑬]其复，

---

① 此处《帛书周易》缺损，根据通行本补字为“初九”。
② 茅茹：详见《妇卦第二》。
③ 胃：通汇，表类别，同类的意思。
④ 此处《帛书周易》缺损，根据通行本补字为“征”。征，前进。
⑤ 妄：通荒，指空，虚。两字古音相近，义相同。
⑥ 冯河：渡河。
⑦ 騢：通遐，遥远。两字古音相同而通。
⑧ 遗：弃。
⑨ 忘：通亡，表不，没有之意。两字古音属于同一声系而通。
⑩ 尚：佑助。
⑪ 中行：道中、途中。
⑫ 波：通陂，山坡，斜坡。两字古音属同一声系而通。
⑬ 此处《帛书周易》缺损，根据通行本补字为“贞，无咎。勿恤”。恤，表忧虑。

于食[①]□□[②]

【通】九三：无平不陂，无往不复。艰贞，无咎。勿恤其孚，于食有福。

【译文】九三：没有一坦平原不起坡坎的，没有一味往前而不返回的。只要在艰难困苦中（能坚守正道，就可免遭祸患。不要担心，）能取信于人，生活就会（有福气）。

【帛】□□□□[③]不富以□□□□□□[④]

【通】六四：翩翩，不富以其邻，不戒以孚。

【译文】（六四：巧言轻佻之人，）自己不富裕还会（连累邻居，不加警戒，就会遇难被虏。）

【帛】□□[⑤]帝乙归妹[⑥]，以齿，□□[⑦]

【通】六五：帝乙归妹，以祉，元吉。

【译文】（六五：）帝乙嫁出少女给周文王，这给他带来福祉，（大吉。）

---

① 食：食物，引申为广义的生活来源。

② 此处《帛书周易》缺损，根据通行本补字为“有福”。福，福气。

③ 此处《帛书周易》缺损，根据通行本补字为“六四：翩翩”。翩翩，借为谝谝，指言语轻佻，说大话。

④ 此处《帛书周易》缺损，根据通行本补字为“其邻，不戒以孚”。戒，戒备。孚，这里当俘虏讲。

⑤ 此处《帛书周易》缺损，根据通行本补字为“六五”。

⑥ 帝乙归妹：详见《归妹第二十九》六五爻辞。

⑦ 此处《帛书周易》缺损，根据通行本补字为“元吉”。

【帛】尚六：城复[1]于湟[2]，□[3]用师[4]，自邑[5]告命，贞[6]闇。

【通】上六：城复于隍，勿用师，自邑告命。贞吝。

【译文】尚六：城墙倾覆在城壕里，（命令是不可以）动用武力，要在自己的邑中祷告天命。占卜结果是知道有一定的困难。

---

① 复：通覆，倾倒。

② 湟：通隍，城外的护城壕沟，有水称为池，无水称为隍。两字古音属于同一声系而通。

③ 此处《帛书周易》缺损，根据通行本补字为“勿”。

④ 师：军队。

⑤ 邑：聚居之地，这里指某诸侯的国邑。

⑥ 贞：这里当占卜讲。

䷎ 嗛卦第三十五

【题解】

嗛卦为《帛书周易》中的第三十五卦，通行本中写作谦，为第十五卦。

谦虚使人进步，骄傲使人落后的名言，来源于古易的嗛（谦）卦有关“谦受益，满招损”的古训。正是在易家的大力倡导下，谦德影响中国历史五千年，成为中华民族最为显著的民族性格之一，它与西方民族以好胜争强为美形成了鲜明的对比。

易家明智地发现：任何庞大的事物都不可以盈满自大，以免走向反面。联系易学家程颐关于“有其德而不居谓之谦”的说法，以及大儒朱熹关于“谦者，有而不居之义”的解释，我们当可看出易家力倡谦德的深意和苦心，就是要人们努力修养成为有而不居、满而不盈、实而不骄的谦谦君子，始终保持谦虚的本性，谦逊的态度，谦让的行为，避免走上骄傲自满、故步自封、人憎鬼厌、天罚地灭的绝路。

中国人没有不知道谦虚的好处的，也没有不喜欢谦虚的有德之士的，问题是如何做到始终如一、尊卑不易地保持谦德。一般来说，尊贵者保持谦虚的外表易，保持谦虚的心态难，而卑贱者则很易染上阿Q精神的毛病，这都是值得深思的。

【帛】□□□[①]子有终[②]。

【通】谦：亨。君子有终。

【译文】（谦卦：象征谦逊，谦逊方能亨通顺利。君）子能行此德，必有好结果。

【帛】初六：嗛嗛[③]君子，用涉大川，吉。

【通】初六：谦谦君子，用涉大川，吉。

【译文】初六：一再注意谦虚的君子，可以涉越大河巨流，吉祥。

【帛】六二：鸣[④]嗛，贞吉。

【通】六二：鸣谦，贞吉。

【译文】六二：名声远播却依然能保持谦逊，坚守正道可获吉祥。

【帛】九三：劳[⑤]嗛，君子有终，吉。

【通】九三：劳谦，君子有终，吉。

【译文】九三：有功绩而谦逊，君子保持谦虚美德的结果，是吉祥的。

【帛】六四：无不利，譌[⑥]嗛。

【通】六四：无不利，撝谦。

---

① 此处《帛书周易》缺损，根据通行本及帛书本上下文补字为“嗛：亨。君”。嗛，谦的异体字，卦名，为谦虚、谦逊、谦恭、谦卑等意。

② 终：善终之终，好结果。

③ 嗛嗛：谦逊再谦逊。

④ 鸣：名声在外。

⑤ 劳：功劳、劳绩。

⑥ 譌：通撝，指发挥、挥举。两字古音属于同一声系而通。

【译文】六四：发挥谦逊的美德，无论如何不会有不利。

【帛】六五：不富以[①]其邻，□□□□□[②]不利。

【通】六五：不富以其邻，利用侵伐，无不利。

【译文】六五：不富有是因为邻国侵略的缘故，（利于出兵征伐，无）所不利。

【帛】尚六：鸣□□□□□□□□□[③]

【通】上六：鸣谦，利用行师征邑国。

【译文】尚六：名声远扬且（保持谦逊，利于用兵征战，征讨叛乱诸侯国。）

---

① 以：因为。

② 此处《帛书周易》缺损，根据通行本补字为“利用侵伐，无”。侵伐，向外攻伐。

③ 此处《帛书周易》缺损，根据通行本及帛书本上下文补字为“嗛，利用行师征邑国”。行师，出动军队。邑国，指诸侯自己的封地，周代称为采邑。

䷒ 林卦第三十六

【题解】

林卦是《帛书周易》的第三十六卦，通行本写作临，为第十九卦。临字在汉语中应用很广，如临危不惧、临危受命、临阵脱逃、临渴掘井、玉树临风、大难临头，等等。通常，临是靠近、到达、对着的意思，如临近、光临、面临、濒临等。在此卦中，则引申为治理等含义，君王来临百姓面前，以一种温和、亲切的方式感化、治理百姓，国家才能长治久安。《象》中说："泽上有地，临。"通常，临近水泽的地带都会有树林，而林字有众多、聚集的含义，人聚集得多了便需要治理。

易学广博精深，对天道变化和人际关系的规律，都有精细的观察和分析，对临概念的看法亦如此。《易经》临卦卦辞认为，阳气增长时期，是非常亨通、顺利而正确的，但到了阳气盛极而衰的八月，就会有凶险之事发生了。从对"临"的界定和认识出发，《易经》总结了丰富的天文、地理、人文知识，在万物到了阳临阴消的阳气增长时期，伟大人物居于正位的大好形势下，没有被胜利冲昏头脑，而是预见了在阴临阳消、阳气盛极而衰的八月之后，又将逐渐消退的不利局面，告诫人们在眼前"元亨利贞"的大好形势下，警惕"妖雾又重来"的可能，并进而对六爻各时段的注意要点作了精辟说明，表明了易家临德思想的远见卓识。

【帛】□□□[①]利贞[②]。至于八月有□[③]。

【通】临：元亨，利贞。至于八月有凶。

【译文】（临卦：象征着监临。至为亨通顺利，）占卜的结果有利。到了阴盛阳衰的八月会有（凶险。）

【帛】初九：禁[④]林，贞吉。

【通】初九：咸临，贞吉。

【译文】初九：以感化之道治理民众，坚守正道可获吉祥。

【帛】九二：禁林，吉，无不利。

【通】九二：咸临，吉，无不利。

【译文】九二：持续以感化之道治理民众，吉祥，没有什么不利。

【帛】六三：甘[⑤]林，无攸利。既忧之，无咎。

【通】六三：甘临，无攸利。既忧之，无咎。

【译文】六三：用甜言蜜语治理百姓，无利可言。但自知这一点而心存忧惧戒慎，那就没有灾祸。

【帛】六四：至[⑥]林，无咎。

【通】六四：至临，无咎。

---

① 此处《帛书周易》缺损，根据通行本及帛书本上下文补字为“林：元亨”。林，卦名，通临，有莅临，监临，上监下，尊适卑，驾临视察，治理等意。两字古音相同而通。

② 贞：此处当占卜讲。

③ 此处《帛书周易》缺损，根据通行本补字为“凶”。

④ 禁：通咸，意为感动、感化。两字古义相同而通。

⑤ 甘：甜，引申为甜蜜，小恩小惠。

⑥ 至：到，亲自参加。

【译文】六四：亲自治理国事，没有灾祸。

【帛】□[①]五：知[②]林，大□□□□[③]

【通】六五：知临，大君之宜，吉。

【译文】（六）五：以睿智治理民众，这是大国（君主适宜的行为方式，吉祥。）

【帛】□□[④]敦[⑤]林，吉，无咎。

【通】上六：敦临，吉，无咎。

【译文】（尚六：）以敦厚的态度治理民众，吉祥，没有灾祸。

---

① 此处《帛书周易》缺损，根据通行本补字为“六”。

② 知：通智，智慧。

③ 此处《帛书周易》缺损，根据通行本补字为“君之宜，吉”。君，君主。

④ 此处《帛书周易》缺损，根据帛书本上下文及通行本补字为“尚六”。

⑤ 敦：敦厚。

䷆ 师卦第三十七

【题解】

师卦为《帛书周易》的第三十七卦，通行本写法相同，为第七卦。

师是军队的编制系列之一，周代五百人为一旅，五旅为一师，故师旅又成为军队的通称。《易经》的师卦也早有此意，其卦辞意为：出师征战，要符合正义，任命德才兼备的统帅带兵，方可以吉祥而无过错。

在这里，《易经》师卦用短短八字，概括了两条具有普遍哲理意义的军事原则，这就是一要师出有名，为正义而战；二要精选良将，用人得当。用兵圣孙子的话来说，两者均是衡量战争全局的谋略中最重要的五事之一，即所谓“道”与“将”。所谓道，就是“令民与上同意也，故可与之死，可与之生，而不畏危”；所谓将，就是“将者，智信仁勇严也”。也就是说，出师讨敌，一是要符合道义，兴正义之师，如保家卫国、伐叛讨逆等，这样才能上下同心，共存共亡，生死不惧，勇往直前，夺得胜利。二是要选用多谋能战、守信诚实、仁善爱兵、勇敢果断、严格治军的将领。只有这样，才能在政治上和军事指挥上立于不败之地。

【帛】□□□[①]人吉，无咎。

【通】师：贞，丈人吉，无咎。

---

① 此处《帛书周易》缺损，根据通行本补字为“师：贞，丈”。师，卦名，为军队之意，引申为领兵打仗，统帅等意。丈，接后文为丈人，指受尊敬的老年人。

【译文】（师卦：象征军队，坚守正道，老成持重的长者）统兵可以获得吉祥，没有危险。

【帛】初六：师出①以律②，不臧③，凶。

【通】初六：师出以律，否臧，凶。

【译文】初六：军队出发作战必须以严格的纪律约束，否则必有凶险。

【帛】九二：在师中，吉，无咎。王三汤④命。

【通】九二：在师中，吉，无咎。王三锡命。

【译文】九二：统兵率众刚毅持中，可以获得吉祥，不会遭到灾祸。君王多次奖赏委任。

【帛】六三：师或⑤与⑥屍⑦，凶。

【通】六三：师或舆尸，凶。

【译文】六三：出师归来载回满车尸体，有凶险。

【帛】六四：师左次⑧，无咎。

【通】六四：师左次，无咎。

---

①出：出发。
②律：纪律。
③臧：隐藏。
④汤：通赐，赐予。
⑤或：有。
⑥与：通舆，指车，车厢。这里作动词用，表以车载物。
⑦屍：尸的异体字，尸体。
⑧左次：退守。左，古代军队以右为前进，左为撤退。次，驻扎、驻留。

【译文】六四：率军退守，不会有什么灾祸。

【帛】六五：田[①]有禽，利执言[②]，无咎。长子率师，弟子舆尸，贞凶。

【通】六五：田有禽，利执言，无咎。长子帅师，弟子舆尸，贞凶。

【译文】六五：打猎时获得猎物，作战中捕获俘虏，不会有灾祸。由长子统兵打仗，任命次子统兵则必将车载尸体败归，说明前者成功，后者失败。

【帛】尚六：大人君[③]有命[④]，启国[⑤]承家[⑥]，小人[⑦]勿□[⑧]

【通】上六：大君有命，开国承家。小人勿用。

【译文】尚六：君王颁发诏令，册封诸侯赏赐士大夫，无才无德的人不可以（重用。）

---

① 田：打猎。

② 执言：即执俘，战争有俘获。

③ 大人君：君王。

④ 命：指战争结束时论功行赏的命令。

⑤ 启国：封为诸侯，建立侯国。国，诸侯国。

⑥ 家：这里指士大夫的采邑。

⑦ 小人：指无德无才之人。

⑧ 此处《帛书周易》缺损，根据通行本补字为“用”。

䷣ 明夷卦第三十八

【题解】

明夷卦为《帛书周易》的第三十八卦，通行本写法相同，为第三十六卦。

罗（离）下川（坤）上的“明夷”，从易学卦象上看是火在地下之象，尤如火山即将爆发，滚烫熔岩在黑暗沉重的地壳下聚集涌动，等待喷出地面之前那沉寂闷热的局面，呈现出一种易使人冲动受害而不得不防的状态。针对这种状态和局面，明夷的卦辞提出了“光明隐藏、易受伤害的时期，有利于艰苦奋斗走正路”的忠告。也就是说，在黑暗笼罩的时候，要明白时势，韬光隐晦，避害远祸，修养明德，以保持正确的方向，继续艰难行进，这样做是有利的。疮痍就是伤害的意思。从社会规律看，在不利的条件下，尤其是在功劳威望突出、连连晋升、春风得意、位重权高、遭到嫉恨和打击时，不能不知道“明夷”之德。它知于明，行于隐，故也可将明夷之德称之为明德，或者隐德。明德与隐德相辅相成，缺一不可。明而后隐，是真明善隐，隐而不害，不失其明；不明而隐者，虽隐而不明，德薄行浅；明而不隐者，遭害遇难，绝非真明；不明不隐者，则徒受其害。看起来，明夷之德主张的是明哲保身，看似消极，但实际上是在政治、经济、军事形势不利时的一种积极保全手段。

【帛】明夷[①]：利根贞。

【通】明夷：利艰贞。

【译文】明夷卦：象征夜幕降临，在艰难困苦中坚守正道是有利的。

【帛】初九：明夷于蜚，垂其左翼[②]，君子于行，三日不食，有攸往，主人有言[③]。

【通】初九：明夷于飞，垂其翼。君子于行，三日不食。有攸往，主人有言。

【译文】初九：太阳落山时野鸟羽翼低垂，回到巢里不再飞翔。君子仓皇出走时，三日吃不上饭也不要停步。到了自己所要去的地方，又受到主人的责备。

【帛】六二：明夷，夷[④]于左股[⑤]，用撜[⑥]马床[⑦]，吉。

【通】六二：明夷，夷于左股，用拯马壮，吉。

【译文】六二：夜幕降临之时走夜路，左腿受伤，靠强壮的马来救助才脱离险境，可获吉祥。

---

① 明夷：卦名，为光明消失，日在地下运行，黑夜，地下之火，明入地中，伤，灭等意。

② 明夷于蜚，垂左其翼：此明夷，指日落西山进入黄昏的时候。下罗（离）为难，上川（坤）像野鸟一侧扬着翅膀，而罗（离）下不见另一翅膀。蜚，通飞。

③ 言：斥责。

④ 夷：此处指受伤。

⑤ 股：大腿。

⑥ 撜：通拯，救助，两字古音相近，义相同而通。

⑦ 床：通壮，两字古音属于同一声系而通。

【帛】九三：明夷，夷于南守[1]，得其大首。不可疾贞。

【通】九三：明夷于南狩，得其大首。不可疾贞。

【译文】九三：夜幕降临之时，在南方巡狩征伐，俘虏罪魁祸首。不能操之过急，这才正确。

【帛】六四：明夷，夷[2]于左腹，获明夷之心，于出门廷。

【通】六四：入于左腹，获明夷之心于出门庭。

【译文】六四：光明损伤之时，要深入左方腹部，探获光明损伤的内在情况，并毅然走出门庭。

【帛】六五：箕子[3]之明夷，利贞。

【通】六五：箕子之明夷，利贞。

【译文】六五：箕子在光明损伤时明智地避难，是有利而正确的。

【帛】尚六：不明，海[4]。初登于天，后入于地。

【通】上六：不明，晦。初登于天，后入于地。

【译文】尚六：阳光消失了，天黑了。起初升上天空，后又坠落地下。

---

① 南守：到南方巡狩征伐。守，通狩，狩猎，两字古音属于同一声系而通。

② 夷：这里当进入讲。

③ 箕子：商王帝辛（纣王）的叔父，殷末三贤之一。辅佐纣王时，因纣王暴虐无道且不听劝谏，箕子便装疯，后被纣王囚禁。商灭亡后箕子隐居到今山西的棋子山，周武王来向他请教治国之道，他便将夏禹传下的《洪范九畴》讲给了武王，史称箕子明夷。

④ 海：通晦，指阴暗。

䷗ 复卦第三十九

【题解】

复卦为《帛书周易》的第三十九卦，通行本写法相同，为第二十四卦。

复是自然界的常见现象，如日月东升西落，植物生老壮死，动物冬眠春醒，四季更迭，寒来暑往，飞雪迎春，夏雨金秋，沧海桑田，高陵深谷，等等，呈现出一种周而复始的规律性运动。也正因为“复”的含义以好的居多，而且是自然的规律和社会的固有现象，不可逆转，故此《易经》复卦卦辞认为，复归畅通无阻。此时出出入入都不会染上疾病，朋友间来往也不会有过错。反复是自然的规律，七天为一周期。就像从一阴初生的狗（姤）卦开始，经过掾（遯）、妇（否）、观、剥、川（坤）等卦的演变，又重新出现一阳初生的复卦一样。复归的时代是顺利无阻的。

从复卦所代表的天寒地冻、千里冰封、银装素裹的北国冬季，尤其是一阳复生的冬至来看，确实不是一个出游经商、巡视检查的好季节。然而，也正是在这个冰天雪地的季节，易家却根据丰富的天文、地理、人文知识，看到了万物阴盛至极转消，大地微微暖气吹得阳气复苏之象，这是极不简单的。从六爻的爻辞里，我们可看到改变剥削的错误，脱离被剥夺的困境，修养复德的要旨，以及复兴之道的真谛。

【帛】复[①]：亨。出人无疾[②]，堋[③]来无咎。反复其道[④]，七日来复[⑤]，利有攸往。

【通】复：亨。出入无疾，朋来无咎。反复其道，七日来复。利有攸往。

【译文】复卦：象征复归，亨通顺利。出门归来都没有疾患，赚得钱财无灾患。返转复归遵循着一定的规律，七日中打一个来回。有利于往前进发。

【帛】初九：不远复，无提[⑥]悔，元吉。

【通】初九：不远复，无祇悔，元吉。

【译文】初九：行之不远就要返回，没有大的灾患无需悔恨，至为吉祥。

【帛】六二：休[⑦]复，□[⑧]

【通】六二：休复，吉。

【译文】六二：美满地复归，（吉祥。）

---

① 复：卦名，有一阳来复，复归、归本、复返等意。

② 疾：病。

③ 堋：通朋，古代的货币。两字古音属于同一声系而通。

④ 反复其道：一年配十二月卦，天道反复运行。

⑤ 七日来复：剥卦初位是“甲日”，至上位为“己日”，覆成复卦初九为“庚日”，共“七日”，庚日为刚日，因而说“七日来复”。

⑥ 提：通祇，大。两字古音相近而通。

⑦ 休：美。

⑧ 此处《帛书周易》缺损，根据通行本补字为“吉”。

【帛】六三：编[①]复，厉[②]，无咎。

【通】六三：频复，厉，无咎。

【译文】六三：皱着眉头回来，虽遇到了危险，但却无灾咎。

【帛】六四：中行[③]独复。

【通】六四：中行独复。

【译文】六四：与多人一同出行，中途独自返归。

【帛】六五：敦[④]复，无悔。

【通】六五：敦复，无悔。

【译文】六五：经过考察后决定返回，没有悔恨。

【帛】尚六：迷[⑤]复，凶，有兹省。用行师[⑥]，终有大败，以其国君凶，至十年弗克正[⑦]。

【通】上六：迷复，凶，有灾眚。用行师，终有大败，以其国君凶，至于十年不克征。

【译文】尚六：迷途不返，有凶险，有灾祸。如行兵作战，最终将遭遇大败，并危及国君，以至十年之久不能出兵征战。

---

① 编：通频，颦，即皱眉头。

② 厉：严重、危险。

③ 中行：中道、中途。

④ 敦：考察。

⑤ 迷：迷失道路。

⑥ 行师：出兵作战。

⑦ 正：征伐。

䷭ 登卦第四十

【题解】

登卦为《帛书周易》的第四十卦，通行本写作升，为第四十六卦。两字古义均有升高、登高之意。

天红日升，地沃风扬，巨树挺拔，象征着君子的日新其德和事业的蓬勃发展。登（升）是易学卦变历史上所出现的第六个繁荣期，它利用了前期益卦、夬卦打下的基础和狗（姤）卦提供的机遇，以及卒（萃）卦中期聚集的雄厚力量，终于通过自身的奋力提升，为贤人的起用晋升创造了有利条件，使社会出现了一片升平的康乐局面。综合登（升）卦的卦辞、《彖》和《象》之意，以及《序卦》关于萃萃就是聚集，聚集上扬就是高升，所以接着卒（萃）卦是登（升）卦的解释，其共同的一点，就是以木为象，通过卦象思维的联想，从植物学引申至人才学，深入浅出地说明万物求升的深奥哲学道理。

如果说有所谓易家的升德，那这就是升德，即以人内在的道德升华为前提，积极寻求提升人才，通过人才的升迁起用，达到实现社会升平伟大目标的道德追求。

【帛】登[①]：元亨，利见大人，勿血[②]，南正[③]，吉。

【通】升：元亨，用见大人，勿恤。南征，吉。

---

① 登：卦名，通升，有上升、升高、升格、晋升、上进等意。两字古义相同而通。

② 血：同恤，表忧虑。

③ 正：行进、开发。

【译文】升卦：象征上升，至为亨通顺利，宜于出现有权势的人物，无须担忧，往南方开拓事业，可获吉祥。

【帛】初六：允[①]登，大吉。

【通】初六：允升，大吉。

【译文】初六：此时适宜上升，大为吉祥。

【帛】九二：复乃利用濯[②]，无咎。

【通】九二：孚乃利用禴，无咎。

【译文】九二：只要诚心诚意，即使微薄的祭祀也有利于献享神灵，没有灾难。

【帛】□□[③]登虚[④]邑。

【通】九三：升虚邑。

【译文】（九三：）登上高丘，一路顺利，如入无人之境。

【帛】六四□□□□□□□□[⑤]无咎。

【通】六四：王用亨于岐山，吉，无咎。

【译文】六四：（君王来到岐山祭祀神灵，吉祥，）没有灾难。

---

① 允：允许、跟随。

② 濯：通禴，一种祭祀的形式。

③ 此处《帛书周易》缺损，根据通行本补字为“九三”。

④ 虚：高丘。

⑤ 此处《帛书周易》缺损，根据通行本补字为“王用亨于岐山，吉”。亨，通享，祭享。岐山，西周旧都附近的山名，在今陕西岐山县，是周王经常举行祭祀大典的地方。

【帛】六五：贞吉，登阶。

【通】六五：贞吉，升阶。

【译文】六五：坚守正道可获吉祥，登阶而上升。

【帛】尚六：冥[①]登，利于不息[②]之贞。

【通】上六：冥升，利于不息之贞。

【译文】尚六：夜晚继续坚持求上进，有利于不停息地坚守正道。

---

① 冥：夜晚。

② 不息：不停。

○第六宫

䷹ 夺卦第四十一

【题解】

夺卦为《帛书周易》的第四十一卦，通行本写作兑，为第五十八卦。夺（兑）卦是由两个兑卦重叠而成，上下两卦皆以刚爻居中，故称‘刚中’，而上下两卦又皆以柔爻居上位，故又称‘柔外’。因此夺卦的卦象象征外柔内刚。外柔内刚，刚柔并济，则万事和谐。所以夺卦的主旨是告诉人们如何能获得喜悦，以及由此而判断吉凶。

初九和善而喜悦，所以吉利；九二诚信而喜悦，所以结果吉祥；六三不从正道，博得欢欣，则有祸殃；九四友好协商，达成共识，疾病痊愈，这些都是大吉大利的事；九五失信于人，则会有危险；尚六自已身心愉悦，再引导他人追寻正道，获得愉悦，这种“独乐乐不如众乐乐”的思想，推而广之，能使快乐加倍，美德远播，天下和谐，国泰民安。所以，夺卦所呈现的润泽万物之德，是以言语悦人、诚信服人、恳切诚挚的圣人之情，包含了立言、立功、立德这三种追求，它的和乐太平、高超益世的人生处世态度，以及蕴含的深刻意义甚为广大。

【帛】夺①：亨，小利贞②。

【通】兑：亨，利贞。

---

① 夺：卦名，通兑，表喜悦的意思。

② 小利贞：通行本无“小”字，指小有利于坚守正道。

【译文】夺卦：象征着喜悦，万事亨通，稍有利于坚守正道。

【帛】初九：休夺[①]，吉。

【通】初九：和兑，吉。

【译文】初九：和善待人，会获得吉祥。

【帛】九二：评吉[②]，悔亡。

【通】九二：孚兑，吉，悔亡。

【译文】九二：诚信和蔼地对待他人，可获得吉祥，悔恨消亡。

【帛】九三[③]：来夺[④]，凶。

【通】六三：来兑，凶。

【译文】六三：非正道得来的喜悦，则有凶险。

【帛】九四：章夺未宁[⑤]，□[⑥]疾有喜。

【通】九四：商兑未宁，介疾有喜。

【译文】九四：友好协商未定之事，（所患的小疾病）不治而愈，这些都是令人欣喜的事。

---

① 休夺：通行本作“和兑”，有和善、和谐之意。

② 评吉：通行本作“孚兑，吉。”《帛书周易》疑脱一“夺”字，评，通孚，有诚信之意。

③ 九三：通行本作“六三”，根据卦象也应为六三。

④ 来夺：通行本作“来兑”，为招徕、取悦的意思。

⑤ 章夺未宁：章，通商，有商量、思量的意思。宁，安宁、安定。此句意即商量未定之事。

⑥ 此处《帛书周易》有缺损，根据通行本补为“介”。介疾，指癣疥病，也泛指小疾病。

【帛】九□□[①]于□□□[②]

【通】九五：孚于剥，有厉。

【译文】九（五：丧失诚信之德，则会有危险）。

【帛】尚六：景[③]夺。

【通】上六：引兑。

【译文】尚六：引导他人获得愉悦。

---

① 此处《帛书周易》有缺损，根据通行本补齐为“五：孚”。

② 此处《帛书周易》有缺损，根据通行本补齐为“剥，有厉”。剥，即剥落、削割之意。

③ 景：通行本作“引”，即引导之意。

䷪ 夬卦第四十二

【题解】

夬卦为《帛书周易》的第四十二卦，通行本写法相同，为第四十三卦。夬卦从卦形上看，上卦为夺（兑），为口，下卦为键（乾），为金属。金属开口，是尖刀、剪刀的形象。用剪刀剪开物体，就像做决断一样，所以，夬卦象征着决断。

决有大水破堤，决坝之意。江河东去，波涛汹涌，堤危岸摇，其势正如唐代著名经学家孔颖达在《注疏》时所言：“泽性润下，虽复泽上于天，决来下润，此事必然。”而天泽盈满、飞瀑倒挂、漫壁直落、自天而决、摧枯拉朽之势，又远比河决堤溃更为迅猛。

夬是第五个消息卦，是阳气增长到了即将消灭阴气邪气的决胜阶段，但也预示着敌人的垂死挣扎和黎明前的黑暗。从卦辞的定义看，夬的时代是铲除高居于君子之上的邪恶小人的时代，夬德的要点是讲究斗争方式，借助舆论，号召人们分辨善恶，居中行正，通过和平手段来裁决坏人，而不是以冒险的武力手段来解决，给坏人以口实，给人民造成不必要的损失。这也反映出了易家“民本政治”的进步性。

【帛】夬[①]：阳于王廷[②]，复号[③]有厉。告自邑，不利节

① 夬：卦名，象征着决断，决然无疑之意。

② 阳于王廷：在王庭上表演武舞。阳，通扬，古代表示军旅之事的舞蹈。廷，通庭，指王庭。

③ 号：号令。

戎[1]，利有攸往。

【通】夬：扬于王庭，孚号有厉。告自邑，不利即戎，利有攸往。

【译文】夬卦：象征着决断。在王庭上表演武舞，宣布小人的罪状，怀着赤诚之心号令众人戒备危险。告诫自己封邑的人，不利于立即动用武力制裁，但往前进发是有利的。

【帛】初九：牀于前止[2]，往不胜，为咎。

【通】初九：壮于前趾，往不胜，为咎。

【译文】初九：脚趾受伤，冒失前往不能得胜，反而会有灾祸。

【帛】九二：傷[3]号，夢[4]夜有戎，勿血[5]。

【通】九二：惕号，莫夜有戎。勿恤。

【译文】九二：心生恐惧而发出警惕的呼号，夜晚有敌人袭击，但不足为患。

【帛】□[6]三：牀于頯[7]，有凶。君子缺缺[8]独行，愚雨

① 节戎：通即戎，指士兵入伍出征。

② 牀于前止：脚趾受伤。牀，通行本写作“壮”，指受伤。止，通趾，指脚趾。

③ 傷：通惕，意为警惕。

④ 夢：通行本作“莫”，通暮，指夜晚。

⑤ 血：通恤，意为担心、忧虑。

⑥ 此处《帛书周易》有缺损，根据卦象及通行本补为“九”。

⑦ 頯：同颊，指颧骨、面部。

⑧ 缺缺：同夬夬，形容果敢坚决的样子。

如濡[1]，有温[2]无咎。

【通】九三：壮于頄，有凶，君子夬夬独行，遇雨若濡，有愠无咎。

【译文】（九）三：颧骨受伤，有灾祸。君子刚毅果决，独自前行，虽然途中遇雨，淋湿衣服，心生怨气但没有什么灾祸。

【帛】九四：脤无肤[3]，其行郪胥[4]。牵羊悔亡，闻言不信。

【通】九四：臀无肤，其行次且。牵羊悔亡，闻言不信。

【译文】九四：臀部受伤，走路踉踉跄跄。牵羊上路，却悔恨羊儿丢失，这是因为不听人们的忠告。

【帛】九五：苋欶[5]缺缺，中行无咎。

【通】九五：苋陆夬夬，中行无咎。

【译文】九五：像斩断柔弱的苋陆一样，刚毅果决地清除小人，居中行正，则没有灾祸。

【帛】尚六：无号[6]，冬[7]有凶。

【通】上六：无号，终有凶。

【译文】尚六：国家号令无人听从，国运终将不保。

---

① 愚雨如濡：遇到大雨淋湿衣服。愚，同遇，指遇到。如濡，通行本作“若濡”，指淋湿的样子。

② 温：通愠，表怨恨、抱怨之意。

③ 脤无肤：脤，通臀，指臀部。无肤，即体无完肤。本句意指臀部受伤。

④ 郪胥：通次且，即赼趄，意为行动不便，趔趔趄趄。

⑤ 苋欶：同苋陆，即商陆，一种柔弱的草本植物，也有说苋为细角山羊，陆为跳跃之意。

⑥ 无号：意指国家指令无人听从。

⑦ 冬：通终，指最终结果。

䷬ 卒卦第四十三

【题解】

卒卦为《帛书周易》的第四十三卦，通行本写作萃，为第四十五卦。观象联想，预防不测，是易学的精髓。常言道："物以类聚，人以群分"。物因为同类聚集在一起，人因为志趣相投而相聚相知，所以卒卦表现的就是聚集之道。

精英云集、人才荟萃，是伟大事业繁荣壮大的必备条件。卒（萃）卦的卦辞认为：萃聚的时代，办事会很亨通。于是君王来到庙里，汇集起民众，举行盛大的祭典，并宣布文告。当此之时，面见有权势的人物定会亨通顺利。萃聚的时代是物质丰富汇聚的时代，故祭祀时，宜选用肥大壮实的牲畜，才会吉祥如意。这时候如前往办事，则一般会很顺利。

从以上对卒（萃）卦卦辞的意译里，我们可以看出卒德的要旨，就是在物资荟萃丰盛的时代，应不惜以丰厚的物质为基础，以有权势的人物为核心，通过纪念先祖先驱的光荣业绩，聚集众多民众，齐心协力干一番无愧于时代的大事业。所以，《帛书周易》的卒（萃）卦给人的启示是丰富多元而又主旨鲜明的。

【帛】卒①：王叚于庙②，利见大人，亨，利贞。用大生③，吉，

① 卒：卦名，通萃。《序卦》曰："物相遇而后聚，故受之以萃。萃者，聚也。"所以本卦象征着汇聚、聚集之意。

② 王叚于庙：通行本作"亨，王假有庙。"叚，同假，表到、至之意。

③ 大生：生，同牲，指用牛做祭品。

利有攸往。

【通】萃：亨。王假有庙，利见大人，亨，利贞。用大牲，吉，利有攸往。

【译文】卒卦：象征着聚集。君王到宗庙祭祀，有利于遇见有权势的人物，亨通顺利，这是吉兆。祭祀时，用牛做祭品，可以获得吉祥，有利于往前进发。

【帛】初六：有复不终[①]，乃乳[②]乃卒，若其号，一屋于芙[③]，勿血[④]，往无咎。

【通】初六：有孚不终，乃乱乃萃，若号，一握为笑，勿恤，往无咎。

【译文】初六：心怀诚信而不能贯彻始终，将导致心神迷乱，而与人妄聚。如果及早悔悟呼援，那就能握手言欢。不要忧虑，往前进发，不会有灾祸。

【帛】六二：引吉[⑤]，无咎，复乃利用濯[⑥]。

【通】六二：引吉，无咎，孚乃利用禴。

【译文】六二：长久获得吉祥，没有灾难，只要心怀诚意，即便薄礼祭祀，也有利于献享神灵。

① 终：指坚持到底。

② 乳：同乱，程颐《周易程氏传》："惑乱其心也。"

③ 一屋于芙：握手言笑。屋，通握。芙，通行本作"笑"。

④ 血：同恤，指忧虑、顾虑。

⑤ 引吉：有长久吉祥之意。

⑥ 濯：同禴，古代一种祭祀活动，夏商两代在春天举行，周代在夏天举行。

【帛】六三：卒若駐若[①]，无攸利。往无咎，少閵[②]。

【通】六三：萃如嗟如，无攸利。往无咎，小吝。

【译文】六三：参加聚会，但话不投机，心生不快，没有什么好处。往前进发，没有什么灾难，但是会经历小小的困难挫折。

【帛】九四[③]：大吉，无咎。

【通】九四：大吉，无咎。

【译文】九四：大吉大利，没有灾祸。

【帛】九五：卒有立[④]，无咎，非复[⑤]。元永贞，悔亡。

【通】九五：萃有位，无咎，匪孚。元永贞，悔亡。

【译文】九五：聚集的时候，虽位处尊位，没有灾祸，但尚未能取信于民。宜于永久不渝地修养德行，守持正道，则悔恨消亡。

【帛】尚六：秶𣤬涕洎[⑥]，无咎。

【通】上六：赍咨涕洟，无咎。

【译文】尚六：悲伤哀叹、痛哭流涕，但没有灾祸。

---

① 卒若駐若：通行本作“萃如嗟如”。駐，通嗟，指嗟叹、感叹。若，与如相通。

② 少閵：同小吝，指小困难。

③ 九四：九四是以阳爻居于阴位，所以失位不正。但是因其近承九五，下应初六，所以大吉而无咎。

④ 立：同位，此处指尊位。

⑤ 非复：同匪孚，此处指没有使大众心悦诚服。

⑥ 秶𣤬涕洎：通行本作“赍咨涕洟”。秶𣤬，是嗟叹之词。涕洎，指鼻涕。此尚六之爻居于一卦的尽头，下无正应，所以此爻有位居高位，却孤立无援，如履薄冰之象。

䷞ 钦卦第四十四

【题解】

钦卦为《帛书周易》的第四十四卦，通行本写作咸，为第三十一卦。咸加心为感，感是两物间互相受到对方影响而产生的反应，如感应、感觉、感情、感触等等。通行本中易家将咸卦作为《周易·下经》的首卦，是有深意的。

《系辞》指出："乾道成男，坤道成女，乾知大始，坤作成物"，乾、坤两卦不仅代表天地，而且代表男女，天地男女对世界万物有创始意义。从人类的文明史看，礼仪等制度文化、精神文明的建立，与社会上下分工的等级制有关，而社会等级的建立又与父子夫妇的伦理关系的确认有关，而夫妇间关系的建立又是在男女感应基础之上，与婚姻的制度化有关。这也就是说，男女关系的法律化是现代文明中家庭关系、财产关系和人际关系的基础，其稳定性关乎社会的稳定和正常运作。

从钦（咸）卦六爻的爻辞看，皆"近取诸身，所言人事"，自初六到尚六，按照自下而上的规律，从大脚趾、小腿肚、大腿、脊背、面颊，以人体为象，说明了爻辞的排列原则和事物上升进程，指导人们判断行事的吉凶。这种感应是循序渐进、逐步深入的，表现了易家对事物的精深观察和深谋远虑。易家认为咸德时代是上下相应、男欢女爱、万事亨通的时代，而咸德的要义，就是修养咸德、以情感人、以德育人，在教育者与受教育者的心灵感应的基础上，建立起稳定而持久的和平世界。

【帛】钦[①]：亨，利贞。取女[②]，吉。

【通】咸：亨，利贞。取女，吉。

【译文】钦卦：象征着感应。亨通顺利，有利于坚守正道。如若娶妻，会吉祥如意。

【帛】初六：钦其栂[③]。

【通】初六：咸其拇。

【译文】初六：伤及大脚趾。

【帛】六二：钦其腥[④]，凶。居吉。

【通】六二：咸其腓，凶。居吉。

【译文】六二：伤及小腿肚时，会有凶险。居家静修可获得吉祥。

【帛】九三：钦其腥[⑤]，执其随[⑥]，閵[⑦]。

【通】九三：咸其股，执其随，往吝。

【译文】九三：伤及大腿，仍执意盲从跟随他人，将会遇到困难。

---

① 钦：卦名，通行本写作咸。《周易集解》引郑玄语："咸，感也。艮为山，兑为泽，山气下，泽气上，二气通而相应，以生万物，故曰咸也。"所以钦卦有阴阳相感，男女相亲相应之意。

② 取女：即为娶女，指婚嫁。

③ 钦其栂：栂，通行本作拇，指足大趾。本句可理解为大脚趾有所感应，或伤及大脚趾。此爻之后，可认为是借用人体部位来表现男女相识过程，从初识到逐步交往，要循序渐进，避免矛盾激化，以诚待人才能有所感应。

④ 腥：同腓，指小腿肚。

⑤ 腥：此处疑是股的讹字，指大腿。

⑥ 执其随：执，有执意、坚持之意。随，同随，指跟随、随从。

⑦ 閵：通行本为往吝。閵，同吝，指困难、挫折。

【帛】九四：贞吉，悔亡。童童[①]往来，傰从玺思[②]。

【通】九四：贞吉，悔亡。憧憧往来，朋从尔思。

【译文】九四：坚守正道可获得吉祥，悔恨消亡。即使反复思虑，心神不宁，朋友们也终将会顺从你的想法。

【帛】九五：钦其股[③]，无悔。

【通】九五：咸其脢，无悔。

【译文】九五：伤及脊背，但没有什么灾祸。

【帛】尚六：钦其胶陕[④]舌。

【通】上六：咸其辅颊舌。

【译文】尚六：伤及面颊，会有口舌之争。

---

① 童童：同憧憧，《周易集解》引虞翻语："憧憧，怀思虑也。"所以憧憧，指心神不宁。

② 傰从玺思：朋友会顺从你的思想。傰，同朋，指朋友。玺，同尔，此处代指你。

③ 股：此处疑是脢的讹字，指脊背肉。

④ 胶陕：即辅颊，指人的面颊。

䷮ 困卦第四十五

【题解】

困卦为《帛书周易》的第四十五卦，通行本写法相同，为第四十七卦。就卦象而言，九二困于两阴之中，六三至尚六成大坎之象，困九五于其中，九四不当位，水困泽下而不能出，所以整个卦象象征着困顿，少有吉象，其主旨探索了多种人生的困境，给人以防困解厄的明示。

从困卦的经义和六爻之辞里，我们可以看到人们对于各种困境的认识。比如从初六至尚六，分别列举了因刑罚、贪酒享乐、车遇故障、受人陷害、权势施威、旅途遇险而受困的情况，并由此告诉了人们解决的方法。

诚然“人生不如意者半九十。”受困虽在所难免，但是困难并非不可解脱，关键是“知困、早悟、重实践”。这也就是说，受困遭难者不论处于何种境地，采取何种对策，都不能靠空话许诺解困，而要靠修养困德、及早觉悟、拼命苦干的实际行动来自济自救，这是解困出险的第一原则。

此外，困境也是考验人的意志与品格的一块试金石，“宝剑锋从磨砺出，梅花香自苦寒来”，人们不断从困境中砥砺自我，磨练品德，才能使自己的内心更加强大，从而树立更远大的志向，这也是我们学习易理，分析困卦的意义所在。

【帛】困[①]：亨。贞大人吉，无咎。有言不信。

【通】困：亨。贞大人吉，无咎。有言不信。

【译文】困卦：象征着困顿。困顿之时，如果能自强自立，也能亨通顺利。坚守正道的有德之人，可获得吉祥，没有灾难。而有罪之人则很难为自己申辩清楚。

【帛】初六：辰[②]困于株木[③]，入于要浴[④]，三岁不揬[⑤]，凶。

【通】初六：臀困于株木，入于幽谷，三岁不觌。

【译文】初六：臀部受到杖刑，又被囚禁于牢房，多年不见天日，则有祸殃。

【帛】九二：困于酒食，絑发[⑥]方来，利用芳祀[⑦]。正[⑧]凶，无咎。

【通】九二：困于酒食，朱绂方来，利用享祀。征凶，无咎。

【译文】九二：正值酒醉，正好受君王之命主持祭祀。占卜出兵征伐则有凶险，但是没有大的灾祸。

---

① 困：卦名，从卦形上看，上卦兑为泽，下卦坎为水，泽中无水则干涸危困，所以此卦有困顿、围困之意。

② 辰：通臀，指臀部。

③ 株木：指林木，也可理解为木杖、棍棒。

④ 要浴：同幽谷，指幽暗不明的峡谷，也可将此引申为桎梏、囹圄，指人被囚禁于牢房。

⑤ 三岁不揬：多年不见天日。岁，这里是年的意思。三岁，概指多年。揬，通觌，意为显示、显现。

⑥ 絑发：同朱绂，指祭祀宗庙时所穿的红色祭服。九五中的“赤发”，意同，可引申为有权有势之人。

⑦ 芳祀：芳，同享，意即享祀、祭祀。

⑧ 正：通征，指出兵征伐。

【帛】六三：困于石[①]，号于疾莉[②]，入于其宫[③]，不见其妻，凶。

【通】六三：困于石，据于蒺藜，入于其宫，不见其妻，凶。

【译文】六三：被缚于嘉石之上，又被投入监狱之中，释放回到家里，却没看见妻子，这是凶兆。

【帛】九四：来徐徐[④]，困于□□[⑤]，閵，有终。

【通】九四：来徐徐，困于金车，吝，有终。

【译文】九四：缓缓前来，受困于（金车）之中，虽有困难，但是最终还是会有一个好的结果。

【帛】九五：二椽[⑥]，困于赤发，乃徐有说[⑦]，利用芳祀。

【通】九五：劓刖，困于赤绂，乃徐有说，利用祭祀。

【译文】九五：割鼻断足，受困于有权有势之人，但可以慢慢地化险为夷，举行祭祀祈福。

---

① 石：本义指巨石，也可引申为嘉石，即古代惩戒罪行较轻的犯人时，命犯人坐在嘉石上示众，以使其思过从善。

② 号于疾莉：通行本作“据于蒺藜”。号，同据，为攀附、依附的意思。疾莉，指蒺藜，是一种多刺的草本植物，也可引申为荆棘丛生的监狱。

③ 宫：指宫室、家室。

④ 徐徐：行动迟缓的样子。

⑤ 此处《帛书周易》有缺失，依据通行本补为“金车”。金车，即青铜打造的豪华马车。此句指车辆受损或受阻。

⑥ 二椽：通行本作“劓刖”。劓，指削鼻的刑罚。刖，指断足的刑罚。

⑦ 说：通脱，可理解为摆脱困境，化险为夷。

【帛】尚六：困于褐纍[①]，于二掾[②]。曰悔夷有悔[③]，贞[④]吉。

【通】上六：困于葛藟，于臲卼。曰动悔有悔，征吉。

【译文】尚六：被葛蔓缠绕，陷入进退两难的境地。如果行动将招致悔恨，但是如果出兵征伐则会获得吉祥。

① 褐纍：通行本作“葛藟”，即葛蔓等藤本植物。

② 二掾：通行本作“臲卼”，意为动摇不安的样子。

③ 悔夷有悔：通行本作“动悔有悔”。夷，语气助词。

④ 贞：同征，指征伐。

䷰ 勒卦第四十六

【题解】

勒卦为《帛书周易》的第四十六卦，通行本写作革，为第四十九卦。从本质上说，所谓革，其实就是对旧事物本质的改变，所以不论是改革、革新，还是革命，都有改变的意义。勒的卦象罗（离）下夺（兑）上，是水泽之中一片火，水火不容，相灭相克的象征，它意味着行动不是一场烈火燎原，就是水漫平川的矛盾冲突，将带来一场改变自然面貌，推动社会变化的大变革。

《帛书周易》中所阐释的基本理念就在于变通，勒卦正好就是变通的典型代表，《周易·系辞下》所谓："易穷则变，变则通，通则久。是以自天佑之，吉无不利。"由此可见，易家先哲对于革除旧弊、锐意改革的举动是大力倡导的。

从卦辞和《彖》《象》看，圣人对变革的定义也是相当成熟和谨慎的。一是在变革之前要认真谋划，取信于民。所谓"己日乃复"，就是要在长期筹备策划时，先取得民众的信任和支持，再选准最佳时机行事，万不能草率。二是在变革之时要手段稳健、文明和悦、坚守正道，即所谓"有复茝命"，心存诚信革除旧制度，就会收获吉祥。同时，在改革过程中，要尽力避免不必要的牺牲和破坏，以免日后悲痛悔恨。这种经过深思熟虑，文明进步的变革，正是今人倡导的稳健文明的改革——这也正是易家所说的革德。

【帛】□□□□[①]复，元亨，利贞，悔亡。

【通】革：巳日乃孚，元亨，利贞，悔亡。

【译文】（勒卦：象征着变革。条件成熟之日），取得民众的信任，行事将大为亨通顺利，有利于坚守正道，悔恨消亡。

【帛】初九：共[②]用黄牛之勒[③]。

【通】初九：巩用黄牛之革。

【译文】初九：用黄牛皮制成的绳子牢牢捆缚。

【帛】六二：□□[④]乃勒之，正吉，□□[⑤]

【通】六二：巳日乃革之，征吉，无咎。

【译文】六二：（条件成熟之日发动）变革，行动则会吉利，（没有什么灾祸）。

【帛】□□□□贞□[⑥]□言三□□复[⑦]。

【通】九三：征凶，贞厉。革言三就，有孚。

---

① 此处《帛书周易》有缺失，根据卦辞及朱熹《周易本义》补为“勒：巳日乃”。勒，卦名，通行本作革，《周易集解》引郑玄语：“革，改也。”即变革、改革之意。巳日，即终日，意即变革条件成熟之日，也有理解为祭祀之日。

② 共：通巩，指束缚物体使之牢固，可理解为不要轻举妄动。

③ 勒：此处指牛皮。

④ 此处《帛书周易》有缺失，根据通行本补为“巳日”。此句意即条件成熟之日发动变革。

⑤ 此处《帛书周易》有缺失，根据通行本补为“无咎”，意为没有灾祸。

⑥ 此处《帛书周易》有缺失，根据通行本补为“九三：征凶，贞厉”。征，此处可理解为贸然行动，变革过于激进。贞，此处指占卜。

⑦ 此处《帛书周易》有缺失，根据卦辞及通行本补为“勒言三就，有复”。勒言三就，《周易集解》引崔憬语：“武王克纣，不即行周命，乃反商政，一就也；释箕子囚，封比干墓，式商容闾，二就也；散鹿台只财，发钜桥之粟，大赉于四海，三就也，故曰革言三就。”意即变革取得很多成就，此处也可理解为听取多方意见，三思而后行。

【译文】（九三：贸然行动会有凶险），占卜（有凶兆）。对于（变革）要多方（谋划，心怀）诚信，才能有所成就。

【帛】九四：悔□[①]有复茝命[②]，吉。

【通】九四：悔亡，有孚改命，吉。

【译文】九四：悔恨（消亡），心存诚信革除旧制度，会收获吉祥。

【帛】九五：大人虎使[③]，未占[④]有复。

【通】九五：大人虎变，未占有孚。

【译文】九五：有权势的人像猛虎一样推行变革，不必占问就能获得民众的信服。

【帛】尚六：君子豹使[⑤]，小人勒□□□[⑥]居，贞吉。

【通】上六：君子豹变，小人革面，征凶，居，贞吉。

【译文】尚六：君子会像豹子一样积极响应变革，而小人只是（表面顺从变革，如果贸然行动就会有凶险），居于正位，守持正道则会获得吉祥。

---

① 此处《帛书周易》有缺失，根据卦辞和通行本补为“亡”。意为悔恨消亡。

② 茝命：改变命令，革除旧制。茝，通改，意即改变、革除。命，即命令、制度。

③ 虎使：使，疑为便的讹字，通变。虎变，本义指老虎秋季换毛，毛层变厚，毛色变亮的变化。此处借指像猛虎一样推行变革。

④ 占：此处指占卜、卜问。

⑤ 豹使：即豹变，与虎变一样，但是皮毛文彩不如老虎鲜明。

⑥ 此处《帛书周易》有缺失，根据卦辞和通行本补为“面，征凶”，勒面，即革面，指进行表面的变革。

䷐ 隋卦第四十七

【题解】

隋卦为《帛书周易》的第四十七卦，通行本写作随，为第十七卦。隋卦的卦象，下辰（震）上夺（兑），泽中有雷，有内动外悦的卦象。那么，此卦的意向是如何而来的呢？原来，古人通过观察发现：春雷一响，就会惊醒蛰伏的动物，于是万物苏醒，大地上呈现出生机勃勃的景象。可是到了深秋时节，雷声消失，一些动物又开始为冬眠做准备。这一自然现象所蕴含的规律，古人认为就是天道的善意，天气转暖了，天用雷声唤醒大地上的万物；天气转凉了，天便把雷藏了起来，不再惊扰大地上的万物。所以从这个卦象中可以看出，辰（震）代表动，夺（兑）代表喜悦，这样隋（随）卦就有着内动外悦，随喜而动的含义。

隋（随）卦的基本精神是人们需要互相协作，互相赞同、顺从，需要讲究人际之间互相随从的道理，这也是由人的社会性决定的。从通行本的卦序上来看，豫为安乐，随为随从，安居乐业，人们自然会来随从，所以余（豫）卦之后便是隋（随）卦。

隋（随）卦的卦象隐含着“刚来而下柔”的顺从之意，所以占得此卦者，宜随大势，凡事可成。也就是说，人们在做事的时候要多与他人友好沟通交流，切忌独断专行、顾此失彼、一味贪婪，应多向优秀的人学习，善于与他人合作，则会事业顺利，名利双收。

【帛】隋[1]：元亨，利贞，无咎。

【通】随：元亨，利贞，无咎。

【译文】隋：象征着顺应，大为亨通，有利于坚守正道，没有灾祸。

【帛】初九：官或谕[2]，贞吉，出门交[3]有功[4]。

【通】初九：官有渝，贞吉，出门交有功。

【译文】初九：官场之事多有变化，如果坚守正道就会收获吉祥，外出与人交往也能获得成功。

【帛】六二：系[5]小子[6]，失丈夫[7]。

【通】六二：系小子，失丈夫。

【译文】六二：抓住了年轻人，失去了成年人。

【帛】六三：系丈夫，失小子。隋[8]有求得，利居贞。

【通】六三：系丈夫，失小子。随有求得，利居贞。

【译文】六三：抓住了成年人，失去了年轻人。努力追逐，需求能够得到满足，有利于守持正道。

---

① 隋：卦名，通随，古代两字通用，指顺应、随从之意。

② 官或谕：指官吏有变动或易位。官，指掌管事务的官吏，也代指官场。或，假借为有。谕，同渝，《周易集解》引《九家易》："渝，变也。"

③ 交：即人际交往。

④ 有功：即成功。

⑤ 系：指用绳索系住、拴住。

⑥ 小子：指未成年的男子。

⑦ 丈夫：即成年男子。

⑧ 隋：此处可引申为追逐、追求。

【帛】九四：隋有获[①]，贞凶。有复在道，已明[②]，何咎？

【通】九四：随有获，贞凶。有孚在道，以明，何咎？

【译文】九四：追名逐利，会有凶险。如果心怀诚信，坚守正道，则能明察事理，怎么会有灾祸呢？

【帛】九五：复于嘉[③]，吉。

【通】九五：孚于嘉，吉。

【译文】九五：心怀诚信，待人友善，则会获得吉祥。

【帛】尚九[④]：枸[⑤]系之，乃从巂[⑥]之，王用芳[⑦]于西山[⑧]。

【通】上六：拘系之，乃从维之，王用享于西山。

【译文】尚六：将俘虏拘禁起来，并紧紧绑缚，将他们带入西山，用于君王主持祭祀之礼。

---

① 隋有获：此处可引申为追名逐利。

② 已明：同以明，明，指明察、明白。

③ 嘉：即吉善、美好。

④ 尚九：根据卦象，应为尚六。

⑤ 枸：同拘，指拘禁之意。

⑥ 巂：同维，本义是指系物的绳子，此处用作动词，指捆绑。

⑦ 芳：同享，指祭祀。

⑧ 西山：指岐山。因周朝时，岐山位于镐京之西，所以也称为西山。

䷛ 泰过卦第四十八

【题解】

泰过卦为《帛书周易》的第四十八卦，通行本写作大过，为第二十八卦。泰过卦的卦象，下筭（巽）上夺（兑），泽水淹没木舟，这是大过的卦象。阳为大，阴为小，其卦四阳过盛而居中，上下皆为阴小，所以“大过”，也即阳刚之气过大而宜产生过失之意。这与古代先贤常讲的中庸之道也不谋而合，即所谓“不偏不倚，无过不及”。

在泰过卦中，围绕家庭的房屋建筑、婚姻关系、祭祀礼仪、行旅安全等方面，阐述了过度而行的结果和吉凶。易家从泰过卦内中坚实而本末皆弱的卦象，联想到建筑学所忌讳的“栋桡”之象，在卦辞中深刻地指出：“事物极为过分，就会像大梁被重物压弯一样。这时候要大胆纠偏，才能亨通。”

从《象》所流露的避世之情，以及六爻所说的两家婚姻与建房之事来看，泰过之世是相当艰险的时期。担当历史重任者，固然因根基不深，支撑过弱而难撑大局；而在大梁弯曲，大厦将倾时独立不惧，也不是那么容易做到的。它需要格外的小心和智慧，任何狂妄自大，违反科学，背离生命伦理的行为，在泰过时期都是没有好结果的。这也可以从中看出古人科学的婚姻观和建筑学理念，理解其“大过之德”的哲学意义。

【帛】泰过[①]：栋轚[②]，利有攸往，亨。

【通】大过：栋桡，利有攸往，亨。

【译文】泰过：象征着过度。房屋高大，有利于有所前往，亨通顺利。

【帛】初六：籍[③]用白茅[④]，无咎。

【通】初六：藉用白茅，无咎。

【译文】初六：用白茅做祭品的衬垫，没有灾祸。

【帛】九二：楛杨[⑤]生荑[⑥]，老夫得其女妻[⑦]，无不利。

【通】九二：枯杨生稊，老夫得其女妻，无不利。

【译文】九二：枯槁的杨树发出新芽，年老的男子娶了年轻的妻子，这没有什么不吉利的。

【帛】九三：栋桡[⑧]，凶。

【通】九三：栋桡，凶。

【译文】九三：栋梁弯曲易折，有凶险。

---

① 泰过：卦名，通大过，《象》语："大过，大者过也。"意即过度之意，指阳刚过头了。

② 栋轚：通行本作"栋桡"。栋，木结构房屋正中最高处的横梁。轚，同隆，有盛大、高大之貌。栋轚，意即房屋高大。

③ 籍：通藉，《象》语："藉用白茅，柔在下也。"籍，有垫在下面的意思。

④ 白茅：白色的茅草，古代祭祀时，常用洁白柔软的茅草衬垫祭品，以示敬意。

⑤ 楛杨：楛，通枯，指枯槁的杨树。

⑥ 荑：同稊，《释文》载："稊，本作荑。"指植物新发的嫩芽。

⑦ 女妻：指年轻的妻子。

⑧ 栋桡：桡，《说文》语："桡，曲木也。"指栋梁弯曲，容易折断，所以有凶象。

【帛】九四：栋䧺，吉。有它[①]，閵。

【通】九四：栋隆，吉。有它，吝。

【译文】九四：房屋高大，则大吉大利。但是如果出现其他意外情况，则会有麻烦。

【帛】六五[②]：楛杨生华[③]，老妇得其士夫[④]，无咎无誉[⑤]。

【通】九五：枯杨生华，老妇得其士夫，无咎无誉。

【译文】九五：枯槁的杨树开出新花，年老的妇人嫁给了年轻的丈夫，这没有什么坏处，但是也无需称赞。

【帛】尚九[⑥]：过涉灭钉[⑦]，凶，无咎。

【通】上六：过涉灭顶，凶，无咎。

【译文】尚六：盲目涉水渡河，水深没过头顶，虽有凶险，但最终能化险为夷。

---

① 有它：指有意外情况。

② 六五：根据卦象，应为九五。

③ 华：同花，指花朵。

④ 士夫：指年轻的丈夫。

⑤ 誉：即获得夸赞、荣誉。

⑥ 尚九：根据卦象，应为尚六。此处帛书本误抄。

⑦ 过涉灭钉：此句意为涉水过深，以至于淹过头顶。钉，通顶，指头顶。

○第七宫

䷝ 罗卦第四十九

【题解】

罗卦为《帛书周易》的第四十九卦，通行本写作离，为第三十卦，两字古音相近而互通，因此我们按照更加通俗易懂的离字来进行解读。

离的本义为离开，离去，而古人有时会一字两用，既用它的正义，又用它的反义，因此，此卦按照其反义解释为附丽、依附。罗（离）在八纯卦中指火，与赣（坎）水相对，性质是丽，明霞艳照，丽火映天，辉煌灿烂，这就是离火熊熊、光照万物的景象。火的光明是伟大的，却有赖于其能源，如日月、木炭、石油、天然气、核能等，发光而离不开能源，正体现出火的附丽之性。围绕着火的附丽之性，易家一方面根据卦序指出，坎险就是陷落的意思，陷落必然会有所附丽，所以通行本中接着赣（坎）卦的就是罗（离）卦；另一方面则强调了要附丽于正道，即坚持离德的重要性。正如火燃烧恶臭之物会发出腐臭烟气一样，依附于恶人也难以发出正义之光：从正确树立离德的思想出发，易家进一步从离卦天时的变化，六爻的处境变化中，阐析本时期万物万变而不离“离德”——“丽德”的道理。

【帛】罗[①]：利贞，亨。畜[②]牝牛[③]，吉。

【通】离：利贞，亨。畜牝牛，吉。

---

① 罗：卦名，通离，两字古音相近而通，有太阳、火光、光明、亮丽、附着、依附等意。

② 畜：饲养。

③ 牝牛：母牛。牝，指雌性动物。

【译文】罗卦：象征附丽，利于坚守正道，亨通顺利。畜养母牛，吉祥。

【帛】初九：礼昔然[①]，敬之，无咎。

【通】初九：履错然，敬之，无咎。

【译文】初九：步履错乱无序，恭敬谨慎地对待，就不会有灾咎。

【帛】六二：黄[②]罗，元吉。

【通】六二：黄离，元吉。

【译文】六二：被黄色所附着，至为吉祥。

【帛】九三：日禝[③]之罗，不鼓垢[④]而歌，即[⑤]大绖[⑥]之䏐，凶。

【通】九三：日昃之离，不鼓缶而歌，则大耋之嗟，凶。

【译文】九三：夕阳西垂挂在天边，应敲击瓦缶高歌，否则将导致老暮穷衰的嗟叹，有凶险。

【帛】九四：出[⑦]如[⑧]来如，纷[⑨]如，死如，弃如。

---

① 昔然：交错。昔，通错，两字古音属于同一声系而通。

② 黄：黄色，古人认为这是象征吉祥、美好的颜色。

③ 禝：夕阳西斜。

④ 垢：缶的异体字，指瓦器、瓦罐。

⑤ 即：通则，两字古音相同而通。

⑥ 大绖：年龄非常大的老人。绖，通耋，意为年老，多指七八十岁。

⑦ 出：通突，两字古音相近而通。

⑧ 如：语气助词，无实意。

⑨ 纷：通焚，两字古音相近而通。

【通】九四：突如其来如，焚如，死如，弃如。

【译文】九四：朝霞突然间升起，如烈火焚烧，顷刻间又消散灭亡，舍弃净尽。

【帛】六五：出涕[①]沱若[②]，□[③]駐若，吉。

【通】六五：出涕沱若，戚嗟若，吉。

【译文】六五：泪水滂沱不绝地流，（哀伤叹息，）如此居安思危结果吉祥。

【帛】尚九：王出正，有嘉[④]折首[⑤]，获不[⑥]戢[⑦]，无咎。

【通】上九：王用出征，有嘉折首，获匪其丑，无咎。

【译文】尚九：君王出师征讨，建立军功斩获敌方将领，俘虏不愿亲附的那类下属，无灾无难。

---

① 涕：眼泪、鼻涕。

② 沱若：泪多的样子。

③ 此处《帛书周易》缺损，根据通行本补字为“戚”。戚，忧伤。

④ 嘉：喜事，这里指建立军功。

⑤ 折首：斩首。

⑥ 不：彼。

⑦ 戢：通丑，表类别。

䷍ 大有卦第五十

【题解】

大有卦为《帛书周易》的第五十卦，通行本写法相同，为第十四卦。

在六十四卦中，以“大”命名的卦共有四个，依次为大有、泰蓄（大畜）、泰（大）过、泰（大）壮。从卦义看，泰蓄（大畜）有止，泰（大）过有过，泰（大）壮有悔，唯独大有吉无不利，其卦辞也十分简洁，只有“元亨”二字，大意为：“盛大富有，非常光明亨通。”推究起来，在六十四卦所有以“大”为名的诸卦中，要想成其大，均有一个发展、积蓄、壮大的过程，而大有则不同。“有”字本身兼具“丰收”之意。大有之年本身即大丰收之年，无须再经过积累，即以自完自足。故此，在中国汉语词汇中，凡与“大有”二字结缘的，几乎无不是吉祥的，如大有之年、大有收获、大有希望、大有可为、大有前途、大有作为，等等，这种情形在某种意义上可以说，是与“大有元亨”的古易精神一脉相通。当然，如果因为“大有”形势特别好而一味浪费，甚至滑向腐败，那就“大有麻烦”，陷入泥潭了，这也是修养“有德”所不得不防的。

【帛】大有[①]：元亨。

【通】大有：元亨。

【译文】大有卦：象征大有收获，至为亨通顺利。

① 大有：卦名。为大有年，大拥有，拥有最多等意。

【帛】初九：无交禽[①]，非咎，根则无咎。

【通】初九：无交害，匪咎，艰则无咎。

【译文】初九：没有交相残害，就不会有灾难，即使处于艰险环境中也不会遭到祸害。

【帛】九二：泰车[②]以载，有攸往，无咎。

【通】九二：大车以载，有攸往，无咎。

【译文】九二：用大车载物，运往其该去之处，无灾难。

【帛】九三：公[③]用芳[④]于天子，小人[⑤]弗克。

【通】九三：公用亨于天子，小人弗克。

【译文】九三：王公贵族朝见天子得赐宴，一般的平民则不能参与。

【帛】九四：□□[⑥]彭[⑦]，无咎。

【通】九四：匪其彭，无咎。

【译文】九四：（为人正派不做）旁门左道之事，就没有灾害。

---

① 交禽：相互为害。禽，通害。

② 泰车：大的马车。

③ 公：公侯。

④ 芳：通享，古时诸侯朝见天子，天子赐宴，就叫享。

⑤ 小人：此处指平民百姓。

⑥ 此处《帛书周易》缺损，根据通行本及帛书本上下文补字为“非其”。

⑦ 彭：通旁，旁侧，引申为旁门左道。

【帛】六五：阙[①]复交如[②]，委如[③]，终吉。

【通】六五：厥孚交如，威如，吉。

【译文】六五：君王对百姓非常诚信，自然会有威严，最终结果吉祥。

【帛】尚九：自[④]天右[⑤]之，吉，无不利。

【通】上九：自天祐之，吉，无不利。

【译文】尚九：得到从上天而来的佑助，吉祥，无所不利。

① 阙：通其，这里作代词，指统治者、掌权者。

② 交如：非常明显的样子。交，通皎，明亮、清楚。

③ 委如：很有威信、很严肃的样子。委，通威，两字古音相近而通。

④ 自：从。

⑤ 右：通祐，天神的佑助。

䷢ 溍卦第五十一

【题解】

溍卦为《帛书周易》的第五十一卦，通行本写作晋，为第三十五卦。

一轮红日喷薄而出，使黑沉沉的大地顿时充满了光明与热力，处处是生机勃发、繁茂明盛的气象。这就是易家用卦象思维之笔，借晋卦川（坤）下罗（离）上之结构，描绘出来的壮丽情景。卦辞借题发挥道："因功晋升的康侯，获得众人的拥护，得到车马细布等许多赏赐，受到了天子一日三次的隆重接见。"何谓晋德？这可从人才培养学的角度，从"晋"的本义求解。晋除作地名、国名、朝代名外，其本义为进为升，可组成晋京、晋见、晋谒和晋升、晋级等词。前一组含有下级到都城拜见上级的意思，后一组词是指因提拔和升级而从较低职位升至较高职位。由此可见，晋德，其实就是如何处理与上级的关系，如何对待升级机遇的道德规范。值得注意的是易学主张的如何在官场晋升六阶段修养晋德的具体方法，向我们揭示了古人对如何晋升的道德修养和选拔人才的标准。

【帛】溍①：康侯②用鴙③马蕃庶④，昼日⑤三绥⑥。

① 溍：卦名。通晋，有前进、上进、明进等意。两字古音相近而通。
② 康侯：即康侯，周武王之弟，名封，因最先封侯于康，所以被称为康侯或康叔。
③ 鴙：通赐，赐予，这里指以下予上，即贡献。
④ 蕃庶：很多。
⑤ 昼日：一个白天。
⑥ 绥：通接，接见。两字古音属于同一声系而通。

【通】晋：康侯用锡马蕃庶，昼日三接。

【译文】晋卦：象征长进，康侯得到天子赏赐的众多车马，一天之内三次被接见。

【帛】初九[①]：溍如浚[②]如，贞吉，悔亡，复浴[③]，无咎。

【通】初六：晋如摧如，贞吉，罔孚裕，无咎。

【译文】初六：前进之初虽遭排挤，但如果坚守贞正本质，悔恨就会消亡，能够广泛取信于人，便没什么灾祸。

【帛】六二：溍如□[④]如，贞吉，受□□□□[⑤]其王母[⑥]。

【通】六二：晋如愁如，贞吉，受兹介福于其王母。

【译文】六二：进步之中有（忧愁，）只要坚守正道就能获吉，将从其祖母那里（承受宏大的福泽。）

【帛】六三：众允[⑦]，悔亡。

【通】六三：众允，悔亡。

【译文】六三：得到众人的信赖支持，悔恨消亡。

---

① 初九：这里应为初六，帛书本误抄为九。

② 浚：通摧，排挤。

③ 浴：通裕，宽裕、坦然。两字古音属于同一声系而通。

④ 此处《帛书周易》缺损，根据通行本补字为“愁”。

⑤ 此处《帛书周易》缺损，根据通行本补字为“兹介福于”。兹，此。介，大。

⑥ 王母：祖母。

⑦ 允：信赖。

【帛】九四：溍如炙鼠[①]，贞[②]厉。

【通】九四：晋如鼫鼠，贞厉。

【译文】九四：田间的鼫鼠进一步长大，占卜得到的结果有危险。

【帛】六五：悔亡，矢得[③]勿血。往吉，无不利。

【通】六五：悔亡，失得勿恤。往吉，无不利。

【译文】六五：悔恨消亡，不必为得失担忧。往前进自会有吉祥，没有什么不利。

【帛】尚九：溍其角，唯[④]用伐邑，厉，吉，无咎，贞閵。

【通】上九：晋其角，维用伐邑，厉，吉，无咎，贞吝。

【译文】尚九：长进至极钻进角尖，要去征伐邑国，虽然危险，但可转危为安，不会有灾祸，要坚守正道以防招致危险。

---

① 炙鼠：即鼫鼠，一种较大的田鼠，专门偷吃田中粮食。

② 贞：这里当占卜讲。

③ 矢得：失去与获得。也有研究认为，矢直译为箭矢，将本句解读为箭矢失而复得。

④ 唯：发语词，不译。

䷷ 旅卦第五十二

【题解】

旅卦是《帛书周易》的第五十二卦，通行本写法相同，为第五十六卦。

旅是空间的转换，心态的放宽，生命的迁移，是动物为谋求更好的生存方式而进行的时空运动。把旅列为易学范畴，在《序卦》中用“极其丰盛壮大的必然会失掉自己的居所，所以丰卦之后是旅卦”来解释人生之旅，既是易家对生命体如何调整主体，以适应外界环境的研究心得，也是易家发现旅行与经济基础的关系后，重视旅行，以及旅游文化，主张修养旅德，增益人生的表现。可以说，《易经》的旅卦，是世界最早的人生旅游学。

明白了“行即旅”，即在一定时间内所完成的空间转移，对人生质量的提高、生存环境以至命运的改变的重要性，就可以进一步探讨旅卦六爻对旅行研究的心得，明白其强调旅德，即在人生之途修养高尚品德的苦心了。

【帛】旅[①]：少亨，旅，贞吉。

【通】旅：小亨，旅，贞吉。

【译文】旅卦：象征旅行，小心谦顺能够亨通顺利，旅途中能

---

① 旅：卦名，有旅行、旅途、羁旅、行旅，居不定等意。

坚守正道就会吉祥。

【帛】初六：旅琐琐[①]，此[②]其所取火[③]。

【通】初六：旅琐琐，斯其所取灾。

【译文】初六：旅途之初事务繁琐导致进退犹豫，最终还是离开住所而为自己招来灾祸。

【帛】六二：旅既[④]次[⑤]，坏[⑥]其茨[⑦]，得童剥[⑧]，贞[⑨]。

【通】六二：旅即次，怀其资，得童仆，贞。

【译文】六二：旅行中投宿客栈，携带资财，得到童仆，这是吉祥的。

【帛】九三：□□□□□□□□□□[⑩]

【通】九三：旅焚其次，丧其童仆，贞厉。

【译文】九三：（旅行中客栈发生火灾，童仆趁乱逃走，此时要坚守正道以防危险。）

---

① 琐琐：繁琐、琐碎。

② 此：这，代指旅行之人。

③ 火：灾祸。

④ 既：通即，就，住下之意。

⑤ 次：旅舍，临时的住所。

⑥ 坏：通怀，怀藏、怀抱，引申为携带。两字古音属于同一声系而通。

⑦ 茨：通资，指财物。两字古音相近而通。

⑧ 剥：通仆，两字古音相近而通。

⑨ 贞：这里当占卜讲。

⑩ 此处《帛书周易》缺损，根据通行本补字为“旅焚其次，丧其童仆，贞厉”。丧，失去，引申为逃走，逃亡。

【帛】□□□□□□[1]其溍斧[2]，□[3]心不快。

【通】九四：旅于处，得其资斧，我心不快。

【译文】（九四：旅居他乡虽然赚得）一些钱财，（但我的）心中仍然不甚愉快。

【帛】六五：射雉[4]，一矢亡[5]，冬以举[6]命。

【通】六五：射雉，一矢亡，终以誉命。

【译文】六五：旅途中射野鸡，丢失了一支箭，野鸡最终却飞走得以保命。

【帛】尚九：乌棼[7]其巢，旅人先芺[8]后摅桃[9]，亡牛于易[10]，凶。

【通】上九：鸟焚其巢，旅人先笑后号咷，丧牛于易，凶。

【译文】尚九：乌鸦的巢被焚烧，旅人开始时欣喜欢笑，后来又号啕大哭，在田畔丢失了牛，有凶险。

---

① 此处《帛书周易》缺损，根据通行本补字为“九四：旅于处，得”。处，居住的处所。

② 溍斧：代指货币。溍，通资。

③ 此处《帛书周易》缺损，根据通行本补字为“我”。我，代指旅人。

④ 雉：野鸡。

⑤ 亡：遗失。

⑥ 举：飞去，飞离。

⑦ 棼：通焚，两字古音相近而通。

⑧ 芺：通笑。

⑨ 摅桃：即号咷。

⑩ 易：通埸，田界。

䷥ 乖卦第五十三

【题解】

乖卦为《帛书周易》的第五十三卦，通行本写作睽，为第三十八卦。

火焰炎炎向上烧，水泽茫茫向下流。这在自然界并不罕见，是一种事物在矛盾和运动的发展中，所出现的背道而驰的睽违乖异现象，用易家的卦象思维来描绘，就是夺（兑）下罗（离）上，即泽下火上。由于睽与合反，阴阳不调，事理不顺，故此卦辞认为，违背不合的时候，只宜做些小事，方可获吉。

将《象》的“睽：君子以同而异”理解为修养求同存异的品德，是有哲学根据的。无论是在自然界还是在社会中，差异和相违的现象都是存在的。如动植物的类别、个体的强弱、活动的范围与相生相克，国家、民族、阶级、阶层、集团和党派的利益不同，等等。有的人因其不同而过于强调其相异的一面，反对求同的可能，非要斗个你死我活方才罢休，其实这么做并不聪明，而且十分有害。

简而言之，要想办事成功，就要学会求同存异而不是党同伐异，就需要善于处理和化解矛盾，善于团结一切人，包括反对过自己，并且被实践证明是犯了错误的那些人，抓住事物异中有同，可以归类划别的本质一面，以德报怨，以同而异，共求进步。

【帛】乖①：小事吉。

【通】睽：小事吉。

---

①乖：卦名，通睽，为目不相视，乖异、背离、对立、孤立无援等意。两字古义相同而通。

【译文】睽卦：象征乖离，小事吉利。

【帛】初九：悔亡，亡马勿遂[①]，自复[②]。见亚[③]人，无咎。

【通】初九：悔亡，丧马勿逐，自复。见恶人，无咎。

【译文】初九：悔恨可以消亡，丢失马匹不必追寻，它自己会返回。途中见到恶人，也不会有灾祸。

【帛】九二：无咎[④]。九二：愚[⑤]主于巷，无咎。

【通】九二：遇主于巷，无咎。

【译文】九二：没有灾祸。九二：在小巷中邂逅主人，没有灾难。

【帛】六三：见车恝[⑥]，其牛諜[⑦]，其□□□□[⑧]无初有终。

【通】六三：见舆曳，其牛掣，其人天且劓。无初有终。

【译文】六三：看见牛车被拖曳难行，驾车的牛被阻掣住，是一个（遭刺额削鼻的人干的。）起初不利，但最后可得善终。

【帛】九四：乖苽[⑨]，愚元夫[⑩]，交复，厉，无咎。

---

① 遂：即逐，追。此处为帛书本误抄。

② 复：返回。

③ 亚：通恶，两字古音属于同一声系而通。

④ “九二：无咎”句：此句为帛书本所载，通行本无此句。

⑤ 愚：通遇，遇见、会面。

⑥ 恝：通曳，指拖，拉。两字古音相近而通。

⑦ 諜：通掣，牵引。

⑧ 此处《帛书周易》缺损，根据通行本补字为“人天且劓”。天，这里是指在额头割开口子的一种刑罚。劓，割去鼻子的一种刑罚。

⑨ 乖苽：同睽孤，乖离而独处的意思。

⑩ 元夫：大丈夫。

【通】九四：睽孤，遇元夫，交孚，厉，无咎。

【译文】九四：乖离之时孤立无援，后遇阳刚的大丈夫，彼此以诚相待，虽有危险，便终无灾难。

【帛】六五：悔亡，登①宗②筮③肤④，往⑤，何咎。

【通】六五：悔亡，厥宗噬肤。往，何咎。

【译文】六五：悔恨消失，进到族人的宴会大家一起吃肉，关系亲密扶持前进，怎么会有灾祸呢。

【帛】尚九：乖苽，见豨负涂⑥，载鬼一车，先张之柧⑦，后说⑧之壶⑨，非寇，闅厚⑩，往，愚雨即吉。

【通】上九：睽孤，见豕负涂，载鬼一车。先张之弧，后说之弧。匪寇，婚媾。往，遇雨则吉。

【译文】尚九：旅人孤独无援地往前走，看见前面好像有野猪浑身粘着泥巴，又像是一辆大车满载鬼怪，起初张弓欲射，后又迟疑将弓放下。因为这些人不是草寇，而是求婚者。看清后再往前走，遇雨则可获吉祥。

---

① 登：登上、升上，这里引申为进入。

② 宗：宗族、宗庙、族人。

③ 筮：通噬，意为吃，咬。

④ 肤：这里指肉食。

⑤ 往：前进。

⑥ 负涂：背上涂着泥污。涂，泥巴。

⑦ 先张之柧：先拉开他的弓想要射箭。之，代词，他。柧，通弧，指弓箭，两字古音属于同一声系而通。

⑧ 说：通脱，脱落。

⑨ 壶：通弧，也指弓箭。

⑩ 闅厚：同婚媾。

䷿ 未济卦第五十四

【题解】

未济卦为《帛书周易》的第五十四卦，通行本写法相同，为第六十四卦。

任何伟大的事业在胜利之后，都仍将面临新的挑战，从来就没有大功告成而一无可为的时候。用老祖宗易家先师的话说，那就是既济虽济，济犹未济，济之再济，此即未济。从卦象看，未济恰好是既济的反卦，它的爻序与既济正好相反。既济是罗（离）下赣（坎）上，水火相济，未济是赣（坎）下罗（离）上，火水不济；既济是阴阳六爻全部归班就位，完美无缺；未济是阴阳六爻全部出班离位，阴差阳错。既济表示成功、完成、停止的意思，是事物发展过程中偶然的、完善的、短暂的阶段；而未济则表示未成功、未完成、未停止的意思，是事物发展过程中必然的、缺陷的、长久的阶段。应该承认，以未济而不是既济作为六十四卦的结束，确是易理高深精妙之处。它体现了易家对宇宙生生不息、永无止境的运动发展和生命规律的清醒认识，体现了易家不迷信绝对的完美和终极的真理，永远将每一个胜利和成功，都当作新的起点的伟大而深刻的辩证思想。这也正是东方古老易学具有永恒的哲学光辉、无限生命力和无穷魅力的奥秘所在。

【帛】未济[①]：亨。小狐气[②]涉[③]，濡其尾，无攸利。

【通】未济：亨。小狐汔济，濡其尾，无攸利。

【译文】未济卦：象征未完成，勉力使成可获亨通顺利。小狐即将渡过河，水沾湿了它的尾巴，不太顺利。

【帛】初六：濡其尾，閵。

【通】初六：濡其尾，吝。

【译文】初六：小狐过河时水沾湿了尾巴，会有麻烦。

【帛】九二：抴[④]其绐[⑤]，贞。

【通】九二：曳其轮，贞吉。

【译文】九二：人在过河时提着自己的衣带，这样做是正确的，（可以获得吉祥。）

【帛】六三：未济，正凶，利涉大川。

【通】六三：未济，征凶，利涉大川。

【译文】六三：还未做好准备，贸然前进会有凶险，利于涉越江河巨流。

---

① 未济：卦名。有未渡，求有成，未遂，未成，未尽事宜等意。

② 气：通汔，几乎。两字古音属于同一声系而通。

③ 涉：趟水过河。

④ 抴：拉、拽、牵引。

⑤ 绐：古人衣服上的丝带。

【帛】九四：贞吉，悔亡，□□□□[①]方，三年，有商[②]于大国[③]。

【通】九四：贞吉，悔亡。震用伐鬼方，三年，有赏于大国。

【译文】九四：坚守正道吉祥，悔恨消亡。（就像用振奋威武之势讨伐鬼方国，）经过三年苦战才获胜，故而被封赏为大国诸侯。

【帛】□[④]五：贞吉，悔亡。君子之光[⑤]，有复，吉。

【通】六五：贞吉，无悔。君子之光，有孚，吉。

【译文】（六）五：坚守正道吉祥，没有悔恨。君子的美德彰显出来，诚信待人，可获吉祥。

【帛】尚九：有复[⑥]于饮酒，无咎。濡其首，有复失是。

【通】上九：有孚于饮酒，无咎。濡其首，有孚失是。

【译文】尚九：抓获俘虏庆功饮酒，没有过错，但饮酒过度胡作非为头发都淋湿了，虽然有所俘获但是失了正道。

---

① 此处《帛书周易》缺损，根据通行本补字为“震用伐鬼”。

② 商：通赏，赏赐。两字古音相近而通。

③ 大国：指殷王朝。

④ 此处《帛书周易》缺损，根据通行本补字为“六”。

⑤ 君子之光：这里指君子的美德，人格的光辉。

⑥ 复：这里指俘虏，俘获。

䷔ 筮嗑卦第五十五

【题解】

筮嗑卦是《帛书周易》的第五十五卦，由于帛书原件卦辞缺损，此处依据通行本及帛书本后文补写，通行本中筮写作噬，噬嗑卦为第二十一卦。

《易经》的筮（噬）嗑指的是矛盾双方激化时的胶着、磨合、啮咬、切入、缠绞、碰撞、决断等复杂状态。首先，从筮（噬）嗑卦罗（离）上辰（震）下的结构看，外实内虚，中有坚物，就像一张嘴内衔一物，正在紧紧咬住不放的样子。其次，从筮（噬）嗑两字的本意看，筮（噬）是吞咬的意思，嗑是用上下门牙咬带壳的，或硬的东西，如嗑瓜子，噬嗑两字合用，也正是嘴巴张而欲合，用上下门牙咬口中硬物的卦象。此外，筮（噬）嗑卦罗（离）上辰（震）下，下卦为辰（震），辰（震）为雷，为动，有下巴颏往上动，用牙齿咬物并发出响声的含义。上卦为罗（离），罗（离）为火，为电，为明，又有电火光明、明判是非的意思，罗（离）卦与辰（震）卦合义，则有雷电相激、声威大震、用刑断狱，明正刑典的含义。有此三者，所以古人把筮（噬）嗑当做咬住要案大案不放，明刑断狱，铁面无私、依法办事的法德的象征。从筮（噬）嗑一卦以法治国的法治宗旨出发，《易经》通过六爻爻辞，进一步阐述了易家以法治国、以法教民、知法守法的法治思想。

【帛】□□□[1]利用狱[2]。

【通】噬嗑：亨，利用狱。

【译文】（噬嗑：卦象征咬合，亨通顺利，）有利于处理诉讼刑狱之事。

【帛】初九：句[3]□□[4]止[5]，无咎。

【通】初九：屦校灭趾，无咎。

【译文】初九：脚上套上（刑具而盖住了）脚趾，无灾祸。

【帛】六二：筮肤[6]灭鼻[7]，无咎。

【通】六二：噬肤灭鼻，无咎。

【译文】六二：大口吃肉时把鼻子都挡住了，虽不雅观但没有大的过失，不会有灾祸。

【帛】六三：筮腊肉[8]，愚毒，少閵，无咎。

【通】六三：噬腊肉，遇毒，小吝，无咎。

【译文】六三：咀嚼坚硬的肉干，中毒，小有不适，却没有大

---

① 此处《帛书周易》缺损，根据通行本及帛书本上下文补字为“筮嗑：亨”。筮嗑，卦名，意思是在嘴里咀嚼东西，引申为化除梗阻，清除堵塞，利于畅通等。筮，通噬，即啮、咬。嗑，即合。

② 用狱：指各种狱讼之事。

③ 句：通屦，指鞋子，引申义为穿上，套上。两字古音相同而通。

④ 此处《帛书周易》缺损，根据通行本补字为“校灭”。校，桎梏，即木制的脚镣。灭，没，遮住。

⑤ 止：脚趾。

⑥ 筮肤：吃肉。筮，同噬，帛书本疑为误抄。

⑦ 灭鼻：把鼻子挡住。灭，淹没。

⑧ 腊肉：不同于现代的腊肉，古人指用风吹干的肉干，咀嚼起来比较费力。

的祸害。

【帛】九四：筮干璱[①]，得金矢[②]。根贞吉。

【通】九四：噬干胏，得金矢。利艰贞，吉。

【译文】九四：咬嚼干硬带骨的肉，吃到铜箭头。利于在艰难中坚正守固，吉祥。

【帛】六五：筮干肉，愚毒[③]，贞厉，无咎。

【通】六五：噬干肉，得黄金。贞厉，无咎。

【译文】六五：咬嚼干硬的肉脯，从里面发现黄金差点中毒，坚守正道以防危险，可免去祸害。

【帛】尚九：荷[④]校[⑤]灭[⑥]耳，凶。

【通】上九：何校灭耳，凶。

【译文】尚九：肩上担着的刑具遮盖了耳朵，有凶险。

---

① 璱：据研究推断应为体，这里用来指带着骨头的肉。

② 金矢：铜箭头。殷周人所吃的肉大多数是射猎而得的野兽，所以肉中或骨间会残存有折断的箭头。殷周时的金是指铜，下文通行本中的黄金，才是我们现在日常所说的黄金。

③ 愚毒：中毒。此处帛书本记载与通行本差异较大，通行本此句为“得黄金”，有研究解释为，古人认为吞食黄金会致命，将此处对照帛书本和通行本理解为将黄金混入肉干中让人误食会致死，相当于中毒。

④ 荷：抗、担，引申为承担、担负。

⑤ 校：刑具、枷锁。

⑥ 灭：遮盖。

䷱ 鼎卦第五十六

【题解】

鼎卦为《帛书周易》的第五十六卦，由于帛书原件卦辞缺损，此处依据通行本及帛书本后文补写。通行本中，鼎卦为第五十卦。

鼎，既是形而下的器具，也具有形而上的深意，它被易家选作卦名，成为与除旧的勒（革）相对应的、布新的象征——鼎，构成了革故鼎新、相辅相成的哲学概念。而鼎之所以成为布新的象征，是由它作为烹饪器皿和国之重器的双重作用所决定的。

应该说，卦辞、《彖》和《象》所强调的都是一个意思。这就是，鼎新之举是符合历史发展规律的，故可一无阻挡。但对于具体实施鼎新方案的领导者来说，却不可以因此掉以轻心，而是要如老子所说的“治大国若烹小鲜”那样，小心谨慎、谦虚柔顺、聚精会神地烹调，这样才能完成历史所赋予的鼎新革故的伟大使命。如果说鼎新时代需要有高尚的道德，那就是在鼎新时期迎风鼎立，当仁不让，点火燃薪，熬雉烹鲜，稳重谨慎，把握鼎新时机，精研鼎新谋略，团结鼎新志士，把鼎新大业推向胜利的高尚美德。

【帛】□□□□[①]

【通】鼎：元吉，亨。

【译文】（鼎卦：象征鼎器，至为吉祥，亨通顺利。）

---

① 此处《帛书周易》缺损，根据通行本补字为“鼎：元吉，亨”。鼎，卦名，有革故鼎新、重器、取新、鼎立、鼎盛、鼎足之势等意。

【帛】初六：鼎填[①]止[②]，利□不[③]。得妾以其子，无咎。

【通】初六：鼎颠趾，利出否。得妾以其子，无咎。

【译文】初六：鼎器的足颠倒翻覆，有利于（倒出）残渣污物。就像娶妾生子可以被扶为正室，没有灾祸。

【帛】九二：鼎有实[④]，我栽[⑤]有疾[⑥]，不我能节[⑦]，吉。

【通】九二：鼎有实，我仇有疾，不我能即。吉。

【译文】九二：鼎器内装满了食物，我的妻子身患疾病，不能接近我，但仍然可获吉祥。

【帛】九三：鼎耳勒[⑧]，其行塞[⑨]，雉膏[⑩]不食[⑪]，方雨[⑫]，□□□□[⑬]

【通】九三：鼎耳革，其行塞，雉膏不食，方雨，亏悔，终吉。

【译文】九三：鼎器的耳柄脱落，不方便移动，致使美味的鸡

---

① 填：通颠，倾覆。两字古音属同一声系而通。

② 止：通趾，这里指鼎足。

③ 此处《帛书周易》缺损，根据通行本补字为“出”。出不，这里指吐故纳新。不，通否，这里用来指污秽物。

④ 实：充实的东西，这里指食物。

⑤ 栽：疑为仇的异体字，意为匹配，这里指妻子。

⑥ 疾：病痛。

⑦ 不我能节：“不能节我”的倒装。节我，就是随我在一起。节，通即，节的繁体字为“節”，与即字形相近，帛书本疑为误抄。

⑧ 勒：通革，详见《革卦第四十六》。

⑨ 行塞：不方便挪动位置。行，行动，这里引申为挪动。塞，阻塞，受到阻碍。

⑩ 雉膏：美味的鸡汤。雉，野鸡。膏，肥。

⑪ 食：享用。

⑫ 方雨：一旦下雨。

⑬ 此处《帛书周易》缺损，根据通行本补字为“亏悔，终吉”。亏，少，损坏。

汤不能享用。一旦霖雨降下，（悔恨消散，最终将得到吉利。）

【帛】□□□□□[①]复[②]公芷[③]，其刑[④]屋[⑤]，□[⑥]

【通】九四：鼎折足，覆公餗，其形渥，凶。

【译文】（九四：鼎器折断其足，）王公的美食全被翻倒，鼎器上沾满油腻污渍，（有凶险。）

【帛】六五：鼎黄[⑦]□□□□□[⑧]

【通】六五：鼎黄耳，金铉。利贞。

【译文】六五：鼎器配有黄铜（鼎耳，用坚硬的铉将它抬起。这是顺利而正确的方式。）

【帛】□□□□□□□[⑨]无不利。

【通】上九：鼎玉铉，大吉，无不利。

【译文】（尚九：抬鼎的铉镶嵌着美玉，大为吉利，）无所不利。

---

① 此处《帛书周易》缺损，根据通行本补字为“九四：鼎折足”。

② 复：通覆，倾覆。两字古音属于同一声系而通。

③ 芷：据研究疑为蔬的简写，蔬菜，引申为鼎中的食物。

④ 刑：通鉶，盛羹的器皿。这里指前文所说的鼎。

⑤ 屋：通渥，沾湿。两字古音属于同一声系而通。

⑥ 此处《帛书周易》缺损，根据通行本补字为“凶”。

⑦ 黄：黄色，代表大地的颜色，五行中属土，居于中，因此为中央正色，引申为正确的，中正的。

⑧ 此处《帛书周易》缺损，根据通行本补字为“耳，金铉。利贞”。金，即现在所说的铜，这里引申为结实的，坚硬的。铉，用于抬举大鼎的用具，状如钩，抬鼎时用于钩住鼎耳。

⑨ 此处《帛书周易》缺损，根据通行本及帛书本上下文补字为“尚九：鼎玉铉，大吉”。玉铉，铉上镶嵌美玉。

○ 第八宫

䷸ 筭卦第五十七

【题解】

筭卦为《帛书周易》的第五十七卦，通行本写作巽，也为第五十七卦。筭（巽）卦为八纯卦之一，筭卦符号的产生，是古人在生产实践中，看到大雨即将来临之时，往往乌云密布，狂风大作，所以以巽来表风。筭（巽）卦，下巽上巽，为重巽之象，风吹大地，物随风动，有如君王发布命令而使万民顺从，所以说是“重巽以申命”。此外，筭（巽）卦的下卦与上卦的中位都是阳爻，即九二与九五，都是以阳刚居中位，有如君主居于中正之道，其志向得以顺利施行，所以说是“刚巽乎中正而志行”。筭（巽）卦的下卦与上卦的下位初六与六四又都是阴爻，居于两个阳爻之下，是以柔顺而伏于刚强，所以也有“柔皆顺乎刚”之意。

筭（巽）卦将下风随上风而飞扬的自然景观，联系人类社会下层随上层而行动，刚强者服从于美德者，并率领柔弱者前进的社会景观，以卦象思维推演出了顺风齐物的“巽德”之论。这就是要服从正直之人，以免产生依顺不当的弊端。《象》于此中获得了“随风巽”的深刻启示，主张君子当此之时，应该大胆地申饬命令，果断行事，成就大业。

【帛】□□亨[①]，利有攸往，利见大□[②]

【通】巽：小亨，利有攸往，利见大人。

【译文】（筭卦：象征着顺从，小有）亨通，利于前往进见有权势的（人物）。

【帛】初六：进内[③]，利武人[④]之贞。

【通】初六：进退，利武人之贞。

【译文】初六：进退听命，有利于勇武之人坚守正道。

【帛】九二：筭在床下[⑤]，用使巫[⑥]忿若[⑦]，吉，无咎。

【通】九二：巽在床下，用史巫纷若，吉，无咎。

【译文】九二：卧病在床，请祝史、巫觋纷纷前来禳灾祛病，可获得吉祥，没有灾祸。

【帛】九三：编筭[⑧]，閵。

【通】九三：频巽，吝。

---

①此处《帛书周易》缺失，根据卦辞及通行本补作“筭：小”。筭，卦名，同巽，《说卦传》：“巽，入也。”《释文》引《广雅》语：“顺也。”所以筭有两层含义，一是进入，二是顺从。

②此处《帛书周易》缺失，根据卦辞及通行本补作“人”。大人，即位居高位，有权有势之人。

③进内：内，通退，指进退。

④武人：指勇武刚健之人，也可指军队的将领。

⑤筭在床下：筭，此处指趴伏。先秦时人们席地而坐，而床是一种用于倚凭的家具，与现今的床有区别。通常床具为病人所卧，所以筭在床下，意为卧病在床。

⑥使巫：使，通史，为古代在帝王身边掌管卜筮、记事的官员。巫，古代从事占卜、祈祷的人。

⑦忿若：同纷若，形容茂盛众多貌。

⑧编筭：同频巽，王弼《周易注》：“频，颦蹙，不乐而穷，不得已之谓也。”本意指皱眉，可引申为勉强的样子。

【译文】九三：勉强顺从，心里会不畅快。

【帛】六四：悔亡，田获三品[①]。

【通】六四：悔亡，田获三品。

【译文】六四：困厄消失，田猎可获取祭祀、宴请、侍奉君王的物品。

【帛】九五：贞吉，悔亡，无不利，无□有终[②]。先庚三□后庚三日[③]，吉。

【通】九五：贞吉，悔亡，无不利，无初有终。先庚三日，后庚三日，吉。

【译文】九五：坚守正道可获得吉祥，悔恨消亡，没有什么不利的事情，即使没有（好的开始）也会有好的结果。选择在庚日前三（天）的丁日，或者庚日后三天的癸日行动，可获得吉祥。

【帛】尚九：筭在床下，亡其溍斧[④]，贞[⑤]凶。

【通】上九：巽在床下，丧其资斧，贞凶。

【译文】尚九：卧病在床，又丢失了钱财，占卜结果为凶险。

---

① 田获三品：《周易集解》李鼎祚载："《穀梁传》曰'春猎曰田，夏曰苗，秋曰蒐，冬曰狩。'"田获三品，一为干豆，二为宾客，三为充君之庖。意即将田猎所获之物，晒成肉干，作为祭祀的供品，或宴客的食品，以及君王的菜肴。品，指品种。

② 此处《帛书周易》缺失，根据通行本补作"初"。此句意为没有好的开始，但是有好结果。

③ 此处《帛书周易》缺失，根据通行本补作"日"。此句意为庚日前三日的丁日，及庚日后三日的癸日，都是逢双的柔日，古人认为这是有利于祭祀的吉日。

④ 亡其溍斧：亡，通丧，即丧失、丢失。溍斧，当作资斧，可引申为钱财。

⑤ 贞：此处意为占卜。

䷈ 少蓺卦第五十八

【题解】

少蓺卦为《帛书周易》的第五十八卦，通行本写作小畜，为第九卦。下键（乾）上筭（巽），象征着小有蓄积的情况。畜，即为蓄积、集聚。卦中六四为唯一的阴爻，所以以一阴畜众阳，称之为“小畜”。在卦辞中，用“密云不雨”“既雨既处”，描述了从乌云蓄积到大雨倾盆，最终雨停风歇、拨云见日的自然过程，由此也形象地告诉了人们积少成多，由量变到质变的过程。

厚积薄发、以柔克刚，是大自然在矛盾双方对比力量悬殊、阴阳不调、进展不顺时，经常采取的一种自我调节状况。少蓺的卦辞断语是：“小有积畜是亨通的。”那么，什么是“小畜”之道呢？《彖》说：“小的积蓄，是柔顺者得到重要位置，而上下两边都和它呼应配合，所以叫‘小畜’”。少蓺的卦象，外刚内柔，就像一个人体质强健、好进取，内心却很柔顺，他只要修养刚强中正的品德，立志远行，就会亨通顺利。

就少蓺（小畜）的卦象给人的启示看，当形势的发展利中有弊时，我们既不要怨天尤人，做无谓的大冒险，也不要被动地坐待时机，放弃修文积德的有利条件，应当主动多从主观方面努力，纠偏蓄德，从小处着手，培育美好的情操，团结志同道合之人，这样才可为将来更大的进步打下良好的基础。

【帛】少蓺[①]：亨。密云不雨，自我西茭[②]。

【通】小畜：亨。密云不雨，自我西郊。

【译文】少蓺：象征着小有积蓄，亨通顺利。天上浓云密布却不下雨，云气从城邑的西郊升起。

【帛】初九：复自道[③]，何其咎？吉。

【通】初九：复自道，何其咎？吉。

【译文】初九：返回正道，怎么会有灾祸呢？这本来就是吉利的。

【帛】九二：坚复[④]，吉。

【通】九二：牵复，吉。

【译文】九二：被牵引回正道，是吉利的。

【帛】九三：车说緮[⑤]，夫妻反目。

【通】九三：舆说輹，夫妻反目。

【译文】九三：车身与车轴脱离，就像夫妻反目成仇。

【帛】六四：有复[⑥]，血去湯□[⑦]，无咎。

【通】六四：有孚，血去惕出，无咎。

---

① 少蓺：卦名，通行本作小畜，泰蓄卦中蓄通畜，此处亦相通，指小有积蓄。

② 茭：同郊，指西郊。

③ 复自道：复，即往返。道，本义指道路，此处可引申为正道。

④ 坚复：坚，通牵，意为牵引。

⑤ 车说緮：通行本作“舆说輹”。说，同脱，意为脱离。輹，即车厢下勾连底板与车轴的部件。

⑥ 复：同孚，指诚信。

⑦ 此处《帛书周易》缺失，根据通行本补作“出”。血，通恤，指忧愁。湯，通惕，指警惕。

【译文】六四：心怀诚信，忧虑解除，但仍需谨慎（行事），则没有灾祸。

【帛】九五：有复䜌如①，富以其邻②。

【通】九五：有孚挛如，富以其邻。

【译文】九五：彼此之间心怀诚信，乐于将财物分享给他人。

【帛】尚九：既雨既处③，尚得载④，女贞厉⑤，月几望⑥，君子正凶。

【通】上九：既雨既处，尚德载，妇贞厉，月几望，君子征凶。

【译文】尚九：大雨已下，现在雨又停了，阳刚之气已经蓄止，阴气有所积载。此时妇人应该坚守正道以防凶险。每月快月圆之时，君子若离家出征，则容易遭遇凶险。

---

① 䜌如：通挛如，《周易正义》孔颖达《疏》："挛如者，相牵系不绝之名也。"意即牵连在一起。

② 富以其邻：同"富以其邻"，意即将财富分给邻居或邻邑，引申为不独享富贵。

③ 既雨既处：既，意为已经。处，意为停止。

④ 尚得载：得，通德，指功德。载，指承载。

⑤ 女贞厉：女，指妇女。贞，指坚守正道。厉，指危险。

⑥ 月几望：即接近月圆之日。几，靠近。

䷓ 观卦第五十九

【题解】

观卦为《帛书周易》的第五十九卦，通行本写法相同，为第二十卦。观卦下川（坤）上筭（巽），六三至九五互艮，艮为观，艮下为坤，坤为民，九五居巽中，“中正以观天下”，所以称为观。

观是人的五感之一，也是人类进步的阶梯。观，作动词讲有观察、观望之意，是人立于世的基本技能；作名词讲又有观点、想法之意，如世界观、人生观，表现了人类的基本精神。它说明人类只有学会如何观察周围的世界，才能正确地、深入地了解世界，不为种种假象所迷惑，找到内在的客观规律，从而掌握改造世界的金钥匙。

本卦的主旨是引导国君通过观察、审视等活动，探索如何治理国家，处理与邻邦的关系，从而使百姓安居乐业，国富民强的方法。虽然治国之道因势而变，但是治国之本则为施行仁政，以民为本。从爻辞来看，六爻中分别从祭祀、观物、看人、审己、观国、视邻等几个方面，号召统治者虔诚祈福，注重内省，全面细致地体察民情，考察百官，勤于审视内政外交，总结政绩得失，从而以自己光辉的德政教化来显示国威，使邻邦信服，国泰民安。这是易家对于观卦的集中阐释，也是对统治者“省方观民设教”的详细注解，从中可以看到古代先民对于勤政为民思想的重视，这也是中国早期执政思想的缩影。

【帛】观①：盥②而不尊③，有复䪴若④。

【通】观：盥而不荐，有孚颙若。

【译文】观卦：象征着审视。祭祀的时候，用隆重的灌礼来祈福，即使不进献祭品，也能体现出虔诚敬神的心态。

【帛】初六：童观⑤，小人⑥无咎，君子⑦閵。

【通】初六：童观，小人无咎，君子吝。

【译文】初六：像小孩一样粗浅地审视事物，这对于普通人而言，没有什么过错，但是对于统治者而言，则会有所过失。

【帛】六二：规观⑧，利女贞。

【通】六二：窥观，利女贞。

【译文】六二：暗中窥视观察，对于女子而言，有利于坚守正道。

【帛】六三：观我生⑨，进退。

---

① 观：卦名，通行本写法相同。观卦，坤下巽上，巽为风，坤为地，有风行地上之象。《象》语："风行地上，观。先王以省方观民设教。"所以观，有观察、审视之意。

② 盥：《周易集解》引马融语："盥者，进爵灌地以降神也。"所以盥，即灌祭，是古代祭祀宗庙时用香酒灌地以降神的祭礼。

③ 尊：通荐，指献贡。即灌祭结束后，进献祭品的仪式。

④ 䪴若：䪴，通行本作"颙"。《周易正义》孔颖达《疏》："颙若者，颙是严正之貌，若为语辞。"意为严肃崇敬的样子。

⑤ 童观：像小孩子一样粗略地审视事物，意即浅薄的见解。

⑥ 小人：既指见识浅薄之人，也可引申为普通百姓。

⑦ 君子：既指德行高尚的人，也可引申为位高权重的贵族。

⑧ 规观：规，通窥，意为从门缝或孔隙中向外窥视。高亨《周易古经今注》语："疑周初女子许嫁之前，得一窥观男子，而自决可否。窥观之后，亦或筮之。若遇此女，许嫁则利。"意指古代女子相亲时，从门内审视男子是否称心如意，并占卜婚嫁吉凶的习俗。

⑨ 生：此处可指自身的行为。

【通】六三：观我生，进退。

【译文】六三：审视自己的行为，从而抉择进取或后退。

【帛】六四：观国之光[①]，□用宾于王[②]。

【通】六四：观国之光，利用宾于王。

【译文】六四：观察一国的风土人情，（有利于）成为君王的宾客。

【帛】九五：观我生[③]，君子无咎。

【通】九五：观我生，君子无咎。

【译文】九五：观察本国民风民情，审视政绩得失，这样统治者才能避免灾祸。

【帛】尚九：观其[④]生，君子无咎。

【通】上九：观其生，君子无咎。

【译文】尚九：观察其他邦国的民生情况，统治者知己知彼，也可以避免灾祸。

---

① 观国之光：观察一国的风土人情、政绩风俗。光，意为风光、风景。

② 此处《帛书周易》有缺失，根据通行本补作“利”。意为做王的宾客，朝觐君王。

③ 生：《周易集解》引虞翻语：“生谓坤，生民也。”，此处生，意为百姓。

④ 其：指其他民族、邦国。

䷴ 渐卦第六十

【题解】

渐卦为《帛书周易》的第六十卦，通行本写法相同，为第五十三卦。渐卦下根（艮）上筭（巽），根（艮）为止，筭（巽）为入，先止而后入，有徐徐渐进之象，所以命名为渐卦，这也是易家对量变到质变变化规律的朴素认识，体现了古代辩证哲学观的萌发。

在渐卦中，以“鸿渐”为喻，采用往复回环的句式描绘了鸿雁的六种活动情况，如“鸿渐于渊”“鸿渐于坂”“鸿渐于陆”“鸿渐于木”“鸿渐于陵”等，通过鸿雁由低到高，逐步上升，从岸边、陆地、树木、丘陵到山峦的变化轨迹，阐明了渐进的趋势，并以此与人的婚嫁、生育、夫妇之道做类比，讲述了各得其位，渐入佳境的道理。

从易家卦序看，无论是自然科学还是社会科学，都十分重视渐变的作用，把它视为社会进步、生物进化、人才成长的必要阶段和形式。从社会学角度来看，易家提出的君子必修渐德的命题，即循序渐进之德，也不仅限于婚姻、人生之事，而是要像《彖》《象》所主张的那样，不偏不躁、谦逊和顺、不断积累，以中正之德端正邦国民心，这样才能领悟渐卦的深意。

【帛】渐[①]：女归[②]吉，利贞。

【通】渐：女归吉，利贞。

【译文】渐卦：象征着渐进。女子出嫁循礼渐进可获得吉祥，有利于坚守正道。

【帛】初六：鸿渐于渊[③]，小子厉[④]，有言[⑤]，无咎。

【通】初六：鸿渐于干，小子厉，有言，无咎。

【译文】初六：大雁徐徐飞行至水涧，就像小孩走在水边，十分危险。如果有人提醒，则会没有灾祸。

【帛】六二：鸿渐于坂[⑥]，酒食衎衎[⑦]，吉。

【通】六二：鸿渐于磐，饮食衎衎，吉。

【译文】六二：大雁徐徐飞行至岸边的磐石上，在这里安闲自在地寻觅着美食，这是吉利的。

【帛】九三：鸿渐于陆，□□□复[⑧]，妇绳不□[⑨]，凶，利所寇[⑩]。

---

① 渐：卦名，通行本写法相同。王弼《周易注》："渐者，渐进之卦也。"意为缓缓推进、循序渐进。

② 归：《周易集解》引虞翻语："归，嫁也。"此处指女子出嫁。

③ 鸿渐于渊：通行本作"鸿渐于干"。古代鸿、鸿通用，意为大雁。渊，此处指水涧。

④ 厉：引申为危险。

⑤ 有言：指有人警告、提醒。

⑥ 坂：通磐，指水边的大石头。

⑦ 酒食衎衎：通行本作"饮食衎衎"，即怡然自得地吃着饭菜。

⑧ 此处《帛书周易》有缺失，根据通行本补作"夫征不复"。复，意为返回。

⑨ 此处《帛书周易》有缺损，根据通行本补作"育"。绳，假借为孕。不育，意为女子怀孕而未能顺利生产。

⑩ 利所寇：通行本作"利御寇"，意为利于防御寇贼。而《帛书周易》"利所寇"意思正好相反，根据爻辞此处理解为容易被寇贼侵扰。

【通】九三：鸿渐于陆，夫征不复，妇孕不育，凶。利御寇。

【译文】九三：大雁徐徐飞行于高平之地，（就像男子出征没有）回来，女子怀孕未能生养，这是凶险的迹象，容易被寇贼侵扰。

【帛】六四：鸿渐于木，或直其寇𣪠[①]，无咎。

【通】六四：鸿渐于木，或得其桷，无咎。

【译文】六四：大雁徐徐降落于树枝之上，虽然恰逢遇到捕鸟者，但他们却放弃捕猎，所以没有灾祸。

【帛】九五：鸿渐于陵，妇三岁不绳，终莫之胜[②]，吉。

【通】九五：鸿渐于陵，妇三岁不孕，终莫之胜，吉。

【译文】九五：大雁徐徐飞行于丘陵之上，就像女子三年不曾怀孕，却始终未受到欺侮，所以是吉祥的。

【帛】尚九：鸿渐于陆，其羽[③]可用为宜[④]，吉。

【通】上九：鸿渐于陆，其羽可用为仪，吉。

【译文】尚九：大雁徐徐飞行于高地，其美丽的羽毛可以用来做典礼的装饰，以此可获得吉祥。

---

① 或直其寇𣪠：通行本无“𣪠”字，此句写作“或得其桷”。依据《帛书周易》中的文字，直，为正当、恰逢的意思。寇，为寇贼，可引申为捕鸟者。𣪠，意为放弃。此句可理解为虽然遇到捕鸟者，但他们却放弃捕猎。

② 终莫之胜：《周易集解》引虞翻语：“莫，无；胜，陵也。”陵，又同凌，可引申为欺凌、欺侮。此句意为最终也没有被欺侮。

③ 羽：指大雁的羽毛。古代文舞执羽，武舞执干戚。所以鸿羽即为跳舞的道具。

④ 宜：通仪，指仪礼装饰。

䷼ | 中复卦第六十一

【题解】

中复卦为《帛书周易》的第六十一卦，通行本写作中孚，也为第六十一卦。《周易正义》曰："信发于中，谓之中孚。"所以此卦象征着诚信之意，其各爻的吉凶箴言也均与诚信有关。此外，观此卦象，下夺（兑）上筭（巽），巽为风，兑为泽，风吹水涌，连带共鸣，所以此卦也可引申为教化邦国，以此形成一股正义之风，汇成治国处世的根本。

诚信一直是易家的根本精神之一，也是中华文明的精神内核之一。《中庸》载："唯天下至诚，为能经纶天下之大经，立天下之大本，知天下之化育。"由此可见诚信的重要。在中复卦辞中，易家也反复阐述了诚信为立身处世的基石。比如，心怀诚信，则即使是薄礼祭祀，也会获得神灵庇佑；在日常生活中，只要我们坚守正道，安于本分，就会事事顺利；与家人、朋友相处时，同心同德、同甘共苦，就会琴瑟和鸣、友谊长存；而如果我们居于高位，能够心系天下，诚信立德，则能用自身的正能量教化百姓，诚服万邦。所以，当我们以赤诚之心去解读中复卦的卦意时，对于诚信的品读就会又多一分深刻的理解。

【帛】中复[①]：豚鱼[②]吉，和[③]涉大川，利贞。

【通】中孚：豚鱼吉，利涉大川，利贞。

【译文】中孚：象征着中正诚信。只要心怀诚意，即使用猪和鱼的薄礼做祭品，也是吉祥的。利于涉越江河巨流，坚守正道。

【帛】初九：杅[④]吉，有它不宁[⑤]。

【通】初九：虞吉，有它不燕。

【译文】初九：安于本分则会吉祥，如有意外，则会心神不宁。

【帛】九二：鸣鹤在阴[⑥]，其子和之[⑦]。□□□□□□□羸□[⑧]

【通】九二：鸣鹤在阴，其子和之。我有好爵，吾与尔靡之。

【译文】九二：白鹤在树荫下鸣叫，小鹤也声声应和着。（我有甘甜的美酒，愿与你）畅快共（饮）。

---

① 中复：卦名，通行本作“中孚”，指诚信。

② 豚鱼：王引之《经义述闻》中载：“豚鱼者，士庶人之礼也。”在周代，用猪和鱼做祭品，是一种简陋的祭祀，一般为平民所用。

③ 和：疑为利的讹字，意为有利于。

④ 杅：通虞，《周易集解》引荀爽语：“虞，安也。”此处指安闲。

⑤ 有它不宁：通行本作“有它不燕”。有它，古人常以此指代意外。不宁，与不燕均为不安的意思。

⑥ 阴：指树荫之下。

⑦ 其子和之：本句指小鹤声声应和。

⑧ 此处《帛书周易》有缺失，根据通行本补作“我有好爵，吾与尔羸之”。爵，古代盛酒的一种礼器，此处代指美酒。羸，通靡，《周易集解》引虞翻语：“靡，共也。”意为我有甘甜的美酒，与你共同享用。

【帛】□□□□[①]或鼓或皮[②]，或汲或歌[③]。

【通】六三：得敌，或鼓或罢，或泣或歌。

【译文】（六三：俘获敌人），有的人击鼓庆祝，有的人鸣金收兵，有的人热泪盈眶，有的人放声歌唱。

【帛】六四：月既望，马必亡[④]，无咎。

【通】六四：月几望，马匹亡，无咎。

【译文】六四：月圆之后，良马虽然丢失，但是没有大的灾祸。

【帛】九五：有复论如[⑤]，无咎。

【通】九五：有孚挛如，无咎。

【译文】九五：心怀诚信并牵系天下，则没有灾祸。

【帛】尚九：鶾[⑥]音登于天，贞凶。

【通】上九：翰音登于天，贞凶。

【译文】尚九：锦鸡鸣叫，响彻天宇，此时应谨防华而不实，要坚守正道以防凶险。

---

① 此处《帛书周易》有缺失，根据通行本补作“六三：得敌”。得敌，意为俘获敌人。

② 或，指有的人。皮，通罢，意为罢兵，停止作战。

③ 或汲或歌：汲，通泣，此处指喜极而泣，热泪盈眶。歌，名词做动词，意为放声歌唱。

④ 马必亡：通行本作“马匹亡”，指马丢失了。

⑤ 论如：同挛如，意为牵系、牵挂。

⑥ 鶾：同翰，赤色的山鸡，也叫锦鸡。

䷺ 涣卦第六十二

【题解】

涣卦为《帛书周易》的第六十二卦，通行本写法相同，为第五十九卦。易学的涣卦，赣（坎）下筭（巽）上，水在风下，呈现出水被风吹拂之后，微波荡漾，水纹四散而去的意象。

《杂卦》曰：“涣者，离也。”所以从涣卦的本质来看，涣的旨意在于消散不利的事物，如洪水等自然的灾害；自身遭受的困厄、伤痛；阴险狡诈的小人；居所笼罩的阴气等等，待这些险情一一离散之后，就会迎来明朗开阔的前景。

在涣卦中，我们可以看出没有一爻有凶险，均为“无悔”“无咎”“元吉”之兆，这恰如老子所说“涣兮其若冰释”，意思就是春天来到，坚冰化水，万物呈现出一片勃勃生机，这也正反映了人们所期待的逆运消退，好事发生的愿景。

除此之外，按照《象》以风比喻德政，以水比喻百姓来看，风行水上，又有以德教施行于民众的意象。所以涣卦从另一侧面也表达了易家希望古代圣贤先王通过设立天地神灵来教化人民，以仁德之心来管理国家，从而使政令能够顺应民心、凝聚国力，达到治国兴邦的目的。

【帛】涣[①]：亨，王叚于庙[②]，利涉大川，利贞。

【通】涣：亨，王假有庙，利涉大川，利贞。

【译文】涣卦：象征着消散，有亨通顺利之象。君王亲自前往宗庙禳灾祈福，有利于涉越江河巨流，坚守正道。

【帛】初六：撜马[③]，吉，悔亡[④]。

【通】初六：用拯马壮，吉。

【译文】初六：驾驭健壮的马匹躲避灾害，可获得吉祥，灾祸消除。

【帛】九二：涣贲其阶[⑤]，悔亡。

【通】九二：涣奔其机，悔亡。

【译文】九二：洪水袭来，躲避到安全的地方，灾祸会随之消除。

【帛】六三：涣其竆，无咎[⑥]。

【通】六三：涣其躬，无悔。

【译文】六三：消散自身的困厄，就没有灾祸。

---

① 涣：卦名，通行本写法相同，意为消散。根据涣卦的卦象，下坎上巽，坎为水，巽为风，犹如风行水上，有顺风顺水，困厄消散之意。

② 王叚于庙：通行本作“王假有庙”。叚，同假，有到、至的意思。本句指君王亲自到宗庙祭祀。

③ 撜马：通行本作“用拯马壮”，此处意为驾驭健壮的马匹躲避灾害。

④ 悔亡：通行本中无此句，可理解为灾祸消失。

⑤ 涣贲其阶：涣贲，形容水流奔腾的样子。阶，通行本作“机”，指房屋的台阶，可引申为安全的地方。

⑥ 无咎：通行本作“无悔”，意为没有灾祸。

【帛】九四[①]：涣其群[②]，元吉。涣□□□娣所思[③]。

【通】六四：涣其群，元吉。涣有丘，匪夷所思。

【译文】六四：离散结党营私之人，则会收获吉祥。离散（如山丘般大的朋党，这需要超乎）常人的意志和决心。

【帛】九五：涣其肝，大号[④]，涣王居，无咎。

【通】九五：涣汗其大号，涣王居，无咎。

【译文】九五：君王发号施令，消散王宫之处的阴邪之气，就不会有什么灾祸。

【帛】尚九：涣其血，去湯出[⑤]。

【通】上九：涣其血，去逖出，无咎。

【译文】尚九：摆脱自身的伤害，消除心中的忧患。

---

① 九四：根据卦象，应为六四。

② 群：此处指扰乱国家安定的小团体、朋党等组织。

③ 此处《帛书周易》有缺失，根据通行本补作“有丘，匪”。娣，通夷。此句意为离散如山丘般大的朋党，这需要超乎寻常的意志。

④ 此句通行本作“涣汗其大号”，意为君王发号施令像人出汗一样，号令发出之后就无法收回。

⑤ 此处《帛书周易》与通行本相对照，少了“无咎”二字。血，此处指流血，可引申为受伤。湯，通逖，《周易集解》引虞翻语：“逖，忧也。”此处可指忧患。

䷤ 家人卦第六十三

【题解】

家人卦为《帛书周易》的第六十三卦，通行本写法相同，为第三十七卦。家人卦，下罗（离）上筭（巽），六二象征着女子居内，九五象征着男子处外，这正反映了我国古代“男主外，女主内”的家庭观，故而称之为家人卦。

家庭是生活的港湾，家人是家庭的核心。《大学》曰：“修身、齐家、治国、平天下”，由此可以看出中国自古以来就对家人及其伦理关系予以高度重视，提倡夫妇、父子之道，并以此作为立家的根本，治国安邦的基石。

《帛书周易》中关于家人的卦辞，大意为：家人和睦，得益于女子的贞正品行。虽然只有“利女贞”这短短三个字，却最简明不过地表现了古人对于相夫教子的“内当家”“贤内助”——家庭主妇在家庭道德文化建设中重要地位的肯定。从家人“利女贞”的主旨出发，易家又结合了各个情况，对男女如何分工、如何治家做了进一步的探讨，比如六二女子主管家中饮食，上九男子要威严治家，男女各司其职，共同防范家庭风险，一起努力营造富足之家，这样才能家和万事兴。

由此推而广之，易家还站在统治者的角度，提出了领导者应视天下为一家，修养家德，让天下人“交相爱”的伟大思想，这种由治家上升到治国的理念，成为中国古代最早的政学精神。

【帛】家人[①]：利女贞。

【通】家人：利女贞。

【译文】家人：象征着家庭，利于女子坚守正道。

【帛】初九：门有家[②]，悔亡。

【通】初九：闲有家，悔亡。

【译文】初九：持家能够防范不测之灾，就不会有悔恨发生。

【帛】六二：无攸遂[③]，在中贵[④]，贞吉。

【通】六二：无攸遂，在中馈，贞吉。

【译文】六二：女子在家料理家务，安排饮食，这样可以收获吉祥。

【帛】九三：家人燓燓[⑤]，悔厉吉。妇子里里[⑥]，终閵。

【通】九三：家人嗃嗃，悔厉吉。妇子嘻嘻，终吝。

【译文】九三：如果一家之主严格治家，那么即使有烦恼、凶险，最终也会收获吉祥。如果家人之间嬉嬉闹闹，没有规矩，则最终会有灾祸。

【帛】六四：富家，大吉。

---

① 家人：卦名，通行本写法相同。王弼《周易注》："家人之意，以内为本，故先说女也。"由此可以看出家人，意为家庭，根据女子在家中的地位，先由女子说起。

② 门有家：通行本作"闲有家"。门、闲相通，均有防守、防范之意。

③ 无攸遂：即女子在家没有专职的事务，只做顺从之事。遂，指完成、成功。

④ 贵：同馈，此处指代烹饪工作。

⑤ 燓燓：通行本作"嗃嗃"，形容严酷的样子。

⑥ 里里：通行本作"嘻嘻"，形容嬉闹的样子。

【通】六四：富家，大吉。

【译文】六四：富裕之家，大吉大利。

【帛】九五：王叚[①]有家，勿血[②]，往吉[③]。

【通】九五：王假有家，勿恤，吉。

【译文】九五：君王到臣民之家，体察民情，不用忧虑，有所前往就会收获吉祥。

【帛】尚九：有复，委如[④]，终吉。

【通】上九：有孚，威如，终吉。

【译文】尚九：心怀诚信，威风凛凛，则最终可获得吉祥。

---

① 叚：同假，指至、到的意思。

② 血：同恤，指忧虑。

③ 此句与通行本对照，多了“往”字。

④ 委如：同威如，形容威严的样子。

䷩ 益卦第六十四

【题解】

益卦为《帛书周易》的第六十四卦，通行本写法相同，为第四十二卦。本卦上筭（巽）下辰（震），筭（巽）为风，辰（震）为雷，风雷激荡，相迫相依，所以人们观此卦象，常有感于风雷的威慑力，而规范、反省自己的行为，见善则从之，有过则改之，从而使自己有所增益、有所进步。

在六十四卦中，益卦与损卦是相对应的，两卦在通行本中也是前后顺承的。二者相辅相成，阐述了损、益之间的辩证关系。损卦中损下益上，即教化百姓服从管理，形成上下有别的秩序。但如果本弱枝摇，上层的受益也不能稳固持久。所以益卦中又对此做了补充，提倡损上益下，即统治者要多体察民情、为民造福，这样本固枝荣，才能国富民强，长治久安。

益卦中上三爻以损而得益，下三爻以守正而得益。由此看来，人处益道必须有善德仁心，这样才能大有作为，有中正诚心，才能无咎无灾。领导者要有坚定的社会责任感，也要有宏大的理想抱负。对待百姓，要施惠于民，勇于牺牲社会上层不合理的利益，来维护下层人民的权益和正义，以此赢得民心，达到教化于民的作用。易家这种益民安国的理念，是统治者为政思想的觉醒，也是古代益德思想的高峰，体现了社会人文的进步。

【帛】益①：利用攸往，利涉大川。

---

① 益：卦名，通行本写法相同。益，有增益、增长之意。

【通】益：利有攸往，利涉大川。

【译文】益卦：象征着增益，有利于往前进发，涉越江河巨流。

【帛】初九：利用为大作[①]，元吉，无咎。

【通】初九：利用为大作，元吉，无咎。

【译文】初九：有利于有大作为，至为吉祥，没有什么过错。

【帛】九二[②]：或益之十傰之龟，弗亨回[③]，永贞[④]吉。王用芳于帝[⑤]，吉。

【通】六二：或益之十朋之龟，弗克违，永贞吉。王用享于帝，吉。

【译文】六二：有人赠送价值昂贵的大宝龟，不必辞谢，占卜会获得长久的吉祥。君王祭祀天帝，可得到吉兆。

【帛】六三：益之用工事[⑥]，无咎。有复中行[⑦]，告公用閨[⑧]。

---

① 大作：《周易正义》孔颖达《疏》：“大作，谓与作大事也。”所以，大作即干大事业，有大作为。

② 九二：根据卦象，应为六二。

③ 弗亨回：通行本作“弗克违”。亨，疑为克的讹字。克，即能的意思。回，通违，意为违背、背叛，此处可引申为拒绝。

④ 贞：此处指占卜。

⑤ 帝：指天帝。

⑥ 工事：通行本作“凶事”，指各种不吉利的事，此处可引申为祈福禳灾之事。

⑦ 中行：一种解释为中正平和的行为。另有高亨《周易大传今注》载：“中行似为人名，似即微子之弟中衍”，解释为周公发兵征讨武庚，抓获大批战俘，中衍向周公报告，举行祭祀庆典。

⑧ 閨：同圭，古代祭祀天地、神灵的一种玉器。

【通】六三：益之用凶事，无咎。有孚中行，告公用圭。

【译文】六三：增加祈福禳灾的祭品，就没有灾祸。心怀诚信，保持中正平和的行为，手持玉圭向王宫致意，可求得重用。

【帛】六四：中行，告公从[①]，利用为家迁国[②]。

【通】六四：中行，告公从，利用为依迁国。

【译文】六四：以中正平和的态度向王公表达顺从之心，有利于依从君王迁都益民。

【帛】九五：有复惠心[③]，勿问元吉。有复惠我德。

【通】九五：有孚惠心，勿问元吉。有孚惠我德。

【译文】九五：心怀诚信，施惠于民，毫无疑问是至为吉祥的。这样天下百姓也会诚意回报我的恩德。

【帛】尚九：莫益之，或击之，立心勿恒[④]，凶。

【通】上九：莫益之，或击之，立心勿恒，凶。

【译文】尚九：没有增益援助，反而受到攻击，如果不能恒久地坚守心志，则会有凶险。

---

① 告公从：一种解释为向王宫致意，表示自己有顺从之心。另一种解释为中衍向周公汇报处理殷商遗民之事，周公听从了他的建议，将殷商遗民分封到各地。此处采用第一种解释。

② 迁国：即迁都，以做利民之事。

③ 惠心：指仁爱施惠之心。

④ 立心勿恒：不能恒久地坚守心志。立心，即树立志向，坚守信念。恒，即永久、长远。

附录一：

帛书《易经》(补全本)

为了方便广大读者阅读，我们依据通行本《周易》，对帛书本《易经》部分进行了补全。其中，〔……〕表示帛书中残缺补充文字，〈……〉表示帛书中明显误抄、对照通行本及卦图进行改正的文字，(……)表示帛书本与通行本写法不同的文字。

䷀ 键（乾）卦第一

键（乾）：元享（亨）利贞。初九：浸（潜）龙勿用。九二：见龙在田，利见大人。九三：君子终日键键（乾乾），夕泥（惕），若厉，无咎。九四：或鰷（跃）在渊，无咎。九五：罪（飞）龙在天，利见大人。尚（上）九：抗（亢）龙有悔。迵（用）九：见群龙无首，吉。

䷋ 妇（否）卦第二

妇（否）：妇（否）之非人，不利君子贞，大往小来。初六：犮（拔）茅茹以其胃（汇）。贞吉。亨。六二：枹（包）承，小人吉，大人不（否），亨。六三：枹（包）忧（羞）。九四：有命，无咎，梼（畴）罗（离）齿（祉）。九五：休妇（否），大人吉，其亡其亡，击（系）于枹（苞）桑。尚（上）九：顷（倾）妇（否），先不（否）后喜。

䷠ 掾（遯）卦第三

掾（遯）：掾亨，小利贞。初六：掾（遯）尾，厉，勿用有攸往。六二：共（执）之用黄牛之勒（革），莫之胜夺（说）。九三：为（系）掾（遯），有疾厉。畜仆（臣）妾，吉。九四：好掾（遯），君子吉，小人不（否）。九五：嘉掾（遯），贞吉。尚（上）九：肥掾（遯），先〈无〉不利。

䷉ 礼（履）卦第四

礼（履）：礼（履）虎尾，不真（咥），人亨。初九：错（素）礼（履），往无咎。九二：礼（履）道亶亶（坦坦），幽人贞吉。六三：眇（眇）

能视，跛能利，礼（履）虎尾，真（咥）人，凶。武人迵（为）于大君。九四：礼（履）虎尾，朔朔（愬愬），终吉。九五：夬礼（履），贞厉。尚（上）九：视礼（履），巧（考）翔（祥）其睘（旋），元吉。

䷅ 讼卦第五

讼：有复（孚），洫（窒）宁（惕），克〈中〉吉，冬（终）凶。利用见大人，不利涉大川。初六：不永所事，少（小）有言，冬（终）吉。九二：不克讼，归而逋其邑人三百户，无省（眚）。六三：食旧德，贞厉，〔终吉〕。或从王事，无成。九四：不克讼，复即命俞（渝），安贞吉。九五：讼，元吉。尚（上）九：或赐（锡）之般（鞶）带，终朝三摅〈褫〉之。

䷌ 同人第六

同人：同人于野，亨。利涉大川，利君子贞。初九：同人于门，无咎。六二：同人于宗，閵（吝）。九三：服（伏）容（戎）〔于〕莽，登（升）其高〔陵〕，三岁不兴。〔九四：乘其〕庸（墉），弗克攻，吉。九五：同人先号桃（咷）后芺（笑），大师克相遇。尚（上）九：同人于茭（郊），无悔。

䷘ 无孟（妄）第七

无孟（妄）：元亨利贞。〔其〕非（匪）正有省（眚），不利有攸往。初九：无孟（妄）往，吉。六二：不耕获，不菑馀（畬），（则）利〔有攸〕往。六三：无〔妄之灾〕。或击（系）〔之牛，行人〕之得，邑人之兹（灾）。九四：可贞，无咎。九五：无孟（妄）之疾，勿乐（药）有喜。尚（上）九：无孟（妄）之行有省（眚），无攸利。

䷫ 狗（姤）卦第八

〔狗（姤）〕：女壮，勿用取女。初六：击（系）于金梯（柅），贞吉。有攸往，见凶。羸豨（豕）复（孚）适（蹢）属（蠋）。九二：枹（包）有鱼，无咎，不利宾。九三：〔臀无肤，其行次且。厉，无大〕咎。九四：枹（包）无鱼，正（起）凶。五〈九〉五：以忌（杞）枹（包）苽（瓜），含章，或埙（陨）自天。尚（上）九：狗（姤）其角，閵（吝），无咎。

䷳ 根（艮）卦第九

根（艮）：其北（背），不濩（获）其身。行其廷，不见其人。无咎。初六：根（艮）其止（趾），无咎，利永贞。六二：根（艮）其肥（腓），不登（拯）其隋（随），其心不快。九〔三：艮其限〕，戾（列）其肥（夤），厉熏（薰）心。大〈六〉四：根（艮）其竆（身）。六五：根（艮）其肞（辅），言有序，悔亡。尚（上）九：敦根（艮），吉。

䷙ 泰（大）蓄（畜）卦第十

泰（大）蓄（畜）：利贞。不家食，吉。利涉大川。初九：有厉，利巳（已）。九二：车（舆）说缦（輹）。九三：良马遂（逐），利根（艰）贞。曰阑（闲）车（舆）〔卫〕，利有攸往。六四：童牛之鞫（牿），元吉。六五：哭〈豮〉豨（豕）之牙，吉。尚（上）九：何天之瞿（衢），亨。

䷖ 剥卦第十一

剥：不利有攸往。初六：剥臧（床）以足，蔑（蔑）贞，凶。六二：剥臧（床）以辩（辨），蔑（蔑）贞，凶。六三：剥，无咎。六四：剥臧（床）以肤，凶。六五：贯鱼，食（以）宫人笼（宠），无不利。尚（上）九：石（硕）果不食，君子得车（舆），小人剥芦（庐）。

䷨ 损卦第十二

损：有复（孚），元吉，无咎，可贞，〔利〕有攸往。曷（曷）之用？二巧（簋）可用芳（享）。初九：巳（已）事端（遄）往，无咎，酌损之。九二：利贞，正（征）凶，弗损，益之。六三：三人行则损一人，一人行则得其友。六四：损其疾，事（使）端（遄）有喜，无咎。六五：益之十傰（朋）之龟，弗克回（违），元吉。尚（上）九：弗损益之，无〔咎〕，贞吉，有攸往，得仆（臣）无家。

䷃ 蒙卦第十三

〔蒙：亨。非（匪）我〕求童蒙，童蒙求我。初筮吉（告），再参揕（渎），揕（渎）即（则）不吉（告）。利贞。初六：废（发）蒙，利用刑人，用说桎梏，已（以）往閵（吝）。九二：枹（包）蒙，吉。入（纳）妇，吉，子克家。六三：勿用取〔女，见金〕夫，不有窺（躬），〔无攸利〕。〔六四：困〕蒙，閵（吝）。六五：童蒙，〔吉〕。〔尚（上）九：击蒙，不利为寇〕，利所（御）寇。

䷕ 蘩（贲）卦第十四

〔蘩（贲）：亨。小利〕有攸往。〔初九：蘩（贲）其趾〕，舍车而徒。六二：蘩（贲）其〔须〕。九三：蘩（贲）茹（如）濡茹（如），永贞吉。六四：蘩（贲）茹（如）蕃（皤）茹（如），白马榦（翰）茹（如）。非（匪）寇，闽（婚）诟（媾）。六五：蘩（贲）于〔丘园，束〕白（帛）戋戋，閵（吝），终〔吉〕。〔尚（上）九：白蘩（贲），无〕咎。

䷚ 颐卦第十五

〔颐：贞吉。观颐，自求〕口实。初九：舍而（尔）灵龟，〔观〕我揓（朵）颐，凶。六二：曰颠颐，柫（拂）经于北〈丘〉颐，正（征）凶。六三：柫（拂）颐，贞凶。十年勿用，无攸利。六四：颠颐，吉。

虎视沈沈（眈眈），其容（欲）迪迪（逐逐），无咎。六〔五：拂经〕，居贞吉，〔不可涉大〕川。〔尚（上）九：由颐，厉吉，利〕涉大川。

䷑ 箇（蛊）卦第十六

箇（蛊）：〔元〕吉，亨，利涉大川。先甲三日，后甲三日。初六：榦（干）父之箇（蛊），有子，巧（考）无咎，厉，终吉。〔九二〕：榦（干）母之箇（蛊），不可贞。九三：榦父之箇（蛊），少（小）有悔，无大咎。六四：浴（裕）父之箇（蛊），往见閵（吝）。六五：榦（干）父之箇（蛊），用輿（誉）。尚（上）九：不事王矦（侯），高尚其德（事），凶。

䷜ 赣（坎）卦第十七

习赣（坎）：有复（孚），巂（维）心，亨，行有尚。初六：习赣（坎），人（入）赣（坎）阎（窞），凶。九二：赣（坎）有訦（险），求少（小）得。六三：来之赣赣（坎坎），唅（险）且訦（枕）。人（入）〔于〕赣（坎）阎（窞），〔勿用〕。六四：奠（樽）酒巧（簋）訴（贰），用缶，人（纳）药（约）自牖，终无咎。九五：赣（坎）不盈，塭（祇）既平。无咎。尚（上）六：系用讳（徽）纆（纆），亲（寘）之于繱（丛）勒（棘），三岁弗（不）得，凶。

䷄ 襦（需）卦第十八

襦（需）：有复（孚）光亨。贞吉，利涉大川。初九：襦（需）于茭（郊），利用恒，无咎。九二：襦（需）于沙，少（小）有言，冬（终）吉。〔九〕三：襦（需）于泥，致寇至。六四：襦（需）于血，出自穴。六〈九〉五：襦（需）于酒食，贞吉。尚（上）六：人（入）于穴，有不楚（速）客三人来，敬之，终吉。

䷇ 比卦第十九

比：吉。原筮，元永贞，无咎。不宁方来，后夫凶。初六：有复（孚），比之，无咎。有复（孚）盈缶，冬（终）来或（有）池（它），吉。六二：比之〔自内〕，贞吉。六三：比之非（匪）人。六四：外比之，贞吉。九五：显比，王用三驱，失前禽，邑人不戒（诫），吉。尚（上）六：比无首，凶。

䷦ 蹇（蹇）卦第二十

蹇（蹇）：利西南，不利东北。利见大人，贞吉。初六：往蹇（蹇）来舆（誉）。六二：王仆（臣）蹇蹇（蹇蹇），非（匪）〔躬〕之故。〔九三：往蹇（蹇）来反〕。〔六四〕：往蹇（蹇）来连。九五：大蹇（蹇）倗（朋）来。尚（上）六：往蹇（蹇）来石（硕），吉。利见大人。

䷻ 节卦第二十一

节：亨。枯（苦）节，不可贞。初九：不出户牖（庭），无咎。九二：不出门廷（庭），凶。六三：不节若，则〔嗟若，无〕咎。六四：〔安节，亨〕。〔九五：甘节〕，吉。往得尚。尚（上）六：枯（苦）节，贞凶，悔亡。

䷾ 既济第二十二

既济：亨，小利贞。初吉，冬（终）乳（乱）。初六〈九〉：抴（曳）其纶（轮），濡其尾，无咎。六二：妇亡（丧）其发（茀），勿遂（逐），七日得。〔九三〕：高宗伐鬼方，三年克之。小人勿用。六四：襦（繻）有衣茹（袽），冬（终）日戒。九五：东邻杀牛以祭，不若（如）西邻之濯（禴）祭，实受其福，吉。尚（上）六：濡其首，厉。

䷂ 屯卦第二十三

屯：元亨，利贞。勿用有攸往，利律〈建〉矦（侯）。初九：半（磐）远（桓），利居贞，利建矦（侯）。六二：屯如坛（邅）如，乘马烦（班）如，非（匪）寇闽（婚）厚（媾）。〔女〕子贞不字，十年乃字。六三：即鹿毋（无）华（虞），唯（惟）人（入）于林中。君子几不如舍，往哭（吝）。六四：乘马〔班〕如，求闽（婚）厚（媾），往吉，无不利。九五：屯其膏，小贞吉，大贞凶。尚（上）六：乘马烦（班）如，汲（泣）血连（涟）如。

䷯ 井卦第二十四

井：茞（改）邑不茞（改）井，无亡（丧）无得，往来井井，歾（汔）至亦未汲（繘）井，累（羸）其刑垪（瓶），凶。初六：井泥不食，旧井无禽。九二：井渎（谷）射付（鲋），唯（瓮）敝句（漏）。九三：井茞（渫）不食，为我心塞（恻）。可用汲，王明并受其福。六四：井椒（甃），无咎。九五：井戾（洌），寒湶（泉），食。尚（上）六：井收勿幕，有复（孚），元吉。

䷲ 辰（震）卦第二十五

辰（震），亨。辰（震）来朔朔（虩虩），芖（笑）言亚亚（哑哑），辰（震）敬（惊）百里，不亡（丧）钆（匕）觴（鬯）。初九：辰（震）来朔朔（虩虩），后芖（笑）〔言〕亚亚（哑哑），吉。六二：辰（震）来厉，意（亿）亡（丧）贝，齍（跻）于九陵，勿遂（逐），七日得。六三：辰（震）疏疏（苏苏），辰（震）行，无省（眚）。九四：辰（震）遂泥。六五：辰（震）往来厉，意（亿）无亡（丧），有事。尚（上）六：辰（震）昔昔（索索），视懼懼（矍矍），正（征）凶。辰（震）不于其窮（躬），于其邻，往无咎。闽（婚）诟（媾）有言。

䷡ 泰（大）壮卦第二十六

泰（大）壮：利贞。初九：壮于止（趾），正（征）凶，有复（孚）。九二：贞吉。九三：小人用壮，君子用亡（罔），贞厉。羝羊触藩，羸其角。九四：贞吉，悔亡。藩〈藩〉块〈决〉不羸，壮于泰（大）车（舆）之緮（輹）。六五：亡（丧）羊于易，无悔。尚（上）六：羝羊触藩，不能复（退），不能遂，无攸利，根（艰）则吉。

䷏ 余（豫）卦第二十七

余：利建矦（侯），行师。初六：鸣余（豫），凶。六二：疥（介）于石，不终日，贞吉。六三：杅（盱）余（豫），悔，迟有悔。九四：允（由）余（豫），大有得，勿疑，傰（朋）甲（盍）谗（簪）。六五：贞疾，恒不死。尚（上）六：冥余（豫），成或（有）谕（渝），无咎。

䷽ 少（小）过卦第二十八

少过：亨，利贞。可小事，不可大事。翡（飞）鸟遗之音，不宜上，宜下。泰（大）吉。初六：翡（飞）鸟以凶。六二：过其祖，愚（遇）其比（妣）；不及其君，愚（遇）其仆（臣），无咎。九三：弗过仿（防）之，从或臧（戕）之，凶。九四：无咎，弗过愚（遇）之；往厉必革（戒），勿用，永贞。六五：密云不雨，自我西茭（郊），公射（弋）取皮（彼）在穴。尚（上）六：弗愚（遇）过之，翡（飞）鸟罗（离）之，凶，是谓兹（灾）省（眚）。

䷵ 归妹卦第二十九

归妹：正（征）凶，无攸利。初九：归妹以弟（娣），跛能利（履），正（征）吉。九二：眇能视，利幽人贞。六三：归妹以嬬（须），〔反〕归以苐（娣）。六〈九〉四：归妹衍（愆）期，迟归有时。六五：帝乙归妹，其君之袂不若（如）其苐（娣）之快〈袂〉良，日月既（几）望，吉。尚（上）六：女承筐，无实；士刲羊，无血。无攸利。

䷧ 解卦第三十

解：利西南。无所往，其来复吉；有攸往，宿（夙）吉。初六：无咎。九二：田获三狐（狐），得〔黄矢，贞吉〕。〔六三：负〕且乘，致寇至，贞閵（吝）。九四：解其（而）栂（拇），傰（朋）至此（斯）复（孚）。六五：君子唯（维）有解，吉。有复（孚）于小人。尚（上）六：公用射夐（隼）于高庸（墉）之上，获之，无不利。

䷶ 丰卦第三十一

丰：亨。王叚（假）之，勿忧，宜日中。初九：禺（遇）其肥（配）主，唯（虽）旬，无咎，往有尚。六二：丰其剖（蔀），日中见斗，往得疑〔疾〕，有复（孚）洫（发）若。九三：丰其薠（沛），日中见茉（沫），折其右弓（肱），无咎。九四：丰其剖（蔀），日中见斗，禺（遇）其夷主，吉。六五：来章，有庆举（誉），吉。尚（上）六：丰其屋，剖（蔀）其家，闺（窥）其户，哭（阒）其无人，三岁不遂（觌），凶。

䷟ 恒卦第三十二

恒：亨，无咎，利贞，利有攸往。初六：夐（浚）恒，贞凶，无攸利。九二：悔亡。九三：不恒其德，或承之羞，贞閵（吝）。九四：田无禽。六五：恒其德，贞妇人〔吉〕，夫子凶。尚（上）六：夐（振）恒，凶。

䷁ 川（坤）卦第三十三

川（坤）：元亨，利牝马之贞。君子有攸往，先迷后得主，利。西南得朋，东北亡（丧）朋。安贞吉。初六：礼（履）霜，坚冰至。六二：直方大，不习无不利。六三：合（含）章可贞。或从王事，无〔成〕

有终。〔六四：括囊，无咎无誉〕。六五：黄常（裳），元吉。尚（上）六：龙战于野，其血玄黄。迵（用）六：利永贞。

䷊ 泰卦第三十四

〔泰：小往大来，吉，亨〕。〔初九〕：犮（拔）茅茹，以其胃（汇）。〔征〕，吉。九二：枹（包）妄（荒），用冯河，不騢（遐）遗，弗（朋）忘（亡）得尚于中行。九三：无平不波（陂），无往不复，根（艰）〔贞，无咎。勿恤〕其复（孚），于食〔有福〕。〔六四：翩翩〕，不富以〔其邻，不戒以孚〕。〔六五：〕帝乙归妹，以齿（祉），〔元吉〕。尚（上）六：城复于湟（隍），〔勿〕用师，自邑告命，贞閵（吝）。

䷎ 嗛（谦）卦第三十五

〔嗛（谦）：亨。君〕子有终。初六：嗛嗛（谦谦）君子，用涉大川，吉。六二：鸣嗛（谦），贞吉。九三：劳嗛（谦），君子有终，吉。六四：无不利，譌（撝）嗛（谦）。六五：不富以其邻，〔利用侵伐，无〕不利。尚（上）六：鸣〔谦，利用行师征邑国〕。

䷒ 林（临）卦第三十六

〔林：元亨〕，利负。至于八月有〔凶〕。初九：禁（咸）林（临），贞吉。九二：禁（咸）林（临），吉，无不利。六三：甘林（临），无攸利。既忧之，无咎。六四：至林（临），无咎。〔六〕五：知林，大〔君之宜，吉〕。〔尚（上）六：〕敦林（临），吉，无咎。

䷆ 师卦第三十七

〔师：贞，丈〕人吉，无咎。初六：师出以律，不（否）臧，凶。九二：在师中，吉，无咎。王三汤（锡）命。六三：师或与（舆）层（尸），凶。六四：师左次，无咎。六五：田有禽，利执言，无咎。长子率（帅）师，弟子舆尸（尸），贞凶。尚（上）六：大人君有命，启（开）国承家，小人勿〔用〕。

䷣ 明夷第三十八

明夷：利根（艰）贞。初九：明夷于蜚（飞），垂其左翼，君子于行，三日不食，有攸往，主人有言。六二：明夷，夷于左股，用撜（拯）马床（壮），吉。九三：明夷，夷于南守（狩），得其大首。不可疾贞。六四：明夷，夷（入）于左腹，获明夷之心，于出门廷（庭）。六五：箕子之明夷，利贞。尚（上）六：不明，海（晦）。初登于天，后入于地。

䷗ 复卦第三十九

复：亨。出人无疾，堋（朋）来无咎。反复其道，七日来复，利有攸往。初九：不远复，无提（祇）悔，元吉。六二：休复，〔吉〕。六三：编（频）复，厉，无咎。六四：中行独复。六五：敦复，无悔。尚（上）六：迷复，凶，有兹（灾）省（眚）。用行师，终有大败，以其国君凶，至十年弗（不）克正（征）。

䷭ 登（升）卦第四十

登（升）：元亨，利（用）见大人，勿血（恤），南正（征），吉。初六：允登（升），大吉。九二：复（孚）乃利用濯（禴），无咎。〔九三〕：登（升）虚邑。六四：〔王用亨于岐山，吉〕，无咎。六五：贞吉，登（升）阶。尚（上）六：冥登（升），利于不息之贞。

䷹ 夺（兑）卦第四十一

夺（兑）：亨，小利贞。初九：休（和）夺（兑），吉。九二：评（孚）吉（兑），悔亡。九〈六〉三：来夺（兑），凶。九四：章（商）夺（兑）

未宁，〔介〕疾有喜。九〔五：孚〕于〔剥，有厉。〕尚（上）六：景（引）夺（兑）。

䷪ 夬卦第四十二

夬：阳（扬）于王廷（庭），复（孚）号有厉。告自邑，不利节（即）戎，利有攸往。初九：牀（壮）于前止（趾），往不胜，为咎。九二：傷（惕）号，莫（莫）夜有戎，勿血（恤）。九三：牀（壮）于頯（頄），有凶。君子缺缺（夬夬）独行，愚（遇）雨如（若）濡，有温（愠）无咎。九四：脤（臀）无肤，其行郪（次）胥（且），牵羊悔亡，闻言不信。九五：苋勲（陆）缺缺（夬夬），中行无咎。尚（上）六：无号，冬（终）有凶。

䷬ 卒（萃）卦第四十三

卒（萃）：王叚（假）于（有）庙，利见大人，亨，利贞。用大生（牲），吉，利有攸往。初六：有复（孚）不终，乃乳（乱）乃卒（萃），若其号，一屋（握）于（为）芺（笑），勿血（恤），往无咎。六二：引吉，无咎，复（孚）乃利用濯（禴）。六三：卒（萃）若（如）駐（嗟）若（如），无攸利。往无咎，少（小）閵（吝）。九四：大吉，无咎。九五：卒（萃）有立（位），无咎，非（匪）复（孚）。元永贞，悔亡。尚（上）六：粢（赍）欶（咨）涕洎（洟），无咎。

䷞ 钦（咸）卦第四十四

钦（咸）：亨，利贞。取女，吉。初六：钦（咸）其栂（拇）。六二：钦（咸）其瞿（腓），凶。居吉。九三：钦（咸）其瞿〈股〉，执其随（随），閵（吝）。九四：贞吉，悔亡。童童（憧憧）往来，傰（朋）从玺（尔）思。九五：钦（咸）其股〈脢〉，无悔。尚（上）六：钦（咸）其肞（辅）陕（颊）舌。

䷮ 困卦第四十五

困：亨。贞大人吉，无咎。有言不信。初六：辰（臀）困于株木，入于要（幽）浴（谷），三岁不擖（觌），凶。九二：困于酒食，絑（朱）发（绂）方来，利用芳（享）祀。正（征）凶，无咎。六三：困于石，号（据）于疾（蒺）莉（藜），入于其宫，不见其妻，凶。九四：来徐徐，困于〔金车〕，閵（吝），有终。九五：二（劓）椽（刖），困于赤发（绂），乃徐有说，利用芳（祭）祀。尚（上）六：困于褐（葛）纍（藟），于二（鶃）掾（卼），曰悔夷有悔，贞（征）吉。

䷰ 勒（革）卦第四十六

〔勒（革）：巳日乃〕复（孚），元亨，利贞，悔亡。初九：共（巩）用黄牛之勒（革）。六二：〔巳日乃〕勒（革）之，正（征）吉，〔无咎〕。〔九三：征凶〕，贞〔厉。勒（革）〕言三〔就，有〕复（孚）。九四：悔〔亡〕，有复（孚）茝（改）命，吉。九五：大人虎使〈变〉，未占有复（孚）。尚（上）六：君子豹使〈变〉，小人勒（革）〔面，征凶〕，居，贞吉。

䷐ 隋（随）卦第四十七

隋（随）：元亨，利贞，无咎。初九：官或（有）谕（渝），贞吉，出门交有功。六二：系小子，失丈夫。六三：系丈夫，失小子。隋（随）有求得，利居贞。九四：隋（随）有获，贞凶。有复（孚）在道，已（以）明，何咎？九五：复（孚）于嘉，吉。尚（上）九〈六〉：枸（拘）系之，乃从巂（维）之，王用芳（享）于西山。

䷛ 泰（大）过卦第四十八

泰（大）过：栋𦏁（桡），利有攸往，亨。初六：籍（藉）用白茅，无咎。九二：楛（枯）杨生荑（稊），老夫得其女妻，无不利。

九三：栋桡，凶。九四：栋夅（隆），吉。有它，閵（吝）。六〈九〉五：楛（枯）杨生华，老妇得其士夫，无咎无誉。尚（上）九〈六〉：过涉灭钉（顶），凶，无咎。

䷝ 罗（离）卦第四十九

罗（离）：利贞，亨。畜牝牛，吉。初九：礼（履）昔（错）然，敬之，无咎。六二：黄罗（离），元吉。九三：日禝（昃）之罗（离），不鼓埴（缶）而歌，即（则）大绖（耋）之駐（嗟），凶。九四：出（突）如来如，纷（焚）如，死如，弃如。六五：出涕沱若，〔戚〕駐（嗟）若，吉。尚（上）九：王出正（征），有嘉折首，获不（匪）𢧵（丑），无咎。

䷍ 大有卦第五十

大有：元亨。初九：无交禽（害），非（匪）咎，根（艰）则无咎。九二：泰（大）车以载，有攸往，无咎。九三：公用芳（亨）于天子，小人弗克。九四：〔匪其〕彭，无咎。六五：阙（厥）复（孚）交如，委（威）如，终吉。尚（上）九：自天右（祐）之，吉，无不利。

䷢ 溍（晋）卦第五十一

溍：康侯（侯）用锡（锡）马蕃庶，昼日三绫（接）。初九：溍（晋）如浚（摧）如，贞吉，悔亡（罔），复（孚）浴（裕），无咎。六二：溍（晋）如〔愁〕如，贞吉，受〔兹介福于〕其王母。六三：众允，悔亡。九四：溍（晋）如炙（鼫）鼠，贞厉。六五：悔亡，矢（失）得勿血（恤）。往吉，无不利。尚（上）九：溍（晋）其角，唯（维）用伐邑，厉，吉，无咎，贞閵（吝）。

䷷ 旅卦第五十二

旅：少（小）亨，旅，贞吉。初六：旅琐琐，此（斯）其所取火（灾）。六二：旅既（即）次，坏（怀）其茨（资），得童剥（仆），贞。九三：〔旅焚其次，丧其童仆，贞厉〕。〔九四：旅于处，得〕其溍（资）斧，〔我〕心不快。六五：射雉，一矢亡，冬（终）以举（誉）命。尚（上）九：乌（鸟）棼（焚）其巢，旅人先芺（笑）后摅〈号〉桃（咷），亡（丧）牛于易，凶。

䷥ 乖（睽）卦第五十三

乖（睽）：小事吉。初九：悔亡，亡（丧）马勿遂〈逐〉，自复。见亚（恶）人，无咎。九二：无咎。九二：愚（遇）主于巷，无咎。六三：见车（舆）恝（曳），其牛讍（掣），其〔人天且劓〕。无初有终。九四：乖（睽）苽（孤），愚（遇）元夫，交复（孚），厉，无咎。六五：悔亡，登（厥）宗筮（噬）肤，往，何咎。尚（上）九：乖（睽）苽（孤），见豨（豕）负涂，载鬼一车，先张之柧（孤），后说之壶（弧），非（匪）寇，闀（婚）厚（媾），往，愚（遇）雨，即吉。

䷿ 未济卦第五十四

未济：亨。小狐气（汔）涉（济），濡其尾，无攸利。初六：濡其尾，閵（吝）。九二：抴（曳）其纶（轮），贞。六三：未济，正（征）凶，利涉大川。九四：贞吉，悔亡，〔震用伐鬼〕方，三年，有商（赏）于大国。〔六〕五：贞吉，悔亡（无），君子之光，有复（孚），吉。尚（上）九：有复（孚）于饮酒，无咎。濡其首，有复（孚）失是。

䷔ 筮（噬）嗑卦第五十五

〔筮（噬）嗑：亨〕，利用狱。初九：句（屦）〔校灭〕止（趾），无咎。六二：筮（噬）肤灭鼻，无咎。六三：筮（噬）腊肉，愚（遇）

毒，少（小）閵（吝），无咎。九四：筮（噬）干璳（胏），得金矢，根（艰）贞吉。六五：筮（噬）干肉，愚毒（得黄金），贞厉，无咎。尚（上）九：荷（何）校灭耳，凶。

䷱ 鼎卦第五十六

〔鼎：元吉，亨〕。初六：鼎填（颠）止（趾），利〔出〕不（否）？得妾以其子，无咎。九二：鼎有实，我𢧵（仇）有疾，不我能节（即），吉。九三：鼎耳勒（革），其行塞，雉膏不食，方雨，〔亏悔，终吉〕。〔九四：鼎折足〕，复（覆）公芷（餗），其刑（形）屋（渥），〔凶〕。六五：鼎黄〔耳，金铉。利贞〕。〔尚（上）九：鼎玉铉，大吉〕，无不利。

䷸ 筭（巽）卦第五十七

〔筭（巽）：小〕亨，利有攸往，利见大〔人〕。初六：进内（退），利武人之贞。九二：筭（巽）在床下，用使（史）巫忿（纷）若，吉，无咎。九三：编（频）筭（巽），閵（吝）。六四：悔亡，田获三品。九五：贞吉，悔亡，无不利，无〔初〕有终。先庚三〔日〕，后庚三日，吉。尚（上）九：筭（巽）在床下，亡（丧）其溍（资）斧，贞凶。

䷈ 少（小）䕫（畜）第五十八

少（小）䕫（畜）：亨。密云不雨，自我西茭（郊）。初九：复自道，何其咎？吉。九二：坚（牵）复，吉。九三：车（舆）说缦（輹），夫妻反目。六四：有复（孚），血去汤（惕）〔出〕，无咎。九五：有复（孚）𢇍（挛）如，富以其邻。尚（上）九：既雨既处，尚得（德）载，女（妇）贞厉，月几望，君子正（征）凶。

䷓ 观卦第五十九

观：盥而不尊（荐），有复（孚）[齿耳]（颙）若。初六：童观，小人无咎，君子閵（吝）。六二：規（窥）观，利女贞。六三：观我生，进退。六四：观国之光，〔利〕用宾于王。九五：观我生，君子无咎。尚（上）九：观其生，君子无咎。

䷴ 渐卦第六十

渐：女归吉，利贞。初六：鸿（鸿）渐于渊（干），小子厉，有言，无咎。六二：鸿（鸿）渐于坂（磐），酒（饮）食衎衎（衎衎），吉。九三：鸿（鸿）渐于陆，〔夫征不〕复，妇绳（孕）不肰〔育〕，凶，利所（御）寇。六四：鸿（鸿）渐于木，或直（得）其寇（桷）㲄，无咎。九五：鸿（鸿）渐于陵，妇三岁不绳（孕），终莫之胜，吉。尚（上）九：鸿（鸿）渐于陆，其羽可用为宜（仪），吉。

䷼ 中复（孚）第六十一

中复（孚）：豚鱼吉，和〈利〉涉大川，利贞。初九：杅（虞）吉，有它不宁（燕）。九二：鸣鹤在阴，其子和之。〔我有好爵，吾与尔〕羸（靡）〔之〕。〔六三：得敌〕，或鼓或皮（罢），或汲（泣）或歌。六四：月既（几）望，马必（匹）亡，无咎。九五：有复（孚）论（挛）如，无咎。尚（上）九：[鸟韦]（翰）音登于天，贞凶。

䷺ 涣卦第六十二

涣：亨，王叚（假）于（有）庙。利涉大川，利贞。初六：撜（拯）马，吉，悔亡。九二：涣贲（奔）其阶（机），悔亡。六三：涣其竆（躬），无咎（悔）。九〈六〉四：涣其群，元吉。涣〔有丘，匪〕娣（夷）所思。九五：涣其肝（汗），大号，涣王居，无咎。尚（上）九：涣其血，去湯（逖）出。

䷤ 家人第六十三

家人：利女贞。初九：门（闲）有家，悔亡。六二：无攸遂，在中贵（馈），贞吉。九三：家人燹燹（嗃嗃），悔厉吉。妇子里里（嘻嘻），终閵（吝）。六四：富家，大吉。九五：王叚（假）有家，勿血（恤），往吉。尚（上）九：有复（孚）委（威）如，终吉。

䷩ 益卦第六十四

益：利用（有）攸往，利涉大川。初九：利用为大作，元吉，无咎。九〈六〉二：或益之十傰（朋）之龟，弗亨〈克〉回（违），永贞吉。王用芳（享）于帝，吉。六三：益之用工（凶）事，无咎。有复（孚）中行，告公用闺（圭）。六四：中行，告公从，利用为家（依）迁国。九五：有复（孚）惠心，勿问元吉。有复（孚）惠我德。尚（上）九：莫益之，或击之，立心勿恒，凶。

附录二：

帛书《易传》原文

帛书本《易传》与本书正文《易经》部分一样，同为1973年长沙马王堆汉墓出土的珍贵文物。帛书本《易传》同样使用隶书抄写，共6篇文章，约1.6万字，分别是《二三子》（又称《二三子问》），《系辞》《衷》《要》《缪和》，以及《昭力》。其中《二三子》与《易经》部分抄写在同一张帛上，其余文章则抄写在另一张帛上。本附录整理了这6篇文章的原文内容，方便读者了解帛书本《易传》全貌。其中，帛书上残缺文字用“□”表示。为了更加贴近帛书本《易传》原貌，方便读者阅读、理解，此附录中我们保留了繁体字、异体字原貌，未做简化。

帛書《二厽子》釋文

■二厽子問曰："《易》屢稱於龍，龍之德何如∟？"孔子曰："龍大矣∟！龍刑䙴叚，賔于帝，俔神聖之德也。高尚行虖星辰日月而不眺，能陽也；下綸竈深潚之潚而不沬，能陰也。上則風雨奉之∟，下綸則有天□□□，竈1行乎深潚則魚蛟先後之，水流之物莫不隋從∟；陵處則靁神養之，風雨辟鄉，鳥守弗干∟。"曰："龍大矣。龍既能雲變，有能蛇變，有能魚變，蜚鳥蚰虫，唯所欲化而不失本刑，神能之至也。□□□□□2行□□□□□□焉，有弗能察也。知者不能察其變，辯者不能察亓美，至巧不能羸亓文，明目弗能察視也。□非焉，化蚰虫，神貴之容也∟，天下之貴物也。"曰："龍大矣∟！龍之馴德也曰利見□□□3行易□□和，爵之曰君子∟。戒事敬命，精白柔和而不諱賢，爵之曰夫子。或大或小，亓方一也∟。至周也，而名之曰君子。兼，'黃常'近之矣；尊威精白堅強，行之不可撓也，'不習'近之矣。"●《易》曰："寑龍勿4行用∟。"孔子曰："龍寑矣而不陽，時至矣而不出∟，可胃'寑'矣。大人安失矣而不朝，謪猒在廷，亦猷龍之寢也∟。亓行滅而不可用也，故曰：'寑龍勿用。'"●《易》曰："抗龍有𢙢∟。"孔子曰："此言為上而驕下，驕下而不佁者，未5行之有也。耶人之立正也，若循木，俞高俞畏下，故曰：'抗龍有𢙢。'"●《易》曰："龍戰于野，亓血玄黃。"孔子曰："此言大人之廣德而施教於民也∟。夫文之李，采物畢存者，亓唯龍乎∟？德義廣大∟，灋物備具者，6行[亓唯]聖人乎∟？'龍戰于野'者∟，言大人之廣德而下綏民也∟。'亓血玄黃者'，見文也∟。聖人出灋教以道民∟，亦猷龍之文也∟，可胃'玄黃'矣，故曰'龍'。見龍而稱莫大焉。"●《易》曰："'王臣蹇蹇'，非今之故。”孔子7行曰：“王臣蹇蹇”者，言亓難也∟。夫唯智亓難也，故重言之，以戒今也。君子智難而備［之］，則不難矣∟；見幾而務之，［則］有功矣∟。故備難［者］易∟，務幾者成。存亓人，不言吉兇焉∟。‘非今之故’者∟，非言獨今也，古以狀也。”●《易》曰：“鼎折8行足，復公莡，亓刑屋，凶∟。”孔子曰：“此言下不勝任也∟。非亓任也而任之，能毋折虖？下不用則城不守∟，師不戰，內乳反上，胃‘折足’；路亓國，［蕪亓］地，五種不收，胃‘復公莡’；口養不至，飢餓不得食，謂‘刑屋’。”二∟厶子問曰：“人君至於飢9行乎？”孔子曰：“昔者晉厲公路亓國，蕪亓地∟，出田七月不歸，民反諸雲夢，無車而獨行，□□□□□武，公［不勝］亓飢也，□□□□焉不得食亓肉∟，此‘亓刑屋’也。故曰：‘德義無小∟，失宗無大。’此之胃也。”●《易》曰：“鼎玉𡏾，大吉，10行無不利∟。”孔子曰：“鼎大矣∟！鼎之遷也，不自往，必人舉之，大人之貞也。鼎之舉也，不以亓止，以□□□□□□□□□□□□□□賢以舉忌也，明君立正∟，賢輔弜之，將何為∟而不利？故曰‘大吉’。”●《易》曰：“康侯用錫馬番11行庶，晝日三接∟。”孔子曰：“此言聖王之安世者也∟。聖人之正，牛參弗服，馬恆弗駕，不憂乘，牝馬□□□□□□□□□□□□粟時至，芻稾不重，故曰‘錫馬’∟。聖人之立正也，必尊天而敬眾，理順五行，天地無菑，民［人］不12行傷，甘露時雨聚降，飄風苦雨不至，民怠相觴以壽∟。故曰‘番庶’∟。聖王各有厶公∟、厶卿∟。‘晝日三［接］’，□□□□□□者也。”●《易》曰：“聒囊，無咎無譽∟。”孔子曰：“此言箴小人之口也∟。小人多言∟多過∟，多事多患。□□13行可以衍矣，而不可以言。箴之，亓猷‘聒囊’也，莫出莫入∟，故曰：‘無咎無譽∟。’”二∟厶子問曰：“獨無箴於聖［人之口乎？”孔子曰］：“聖人之言也，德之首也。聖人之有口也，猷地之有川浴也，財用所繇出也；猷山林陵澤也，衣食庶14行物［所］繇生也。聖人壹言，萬世用之∟。唯恐亓不言也，有何箴焉？”●《卦》曰：“見龍在田，利見大人。”孔子曰：“‘見［龍在田］’，□□□回，卑嗛，易告也；就民，易遇也。聖人、君子之貞也，度民宜之，故曰：'利以見大人∟。'"●《卦》曰："君子終日鍵鍵，15行夕泝若，厲无咎。"孔子曰："此言君子務時，時至而動，□□□□□□屈力以成功，亦日中而不止，時年至而不淹。君子之務時，猷馳驅也。故曰：'君子終日鍵鍵。'時盡而止之以置身，置身而靜，故曰：'夕泝若，厲无咎。'"16行［《易》曰："蜚龍在］天，利見大人。"［孔子曰："此］言君［子］□□□□□□□□，君子在上，則民被亓利，賢者不蔽，故曰：'蜚龍在天，利見大人。'"●《卦》曰："見羣龍［无］首，吉。"孔子曰："龍神威而精處，□□而上通，亓德无首□□17行□。'見羣龍無首'者，□□□□□□□□□□□□□□□□□□，見君子之吉也。"●《卦》曰："履霜，堅冰至。"孔子曰："此言天時譖戒葆常也。歲［成於東北，始於］西南。溫始［於艮］，寒始於［川］。□□□□□□□□□□□18行□□□□□□□□□□□□□□□□□□□□□□□□德與天道始，必順五行，亓孫貴而宗不傰。"●《卦》曰："直方，大，不習，无不利。"孔子曰："［此言］□□龍也。直者，□□自避也；方者，□□□□□□□□□□□；19行大者，言亓直。龍之容焉□□□□□□□□□□□□□□□□□□□□□也，［則］无不［吉利］，故曰：'无不利'。"●《卦》曰："含章可貞，［或從王事，无成，有終。"孔子曰："此言］□□□□含章□□□□□□□□□□□□20行含亦美，貞之可也，亦□□□□□□□□□□□。"［●］《卦》曰："［聒囊，無咎無譽。"孔子曰："此言］□□□□［無］咎□□□之事矣。□□□□□□□□□□□□□□□□□□□□□□。"［●《卦》曰："黃裳，元吉。"孔子曰："此言］□□□□21行元者也。元，善之始也。□□□□□□□□□［黃］色之徒嗛嗛□□□□□□。"［●《卦》曰："屯亓膏，小］，貞，吉；大，貞，凶。"孔子曰："屯□□□□□□□□□□□□□□□□□□□□□□□□□□□□□□□□22行小民家息以綾衣［食］□□□□□□□□□□□□□屯輪之，亓吉亦宜矣。'大，貞，［凶］，□□□□□□□川流下而貨留□，年穀十重□□□□□□□□□□□□□□□□□□□□□□□□大人事□□23行貨，守財弗施則［兇］。"●《卦》曰："同［人于］野，亨，利］涉大川。"

孔子曰："此言大德之好遠也。所行□□□□□遠，和同者衆，以濟大事，故曰：［'利涉大川。'●］《卦》曰："同人于門，无咎。"［孔子曰："此言］亓所同唯［亓門人］24行而已矣，小德也，［故曰'无咎'。"●《卦》曰］："同人于宗，貞藺。"孔子曰："此言亓所同唯亓室人而已［矣］，□□□□□□，故曰'貞藺'。"●《卦》曰："絞如，委如，吉。"孔子曰："絞，白也；委，老也。老、白之行□□□，故曰'吉'。●《卦》曰："嗛，亨；君子又25行冬，吉。"孔子曰："［此言］□□□□已。［亓卦］上川而下根。川，也；根，精質也。君子之行也，□□□□□□□吉焉。吉，嗛也；凶，橋也。天乳驕而成嗛，地徹驕而實嗛，鬼神禍福嗛，人亞驕而好［嗛］。□□□□□□□26行四吉。驕□□□□□□□□□□好善不伐也。夫不伐德者，君子也。亓盈如□□□□□□□□□舉而再說，亓有終也，亦宜也。"●《卦》曰："盱予，悔。"孔子曰："此言鼓樂而不戒患也。夫忘亡者必亡，忘民27行［者必］□，□□□□□□□□行□□至者，亓病亦至，不可辟禍福。或辜□□□□□□□□□□□□□□方行，禍福𥜽至，知者知之。故厭客恐懼，日慎一日，猷有詖行。卒至之患，'盱予'而不28行［'悔'者，未之又也。"●《卦》］曰："鳴顡在［陰，亓子和之，我］有好爵，與壐羸［之。"孔］子曰："鳴［顡］□□□□□□□□□□□□。亓子隨之，通也；昌而和之，和也。曰：和同，至矣。'好爵'者，言者酒也。弗有一爵與衆，29行□□□□□□□□□□□□□□□□之德，唯歆與食，絕甘分少。"［●《卦》曰："密雲不雨，自我西郊，公射取皮在穴。"孔］子曰："此言聲君之下舉乎山林𤖹畝之中也，故曰：'公射取皮在穴。'"［●《卦》］曰："恆亨，无30行［咎，利貞，利］有攸往。"［孔子曰："'恆亨'者］，恆亓德，亓德［恆］長，故曰'利貞'。亓占曰：'豐大□□□□□□□□□□'。"［●《卦》］曰："不恆亓德，［或］承之憂，貞藺。"孔子曰："此言小人知善而弗為，攻進而无止，損幾則［无］擇矣，能31行⌊无藺乎？"●《卦》曰⌋："大蹇，倗來。"孔子⌊曰："此言］□□也。飭行以後民者，胃‘大蹇；遠人偕至，胃［‘備來’。”●］《卦》曰：“公用射雔于高［墉之上，獲之］，无不利。”孔子曰：“此言人君高志求賢。賢者在上，則因尊用之，故曰：‘［公用］射雔于32行［高墉之上。’”●《卦》曰：“根亓北，不獲亓］身；行亓廷，［不見亓人。无咎。”孔子］曰：“‘根亓北’者，言［任］事也。‘不獲亓身’者，精［白敬官］也。敬宮任事，身［不獲］者鮮矣！亓占曰：‘能精能白，必為上客；能白能精，必為□□。’以精白長衆，難得也。33行故曰：‘［行］亓庭，不見亓人，无咎。’”［●《卦》曰：“根亓輔］，言有序。”孔子曰：“慎言也。吉凶之至也，必皆於言語。擇善［而言不善］，擇利而言害。塞人之美，陽人之過，可胃无德，亓凶亦宜矣。君子慮之內，發之［口，擇善而］不言不34行善，擇［利而］不言害。塞人之亞，陽［人之］美，可胃‘有序’矣。”●《卦》曰：“豐，亨，王叚［之］；勿自憂，宜日中。”孔子曰：“［此言盛］也勿憂，用賢弗害也。日中而盛，用賢弗害，亓亨亦宜矣。黃帝四輔，堯立三卿，帝王者之處盛也，35行當此卦也。”［●《卦》］曰：“奐亓肝，大號。”［孔子曰］：“奐，大美也，肝，言亓內。亓內大美，亓外必有大聲問。”●《卦》曰：“未濟，亨，［小狐］涉川，幾濟，濡亓尾，无迺利。”孔子曰：“此言始易而終難也，小人之貞也。”36行

帛書《繫辭》釋文

■天奠地庳，鍵川定矣。庳高以陳，貴賤立矣。動靜有常，剛柔斷矣。方以類冣。物以羣分，吉凶生［矣。在天成象］，在地成刑，［變］化見矣。是［故］剛柔相靡，八卦［相蕩。鼓之］靁甸，浸之風雨；［日月］運行，一寒［一暑］，1行鍵道成男，川道成女。鍵知大始，川作成物。鍵以易，

川以閒。能易則傷知，閒則易從。傷知則有親，傷從則有功。有親則可久，有功則可大也。可久則賢人之德［也，可大則賢人之業］也。閒易閒而天［下之］2行理得，天［下之］理得而成立乎亓中。耶人詆卦觀馬，毄辤焉而明吉凶，剛柔相遂而生變化。是故吉凶也者，得失之馬也；悬蘭也者，憂虞之馬也；通變化也者，進很之馬也；剛柔也者，晝夜之馬也。六肴之3行勭，三亟之道也。是故君子之所居而安者，易之□也；所樂而妧，教之始也。君子居則觀亓馬而妧亓辤，勭則觀亓變而訦亓占，是以"自天右之，吉，无不利"也。緣者，言如馬者也；肴者，言如4行變者也。吉凶也者，言亓失得也；悬蘭也者，言如小疵也；無咎也者，言補過也。是故列貴賤［者］存乎立，極大小者存乎卦，辯吉凶者存乎辤ㄴ，憂悬蘭者存乎分，振无咎存乎謀。是故卦有大5行小，辤有險易。辤者，各指亓所之也。《易》與天地順，故能彌論天下之道。卬以觀於天文，顢以觀於地理，是故知幽明之故。觀始反冬，故知死生之說。精氣為物，斿魂為變，故知鬼神之精壯。與天6行［地］相校，故不回；知周乎萬物，道齊乎天下，故不過；方行不遺，樂天知命，故不憂；安地厚乎仁，故能悉。犯回天地之化而不過，曲萬物而不遺，達諸晝夜之道而知。古神无方，易无體。一陰一陽7行之胃道。係之者善也，成之者生也。仁者見之胃之仁，知者見之胃知，百生日用而弗知也，故君子之道鮮。耶者仁，壯者男，鼓萬物而不與眾人同憂。盛德大業至矣幾！富有之胃大業，日新之胃8行誠德。生之胃馬，成馬之胃鍵，教法之胃川，極數知來之胃占，迵變之胃事，陰陽之胃神。夫《易》廣矣，大矣！以言乎遠則不過，以言乎近則精而正，以言乎天地之閒則備。夫鍵，亓靜也圈ㄴ，亓9行勭也榣，是以大生焉；夫川，亓靜也斂，元勭也辟，是以廣生焉。廣大肥天地，變迵肥四［時］，陰［陽］之合肥日月，易閒之善肥至德。子曰："《易》元至乎！夫《易》，耶人之所槀德而廣業也。知槀體卑，10行槀效天，卑法地。天地設立，易行乎亓中。誠生□□，道義之門。"耶人具以見天地之業，而□疑者其刑容，以馬亓物義，［是］故胃之馬。耶人具以見天下之勭，而觀亓會同，以行亓挨體，係辤焉以11行斷亓吉凶，是故胃之教。言天下之至業而不可亞也，言天下至業而不乳。知之而句言，義之而句動，矣義以成亓變化。●“鳴顫在陰，亓子和之，我有好爵，吾與壐羸之。”曰：“君子居 12行亓室，言善，則千里之外應之，倪乎亓近者乎？出言而不善，則千里之外回之，倪乎亓近者乎？言出乎身，加於民；行發乎近，見乎遠。言行，君子之區幾。區幾之發，譽辰之斗也。言行，君子之 13行所以動天地也。”“同人，先號逃而後哭。”子曰：“君子之道，或出或居，或謀或語。二人同心，亓利斷金。同人之言，亓臭如蘭。”“初六，籍用白茅，无咎。”子曰：“句足者地而可矣。籍之用茅，何咎之有？慎之至 14行也。夫㊀茅之為述也，溥用也，而可重也。慎此述也以往，亓毋所失之。”“勞溓，君子有冬，吉。”子曰：“勞而不代，有功而不㊁德，厚之至也。語以亓功下人者也。德言成，膿言共也。溓也者，至共以存亓立者 15行也。”“抗龍有悬。”子曰：“貴而无立，亯［而无民］，賢人在亓下矣，位而无輔，是以動而有悬也。”“不出戶牖，无咎。”子曰：“乳之所生，言語以為階。君不閉則失臣，臣不閉則失身，幾事不閉則害盈。是以君子 16行慎閉而弗出也。”子曰：“為《易》者［亓知盜］乎？《易》曰：‘負［且乘，致寇至。’負］之事也者，小人之事也。乘者，君子之器也。小人而乘君子之器，盜思奪之矣。上曼下暴，盜思伐之。曼暴謀盜，思奪之。《易》曰：‘負且乘，17行致寇至。’盜之撓也。”《易》有耶［人之道四］焉：以言［者上亓辤］，以動者上亓變，以［制器者上亓馬，以卜筮者］上亓占。是故君子將有為，將有行者，問焉［而以］言，亓受命也如錯。无有遠近幽險，述 18行知來勿。非天之至精，亓誰能［與於此］？參五以變，［錯綜亓數，通］亓變，述定天下［之文；極亓數，述定天下之］馬。［非天下］之至變，誰能與於此？［《易》无思］也，无為也，［寂］然不動，欽而述達天 19行下之故，非天下之至神，誰［能與於此］？夫《易》，耶人［之所以極深］也而達幾也。唯深，故達天下之誠；唯幾，［故成］天下之務；唯神，故不疾而數，不行至。子［曰：“《易》有］耶人之道［四］焉者，此言之［胃］也。”天 20行一地二，天三地四，天五地六，天七地八，天九地十。子曰：“《易》又可為者也？夫《易》古物定命，樂天下之道，如此而已者也。”是故耶人以達天下之志，以達［天下之業］，以斷［天下之］疑。故筮之德員而神，卦 21行之德方以知，六肴之義易以工。耶人以此佚心，內臧于閉，［吉凶］能民同願。神以知來，知以將往。亓誰能為此茲？古之恵明覔知神武而不恙者也虖！是亓［明］于天，又察于民故，是闔神物以前民 22行民用，耶人以此齋戒，以神明亓德夫。是故闔戶胃之川，辟門胃之鍵。一闔一辟胃之變，往來不竆胃之迵，見之胃之馬，刑胃之器，製而用之胃之法，利用出入，民一用之胃之神。是故《易》有大恒，是 23行生兩檥，兩檥生四馬，四馬生八卦，八卦生吉凶，吉凶生六業。是故法馬莫大乎天地，變迵莫大乎四時，垂馬著明莫大乎日月，榮莫大乎富貴。備物至用，位成器以為天下利，莫大乎耶人。深備錯根，枸險至遠，24行定天下吉凶，定天下之勿勿者，莫善乎著龜。是故天生神物，耶人則之；天變化，耶人效之；天垂馬，見吉凶，而耶人馬之；河出圖，雒出書，而耶人則之。《易》有四馬，所以見也；毄辤焉，所以告也；定之以吉 25行凶，所以斷也。《易》曰：“自天右之，吉，无不利。”右之者，助之也。天之所助者，順也；人之所助也者，信也。膻信思乎順，［又以］上賢，是以“自天右之，吉无不利”也。子曰：“書不盡言，言不盡意。”然則耶人之意，亓義可見已乎？26行子曰：耶人之位馬以盡意，設卦以盡情僞，毄辤焉以盡亓，變而迵之以盡利，鼓之舞之以［盡］神。鍵川，亓易之經與？鍵川成列，易位乎亓中。鍵川毀，則无以見易矣。易不可则見，則鍵川不可見。鍵川不可見，則 27行鍵川或幾乎息矣。是故刑而上者胃之道，刑而下者胃之器，為而施之胃之變，誰而舉諸天下之民胃之事業。是［故］夫馬，耶人具以見天下之請，而不疑者亓刑容，以馬亓物義，是故胃之 28行馬。耶人有以見天下之動而觀亓會同，以行亓挨膻，毄辤焉以斷亓吉凶，是故胃之教。極天下之請存乎卦，鼓天下之動者存乎辤，化而制之存乎變，誰而行之存乎迵，神而化之存乎元 29行人。謀而成，不言而信，存乎德行。八卦成列，馬在亓中矣。因而動之，教在亓中矣；剛柔相誰，變在亓中矣。

毄辤而齊之，動在亓中矣。吉凶悬藺也者，生乎動者也；剛柔也者，立本者也；變迵30行也者，聚者也；吉凶者，上朕者也；天地之道，上觀者；日月之行，上明者；天下之動，上觀天者也。夫鍵，蒿然視人易；川，魋然視人閒。教也者，效此者也；馬也者，馬此者也。效馬動乎內，吉凶見乎外，功業31行見乎變，耶人之請見乎辤。天地之大思曰生，耶人之大費曰立立。何以守立？曰人。何以聚人？曰材。理材正辤，愛民安行曰義。古者戲是之王天下也，印則觀馬於天，府則觀法於地，觀鳥獸之文與32行地之義，近取諸身，遠取者物，於是始作八卦，以達神明之德，以類萬物之請。作結繩而為古，以田以漁，蓋取者《羅》也。䏁戲是沒，神戎是作，斲木為杺，楺木為耒槈，槈耒之利，以教天下，蓋［取］33行者《益》也。日中為俟，至天下之民，聚天下之貨，交易而很，各得亓所欲，蓋取者《筮蓋》也。神戎是沒，黃帝、堯、舜是作，迵亓變，使民不乳，神而化之，使民宜之。《易》冬則變，迵則久，是以“自天右之，34行吉无不利”也。黃帝、堯、舜陲衣裳而天下治，蓋取者《鍵》《川》也。杅木為周，剡木而為楫，齍不達，至遠以利天下，蓋取者《奐》也。備牛乘馬，［引］重行遠以利天下，蓋取者《隋》也。重門毄柝，以挨挔客，蓋取35行《余》也。斷木為杵，掇地為臼，臼杵之利，萬民以次，蓋取者《少過》也。弦木為柧，棪木為矢，柧矢之利，以威天［下］，蓋取者《訟》也ㄴ。上古穴居而野處，後世耶人易之以宮室，上練下楣，以寺風雨，蓋取者《大莊》也。36行古之葬者，厚裹之以薪，葬諸中野，不封不樹，葬期无數；後世耶人易之以棺享，蓋取者《大過》也。［上古結］繩以治，後世耶人易之以書契，百官以治，萬民以察，蓋取者《大有》也。是故易也者，馬。馬也者，37行馬也。緣也者，制也。肴也者，效天下之動者也。是［故］吉凶生而悬哭箸也。陽卦多陰，陰卦多［陽，亓故何也？陽］卦奇，陰卦［耦］也。［亓］德行何也？陽一君二民，君子之道也。《易》曰：“童童往［來］，傰從壐思。”子曰：“天下38行［何思何慮？天下同歸而殊途，一致而］百［慮］。天下何思何慮？日往［則月來，月往則日來，日月相推而明生焉。寒往則暑來，暑往則寒來，寒暑相］誰而歲［成焉。往者屈也，來］者伸也，詘伸相欽而利生焉。39行［尺蠖之屈，以求信也；龍蛇之蟄］，以存身也；請義入神，以至用；利用安身，以禀［德也。過此以往，未之或知也；窮神知化，德之盛］也。”《易》曰：“［困于石，據］于疾利，入于亓宮，不見亓妻，凶。”子曰：“非亓所困而困焉，名40行必辱；非亓所勮而據焉，身必危。既辱且危，死亓將至，妻可得見［邪？”《易》曰：“公用射鵻于高墉之上，獲之，无不利。”子曰］：“鵻者，禽也；弓矢者，器也；射之者，人也。君子臧器於身，侍者而童，何41行不利之又？動而不矰，是以出而又獲也。言舉成器而動者也。”子曰：“小人［不恥不仁，不畏不義，不見利不勸，不］畏不誎。小誎而大戒，小人之福也。《易》曰‘構校滅止，无咎’也者，此之胃也。”“善不責，不足以42行成名；亞不責，不足以滅身。小人以小善為无益也而弗為也，以小亞［為］无傷［也而弗去也，故亞責而不可］蓋也，罪大而不可解也。《易》曰：‘何校滅耳，凶。’”“君子見幾而作，不位冬日。《易》曰：‘介于石，43行不冬［日，貞］吉。’‘介于石’，毋用‘冬日’，斷可識矣！君子知物知章，知柔知剛，［萬夫之望。”若夫雜物撰德，辨］是與非，則下中教不備。初，大要存亡吉凶，則將可知矣。鍵，德行恆易以知險；夫川，44行魋然天下之至順也，德行恆閒以知［阻］。能說之心，能數諸侯之慮，［定天下之吉凶，成天下之勿勿者。是故］變化具為，吉事又羊，馬事知器，筭事知來。天地設馬，⿰耳口人成能；人謀鬼謀，百姓與能。八45行卦以馬告也，教順以論語；剛柔雜处，吉［凶］可識。動作以利言，吉凶以情遷。［是故］愛亞相攻而吉凶［生］，遠近相取而⿱母心⿱吅文生，請偽相欽而利害生。凡《易》之請，近而不相得則凶，或害之則⿱母心46行且⿱吅文，將反則亓辭乳。吉人之辭寡，趮人之辭多，无善之人亓辭斿，失亓所守亓辭屈。□□□□□47行

帛書《衷》釋文

■子曰："《易》之義誶陰與陽，六畫而成章。曲句焉柔，正直焉剛。六剛无柔，是胃大陽，此天［之義也］。□□□□□□見台而□□方。六柔无剛，此地之義也。天地相銜，氣味相取，陰陽流刑，剛1行柔成涅。萬物莫不欲長生而亞死，會心者而台作《易》，和之至也。是故《鍵》□□□九□□，高尚□□，［天之道也。《川》］順從而知畏兇，義沾下就，地之道也。用六，贛也；用九，盈也。盈而剛，故《易》曰'直2行方，大，不習，吉'也。因不習而備，故《易》曰'見羣龍无首，吉'也。是故《鍵》者，得［之陽也；《川》者］，得之陰也；《肫》者，［得之難也；《蒙》者，得之］隋也；［《嬬》者，得之］畏也；《容》者，得之疑也；《師》者，得之栽也；《比》者，得鮮也；《小蓄》者，［得］之3行未雨也；《履》者，諈之□行也；《益》者，上下交矣；《婦》者，［陰］陽姦矣，下多陰而紑閉也。［《剝》之卦剝床以］辨，女散［陽而盛也］；《復》之卦留［止］而周，所以人紫也；《无孟》之卦有罪而死，无功而賞，所以畜，故4行［災］；《余》之卦歸而強，士諍也；《嬬》□□□□□□□□□知，未騰朕也；《容》，失諸□□□□□□□□□□□□□奇□而僮咎，□遠也；《大有》之卦孫位也；《大牀》小腫而大從，《余》□□也；《大蓄》兌而誓5行［也］；《隋》之卦相而能戒也；□□□□□□□□□□□□无爭而□□□□□□□□□□□□□□□□□□□周□□說，和說而知畏。《謹》者，得之代阩也；《家［人］》者，得处也；《井》者，得之徹6行也；《姁》者，［得之］□□□□□□□□□□□□□□□□也；《豐》者得［之］□□□□□□□□□□□瞿也。《兼》之卦□□□於不壹，《坸》

之卦足而知余，《林》之卦自誰不无瞿？《觀》之卦盈而能乎，7行《齎》之卦善近而□□□□□□□□□□□□□□□□□□□□□□□□□□□□□□□□而□□□□□□□□□□□□忠身失量，故曰慎而侍也。《箴閘》紮紀，《恆》言不8行已，《容》獄兇得也。《勞》之［卦］□□□□□□□□□□□□□□□□□□□□□□□□□□□□故以□□□□□□行也。《損》以□□□□□□□也；《大牀》以卑陰也；《歸妹》以正女也；9行《既齎》者高余比貧□□□□□□□□□□□□□□□□□□□□□□□□□□□□□□□□□《［大］過》過涉，所以□埝也。”子曰：“□□□□□□□□□□□□□□□□□［所］10行以禁咎也。”子曰：“□□□□□□□□□□□□□□□□□□□□□□□□□□□□□□‘［晉如，摧如］’，所以教謀也。‘榗如秋如’，所以辟怒［也］。□□□□□□□□□□□□□□□□□□11行□□□□‘［不］事王矦’，□□之胃也。不求則不足難□□□□□□□□□□□□□□□□□□□□□□□□遨俻□□□□□□□。《易》曰‘［辰］驚［百里，不喪匕鬯’，此之胃也。”子曰］：“□□12行□□□□則危，親傷□□。《［易］》曰‘何校’則凶，‘屨校’則吉，此之胃也。”子曰：“五行□□□□□□□□□□□□用，不可學者也，唯亓人而已矣。□亓利□□□□□□□。［昔者聖人］之［作《易》也，幽］13行贊於神明而生占也，參天兩地而義數也，觀變於陰陽而立卦也，發揮於剛柔而［生爻也，和順於道德］而理於義也，竆理盡生而至於命［也。昔者聖人之作《易》，將以順性］命［之］理也。是故位14行天之道曰陰與陽，位地之道曰柔與剛，位人之道曰仁與義。兼三才兩之，六畫而成卦。分陰分陽，［迭用柔剛。故］易六畫而為章也。天地定立，［山澤通氣］，火水相射，雷風相榑，八卦相唐。數15行往者順，知來者逆，故《易》達數也。”子曰：“萬物之義，不剛則不能僮，不僮則无功，恆僮而弗中則［亡，此剛］之失也。不柔則不靜，不靜則不安，久靜不僮則沈，此柔之失也。是故《鍵》之‘炕龍’，《壯》之‘觸蕃’，16行《句》之‘离角’，《鼎》之‘折足’，《酆》之‘虛盈’，五繇者，剛之失也，僮而不能靜者也。《川》之‘牝馬’，《小蓄》之‘密雲’，《句》之‘［適］屬’，《［漸］》之‘繩婦’，《肫》之‘泣血’，五繇者，陰之失也，靜而不能僮者也。是故天之義，剛建僮發17行而不息，亓吉保功也。無柔栽之，不死必亡。僮陽者亡，故火不吉也。［地］之義，柔弱沈靜不僮，亓吉［保安也。无］剛文之，則竉賤遺亡。重陰者沈，故水不吉也。故武之義，保功而恆死；文之義，18行保安而恆竉。是故柔而不玦，然後文而能朕也；剛而不折，然而后武而能安也。《易》曰：‘直方，大，不［習，吉］。’□□□□□於文武也。”此《易》贊也。子曰：“《鍵》六剛能方，湯武之德也。‘潛龍勿用’者，匿也。19行‘見蠪在田’也者，德也。‘君子冬日鍵鍵’，用也。‘夕沂若，厲无咎’，息也。‘或鱲在淵’，隱［而］能靜也。‘翡蠪［在天］’，□而上也。‘炕龍有悔’，高而爭也。‘羣龍无首’，文而耶也。《川》六柔相從順，文之至也。‘君20行子先迷後得主’，學人之胃也。‘東北喪崩，西南得崩’，求賢也。‘履霜，堅冰至’，豫□□也。‘直方，大，不［習，吉］’，□□□［也］。‘含章可貞’，言美請也。‘聒囊，无咎’，語无聲也。‘黃常，元吉’，有而弗發也。21行‘龍單于野’，文而能達也。‘或從王事，无成，有冬’，學而能發也。《易》曰‘何校’，剛而折也。‘鳴嗛’也者，柔而□［也。《遯》之］‘黃牛’，文而知朕矣。《渙》之緣辭，武而知安矣。《川》之至德，柔而反於方；《鍵》之至德，22行剛而能讓。”此《鍵》《川》之厽說也。子曰：“《易》之用也，殷之无道，周之盛德也。恐以守功，敬以承事，知以辟患，□□□□□□□□文王之危，知史記之數書，孰能辯焉？《易》曰又名焉《鍵》。《鍵》也者，八卦23行之長也。九也者，六肴之大也。為九之狀，浮首兆下，蛇身僂曲，亓為龍類也。夫蠪，下居而上達者，□□□□□□□□□□□而成章。在下為‘橬’，在上為‘炕’。人之陰德不行者，亓陽必失類。《易》24行曰‘潛龍勿用’，亓義潛清，勿使之胃也。”子曰：“廢則不可入於謀，朕則不可與戒。忌者不可與親，繳［者］不可予事。《易》曰‘潛龍勿［用］’‘炕龍有悔’，言亓過也。

物之上搖而下絕者，不久大立，必多亓25行咎。《易》曰‘炕龍有悬’。大人之義不實於心，則不見於德；不單於口，則不澤於面。能威能澤，胃之蘢。”《易》［曰］：“見龍在［田，利］見大人。”子曰：“君子之德也。君子齊明好道，日自見以侍用也。見用則26行僮，不見用則靜。”《易》曰：“君子冬日鍵鍵，夕沂若，厲，无咎。”子曰：“知息也，何咎之有？人不淵不耀則不見，□淵不□，不用而反居亓□□。”《易》曰：“或耀在淵，无咎。”子曰：“恆耀則凶，君子耀以自見，道以自27行成。君子竆不忘達，安不忘亡，靜居而成章，首福又皇。”《易》曰：“翡蘢在天，利見大人。”子曰：“天之□□□□何有其□□□□□□人尉文而溥，齊明而達矣。此以剸名，孰能及［乎］？”《易》曰：“見羣28行蘢无首。”子曰：“讓善之胃也。君子羣居，莫敢首，善而治，何誎亓和也？龍不侍光而僮，无階而登，□□人與蘢相以，何［不］吉之有？”此《鍵》之羊說也。子曰：“《易》又名曰《川》，雌道也。故曰‘牝馬之貞’，29行童獸也，川之類也。是故良馬之類，廣前而睘後，遂臧。尚受而順，下安而靜，外又美刑，則中又□□□□臧壽以□乎，昇以來羣，文德也。是故文人之義，不侍人以不善，見亞，墨然弗30行反，是胃以前戒後。武夫昌慮，文人緣序。”《易》曰：“先迷後得主。”“學人胃也，何无主之又？天氣作□□□□寒暑不異，亓寒不凍，亓暑不曷。”《易》曰：“履霜，堅冰至。”子曰：“孫從之胃也。歲之義31行始於東北，成於西南。君子見始弗逆，順而保穀。”《易》曰：“東北喪崩，西南得崩，吉。”子曰：“非吉石也，亓□□要誠與賢之胃也。［武夫］又拂，文人有輔。拂不撓，輔不絕，何不吉之又？”易曰：“直方，大，不習，32行吉。”子曰：“生文武也，雖強學，是弗能及之矣。”《易》曰：“含章可貞，吉。”“言美請之胃也。文人僮，小事時說，大［事］順成，知勿過數而務柔和。”《易》曰：“或從事，无成，又冬。”子曰：“言《詩》《書》之胃也。君子笱得亓33行冬，可必可盡也。君子言於无罪之外，不言於又罪之內，是胃重福。”《易》曰：“利永貞。”此《川》之羊說也。子［曰］：“《易》之要可得而知矣。《鍵》《川》也者，《易》之門戶也。鍵，陽物也；川，陰物也。陰陽合德而剛柔有體，34行以體天地之化，又口能斂之，无舌罪，言不當亓時則閉慎而觀。”《易》曰：“聒囊，无咎。”子曰：“不言之胃也。［不言，何］咎之又？黑亦毋譽，君子美亓慎，而不自箸也，淵深而內亓華。”《易》曰：“黃常，元吉。”子35行曰：“尉文而不發之胃也。文人內亓光，外亓龍，不以亓白陽人之黑，故亓文茲章。”《易》曰□□既沒，又爵□□□居，亓德不忘。“蠪單于野，亓血玄黃。”子曰：“耶人信𢦏！隱文且靜，必見之胃也。36行蟹卉變而不能去亓文，則文亓信于。”而達神明之德也。亓辯名也，襍而不戉，於指《易》□，衰世之僮與？《易》［彰往而察］來者也，微顯贊絕，巽而恆當，當名辯物，正言巽辤而備。本生仁義，所37行以義剛柔之制也。亓稱名也少，亓取類也多，亓指閒，亓辤文，亓言曲而中，亓事隱而單。因齎人行，明［失得之報。《易》之］興也，於中古乎？作《易》者，亓又患憂與？上卦九者，贊以德而占以義者38行也。《履》也者，德之坙也；《嗛》也者，德之枋也；《復》也者，德之本也；《恆》也者，德之固也；《損》也者，德之脩也；《益》［也者，德］之譽也；《困》也者，德之欲也；《井》者，德之地也；《渙》也者，德制也。是故占曰：《履》，和而至；39行《嗛》，奠而光；《復》，少而辯於物；《恆》，久而弗厭；《損》，先難而後易；《益》，長裕而與；《宋》，竆而達；《井》，居亓所而遷；［《渙》，稱］而救。是故《履》以果行也，《嗛》以制禮也，《復》以自知也，《恆》以一德也，《損》以遠害也，《益》以與40行禮也，《困》以辟咎也，《井》以辯義也，《渙》以行權也。子曰：“渙而不救，則比矣。”《易》之為書也，難前，為道就𨐡。［變］僮而不居，周流六虛，上下无常，剛柔相易也，不可為典要，唯變所次。出入又度，外內41行內皆瞿。又知患故，无又師保，而親若父母。印衛亓辤，楑度亓方，无又典尚，后非亓人，則道不［虛行］。无德而占，則《易》亦不當。《易》之義，贊始□冬以為質，六肴相襍，唯侍物也。是故［亓初］42行難知，而上易知也；本難知也，而末易知也。［本］則初如疑之，敬以成之，冬而无咎。□□□□□□□□□脩道，鄉物巽德，大明在上，正亓是非，則［非亓中爻］不［備］。□□□□占，危哉！□□不 43行當，疑德占之，則《易》可用矣。子曰：“知者觀亓緣辭，而說過半矣。”《易》曰：“二與四同［功異位，亓善不同。二］多譽，四多瞿，近也。”近也者，嗛之胃也。《易》曰：“柔之為道也，不利遠［者，亓］要无［咎，亓用］柔若［中］也。”《易》44行曰：“三與五同功異立，亓過［不同，三］多凶，五多功，［貴賤］之等［也。亓柔危，亓剛朕邪］？”□□□□□□□□□　衷　二千 45行

帛書《要》釋文

■□□□□□□□□□□□□□□□□□□□□□□□□□□□□□［兼三才而兩之，故］：六；六者非［它也，三才之道也］。□□□□□□□□□□□□□□□道［又變動，故曰］肴；有等，［故曰 1行物］。□□2行□□3行□□反疏 4行□□口□□□□□□□□□□□□□□□□□□□□□□□□□□矣。5行□□至命

者也。《易》□□□□□□□□□□□□□□□□□□□□□□6行明而甚□□□□□□□□□□□□□□□□□□□□□□□□□□□□□□□□□□□□□□行其義，長其慮，脩其［道］，□□□□□□□□□□□□□易矣。若夫祝巫7行卜筮龜□□□□□□□□□□□□□□□□□□□□□□□□□□□巫之師□□□□□□［無］德，則不能知《易》。故君子蕙□□□□□□□□□□。［夫］子曰：“吾好學而毚8行聞要，安得益吾年乎？吾□□□□□□□□□□□。”［夫子曰］：“危者安亓立者也，亡者保［亓存者也。是故］君子安不忘危，存不忘亡，治不忘［亂，是以身安而國］家可保也。《易》曰：‘亓亡，亓亡，毄於9行枹桑。’”夫子曰：“德溥而立莫，［知小而謀大，力小而任重］，鮮不及。《易》曰：‘鼎折足，復公莡，亓刑屋，凶。’言不朕任也。”夫子曰：“顏氏之子，亓庶幾乎！見幾又不善，未嘗弗知；知之，未嘗復行之。《易》10行曰：‘不遠復，无莛誨，元吉。’天地昷，萬勿潤；男女購請而萬物成。《易》［曰］：‘三人行，則損一人；一人行，則［得］亓友。’言至一也。君子安亓身而後動，易亓心而後評，定位而后求。君子脩於此三11行者，故存也。危以動，則人弗與也；无立而求，則人弗予也；莫之予，則傷之者必至矣。《易》曰：‘莫益之，或毄之，立心勿恆，凶。’此之胃也。”●夫子老而好《易》，居則在席，行則在橐。子贛曰：“夫12行子它日教此弟子曰：‘悳行亡者，神霝之趨；知謀遠者，卜筮之蘩。’賜以此為然矣。以此言取之，賜緍行之為也。夫子何以老而好之乎？”夫子曰：“君子言以榘方也，前羊而至者，弗羊而巧也。13行察亓要者，不趀亓福。《尚書》多仒矣，《周易》未失也，且又古之遺言焉。予非安亓用也，予樂［亓辤也，予何］尤於此乎？”［子贛曰］：“如是，則君子已重過矣。賜聞諸夫子曰：‘孫正而行義，則人不惑矣。’夫14行子今不安亓用而樂亓辤，則是用倚於人也，而可乎？”子曰：“校戋，賜！吾告女《易》之道：良［筮而善占］，此百生之道［也，非］《易》也。夫《易》，岡者使知瞿，柔者使知岡，愚人為而不忘，儉人為而去詐。文15行王仁，不得亓志，以成亓慮。紂乃无道，文王作，諱而辟咎，然后《易》始興也。予樂亓知之。[非文王]之自[作《易》]，予何[知]亓事紂乎？”子贛曰：“夫子亦信亓筮乎？”子曰：“吾百占而七十當，唯周梁山之占也，亦必16行從亓多者而已矣。”子曰：“《易》，我後亓祝卜矣！我觀亓德義耳也。幽贊而達乎數，明數而達乎德，又仁[守]者而義行之耳。贊而不達於數，則亓為之巫；數而不達於德，則亓為之史。史巫之筮，鄉17行之而未也，好之而非也。後世之士疑丘者，或以《易》乎？吾求亓德而已，吾與史巫同塗而殊歸者也。君子德行焉求福，故祭祀而寡也；仁義焉求吉，故卜筮而希也。祝巫卜筮亓後乎？”●孔子18行繇《易》至于《損》《益》一卦，未尚不廢書而英，戒門弟子曰：“二厽子！夫《損》《益》之道，不可不審察也，吉凶之[門]也。《益》之為卦也，春以授夏之時也，萬勿之所出也，長日之所至也，產之室也，故曰19行益。《授》者，秋以授冬之時也，萬勿之所老衰也，長[夕]之所至也，故曰產。道竆焉而產，道[達]焉。《益》之始也吉，亓冬也凶；《損》之始凶，亓冬也吉。《損》《益》之道，足以觀天地之變而君者之事已。20行是以察于《損》《益》之變者，不可動以憂憙。故明君不時不宿，不日不月，不卜不筮，而知吉與凶，順于天地之心，此胃《易》道。故《易》又天道焉，而不可以日、月、生、辰盡稱也，故為之以陰陽；又地道21行焉，不可以水、火、金、土、木盡稱也，故律之柔剛；又人道焉，不可以父子、君臣、夫婦、先後盡稱也，故要之以上下；又四時之變焉，不可以萬勿盡稱也，故為之以八卦。故《易》之為書也，一類不足以亟22行之，變以備亓請者也。故胃之《易》又君道焉，五官六府不足盡稱之，五正之事不足以產之，而《詩》《書》《禮》《樂》不[止]百扁，難以致之。不問於古法，不可順令以辯令，不可求以志善。能者繇一求之，所胃23行得一而君畢者，此之胃也。《損》《益》之道，足以觀得失矣。”要　千六百卌八 24行

帛書《繆和》釋文

■繆和問於先生曰：“請問，《易·渙》之九二曰：‘渙賁亓階，每亡。’此辭吾甚疑焉，請問此之所胃？”［子］曰：“夫《易》，明君之守也。吾□忌不達問，學不上與，恐言而貿易，失人之道。不然，吾志亦願之。”繆和1行曰：“請毋若此，願聞亓說。”子曰：“渙者，散也。賁階，幾也，時也。古之君子時福至則進取，時亡則以讓。夫福至而能既焉，賁走亓時，唯恐失之。故當亓時而弗能用也，至於亓失之也，唯欲為人用，2行剴可得也才！將何无每之又？受者昌，賁福而弗能蔽者窮，逆福者死。故亓在《詩》也曰：‘女弄，不幣衣常；士弄，不幣車輪。’无千歲之國，无百歲之家，无十歲之能。夫福之於人也，既焉，不3行可得而賁也。故曰賁福又央。耶人知福之難得而賁也，是以又矣。故《易》曰‘渙賁亓階，每亡’，則□言於能賁亓時，悔之亡也。”●繆和問於先生曰：“凡生於天下者，无愚知、賢不宵，莫不4行願利達顯榮。今《周易》曰：‘困，亨；貞，大人吉；无咎；又言［不］信。’敢問大人何吉於此乎？”子曰：“此耶人之所重言也，曰‘又言不信’。凡天之道，壹陰壹陽，壹短壹長，壹晦壹明。夫人道尤之。是故5行湯［囚於桀］王，文王絢於條里，［秦繆公困］於殽，齊恒公辱於長勺，戉王勾賤困於［會稽］，晉文君困［於］驪氏。古古至今，柏王之君未嘗憂困而能□□［者，未之有］也。夫困之為達也，亦猷6行□□□□□□元□□□□□□□□□□□□故《易》曰：‘困，亨；貞，大人吉，无［咎；又言不信。’此］之胃也。”●繆和問於先生曰：“吾年歲猷少，志□□□已欲多□□□敢失忘吾者？”子曰：“何7行□□□□□□□□未定□□□□□□□□□□□□□□□□□□□□□□□□□□□曰美亞不□□《書》

《春秋》《詩》《語》蓋□□□□□□□。”［●繆和問於先生曰：“凡生於天下］8行者，莫不願安□□擇。今《周易·［困》之六三曰：‘困于石，據于蒺莉，人於亓宮，不見亓妻，凶。’何胃也？”子曰：“蒺者］，疾也。莉者，利也。入於亓［宮］者，□□□紐而利害異□□□□□□□□□□□□□□9行□□□□□□□□豐□是□□□□□□□□□□□□□□□［今《易·嗛》之九］三［曰：‘勞嗛，君子又冬，吉。’何胃也？”子曰：“此言］□□□□也。古之君子□□□□□□□□□□□□□10行以高下，故［曰嗛］。禹之取天［下者］，當此卦也。禹［勞］亓四枝，苦亓思［慮］，至於手足駢胝，顏色［黎黑］，□□□□□□□□□□□□□□古及□□□亓□□□□□□□□而果丑11行下，名號聖君，亦可胃冬矣，吉孰大焉？故曰：‘勞嗛，君子又冬，吉。’不亦宜乎？今又土之君及至布衣□□□□□□□亓妻奴紛白黑涅□□□□□□□□□□□□□非能焉而12行又功名於天下者，殆无又矣。故曰：‘勞嗛，君［子又］冬，吉。’此之胃也。”●翏和問先生曰：“吾聞先君亓［舉］義錯法、發［號］施令於天下也，皎焉若□□然，故［後］世循者不惑眩焉。今《易·豐》之13行九四曰：‘豐亓剖，日中見斗，遇亓夷主，吉。’何胃也？”子曰：“豐者，大也。剖者，小也。此言小大之不惑也。蓋［聖］君之為吋立賞慶也，若體執然。大能奮細，故上能使下，君能令臣。是以動則又14行功，靜則又名。列執尤奠，賞祿甚厚，能弄傅君而國不損幣者，蓋无又矣。日中見斗，夫日者，君也。久者，臣也。日中而久見，君將失亓光矣。日中必頃，幾失君之德矣。遇者，見也。見夷15行主者，亓始夢兆而亟見之者也，亓次，秦翏公、荊莊、晉文、齊桓是也。故《易》曰：‘豐亓剖，日中見斗，遇亓夷主，吉。’此之胃也。”●呂昌問先生曰：“《易·屯》之九五曰：‘屯亓膏，小，貞，吉；大，貞，凶。’將何16行胃也？”“夫《易》，上聖之治也。古君子处尊思卑，处貴思賤，处富思貧，处樂思勞。君子能思此四者，是以長又亓利，而名與天地俱。今《易》曰‘屯亓膏’，此言自閏者也。夫处上立，厚自利而不自17行血下，小之猷可，大之必凶。且夫君國又人，而厚僉致正以自封也，而不顧亓人，此除也。夫能見亓將□□□□，未失君人之道也。亓小之吉，不亦宜乎？物未夢兆而先知之者，聖人之志18行也，三代所以治亓國也。故《易》曰：‘屯亓膏，小，貞，吉；大，貞，凶。’此之胃也。”●呂昌問先生曰：“［天］下之士皆欲會□□□□也，分別摟與以相高也，以為至是也。今《易·渙》之六四曰：‘渙亓羣，元吉。’此19行何胃也？”子曰：“異才，天下之士所貴！夫渙者，散。元者，善之始也。吉者，百福之長也。夫羣黨傰比□□□□□□□□□□□比周相譽，以奪君明，此古亡國敗家之法也，明君之所行罰也，將何20行‘元吉’之又矣？”呂昌曰：“吾聞類大又焉耳，而未能以辯也，願先生少進之以明少者也。”子曰：“明王［聖］君□□□□□□然，立為刑辟，以散亓羣黨，執為賞慶時列，以勸亓下羣臣黔首男21行女。夫人渴力盡知歸心於上，莫敢傰黨侍君，而主將何求於人矣？亓曰‘渙亓羣，元吉’，不亦宜乎？故《詩》曰：‘惠彼小星，參五在東；潚潚宵正，蚤夜在公，是命不同。’彼，此之胃也。”●呂昌問先生曰：22行“夫古之君子，亓思慮舉錯也，內得於心，外度於義，外內和同，上順天道，下中地理，中適人心，神□它焉，故又嘉命□管之聞。今《周易》曰：‘蒙，亨，非我求童蒙，童蒙求我；初筮吉，再參讀，讀則23行不吉，利貞。’以昌之和，以為夫設身无方，思索不察，進很无節，‘讀’焉‘則不吉’矣，而能‘亨’亓‘利’者，古又之乎？”子曰：“□□□□□也，而又不然者。夫內之不咎，外之不逆，管管然能立志於天下，24行若此者，成人也。成人也者，世无一夫，剴可強及輿才？故言曰：‘古之馬及古之鹿，今之馬今之鹿。’夫任人□□□過，亦君子［也。”呂］昌曰：“若子之言，則《易·蒙》上矣。”子曰：“何必若此，而不可察也。夫蒙者，25行然少未又知也。凡物之少，人之所好也。故曰‘蒙，亨’。‘非我求童蒙，童蒙求我’者，又知能者不求无能者，无能者［求］又能者，［故曰‘非］我求童蒙，童蒙求我’。‘初筮吉’者，聞亓始而知亓冬，見亓本而知亓［末，故］26行曰‘初筮吉’。‘再參讀，讀則不吉’者，反覆問之而讀，讀，弗敬，故曰‘不吉’。弗知而好學，身之賴也，故曰‘利［貞］’。君子於仁義之道也，雖弗身能，豈能已才？日夜不休，冬身不卷，日日載載，必成而27行后止。故《易》曰：‘蒙，亨；非我求童蒙，童蒙求我；初筮吉，再參讀，讀則不吉；利貞。’此之胃也。”●吳孟問先［生曰］：“《易·中覆》之九二亓辭曰：‘鳴鶴在陰，亓子和之；我又好時，吾與壐羸之。’何胃［也？”子］28行曰：“夫《易》，耶君之所尊也。吾庸與焉乎？”吳子曰：“亞又然！願先生式略之，以為毋忘，以匡弟子所［疑。”子］曰：“夫鶴□□□□□者所獨擅也，道之所見也，故曰‘在陰’。君者，人之父母也；人者，君之子29行也。君發號出令，以死力應之，故曰‘亓子和之’。‘我又好時，吾與壐羸之’者，夫時祿在君、在人，君不徒□，臣不［徒忠。耶君之使］亓人也，訢焉而欲利之；忠臣之事亓君也，驩然而欲明之。驩訢交迥，30行此耶王之所以君天下也。故《易》曰：‘鳴鶴陰，亓子和之；我又好時，吾與壐羸之。’亓此之胃乎？”●莊但［問］於先生曰：“敢問於古今之世，聞學談說之士，君子所以皆牧焉，勞亓四枳之力，渴亓腹心31行而索者，類非安樂而為之也。以但之私心論之，此大者求尊嚴顯貴之名，細者欲富厚安樂［之］實，是以皆□□，□勉輕奮，亓所穀幸於天下者，殆此之為也。今《易·溓》之初六亓辭32行曰：‘嗛嗛［君子］，用涉大川，吉。’將何以此諭也？”子曰：“夫務尊顯者，亓心又不足者也。君子不然，畛焉不自明也，不自尊也，□□高世。《嗛》之初六，《嗛》之《明夷》也，耶人不敢又立也，以又知為无知33行也，以又能為无能也，以又見為无見也。憧焉无敢設也，以使亓下，所以治人請，牧羣臣之偽也。謙謙君子者，夫□□□然以不□□於天下，故箸多、廣大、斿樂之鄉不敢渝亓身焉，34行是以而下驩然歸之而弗猒也。‘用涉大川，吉’者，夫《明夷》離下而川上，川者，順也。君子之所以折亓身者，明察所以□□□□丑，是以能既致天下之人而又之。且夫川者，下之為也。故曰：‘用35行涉大川，吉。’”子曰：“能下人若此，亓吉也，不亦宜乎？舜取天下也，當此卦也。”子曰：“恣明夐知守以愚，［博］聞強識守以踐，尊［時］貴官守以卑。若此，故能君人。非舜，亓孰能當之。”●張射問36行先生曰：“自古至今，天下皆貴盛盈。今《周易》曰：‘嗛，亨，君子又冬。’敢問君子何亨於此乎？”子曰：“善［哉！所］問是也。夫先君作執列时立之尊，明厚賞慶之名，此先君之所以勸亓力也，37行宜矣。彼亓貴之也，此非耶君之所貴也。夫耶君卑體屈貌以郤，孫以下亓人，能至天下之人而又之。［非聖君，亓］孰能以此冬？”子曰：“天之道稟高神明而好下，故萬勿歸命焉；地之38行道精博以尚而安卑，故萬勿得生焉。耶君之道尊嚴夐知而弗以驕人，嗛然比德而好後，故［天下歸心焉］。《易》曰：‘溓，亨，君子又冬。’”子曰：“嗛者，溓然不足也。亨者，嘉好之會也。夫君人39行者以德下亓人，人以死力報之。亓亨也，不亦宜乎？”子曰：“天道毀盈而益嗛，地道銷［盈而］流嗛，［鬼神害盈而福嗛］，人道亞盈而好溓。溓者，一物而四益者也；盈者，一物而四損者也。故耶君以40行為豐茬，是以盛盈使祭服忽。屋成加藷，宮成刌隅。溓之為道也，君子貴之，故曰：‘溓，亨，君［子又冬］’。盛盈［而能嗛］下，非君子亓孰當之？”●李羊問先生曰：“《易·歸妹》之上六曰：‘女承匡无實，士41行封羊无血，无攸利。’將以辥，是何明也？”子曰：“此言君臣上下之求者也。‘女’者，下也。‘士’者，上也。‘承’，奉［也。‘匡］’者，器之名也。‘刲’者，上求於下也。‘羊’者，眾也。‘血’者，卹也。‘攸’者，所也。夫賢君之為列執时立42行也，與實俱，羣臣榮亓列，樂亓實。夫人盡忠於上，亓於小人也，必談博知亓又无，而□□□□。是以□□□行，莫不勸樂以承上求，故可長君也。貪乳之君不然，羣臣虛立，皆又外志，君无賞祿43行以勸之，亓於小人也，賦斂无根，耆欲无猒，徵求无時，財盡而人力屈，不朕上求，眾又離［心］而上弗卹，此所以亡亓國以及亓身也。夫明君之畜亓臣也，不虛忠臣之事，亓君也又實，上下迵實，此44行所以長又令名於天下也。夫忠言情愛而實弗隋，此鬼神之所疑也，而兄人乎？將何所利矣？古《易》曰：‘女承匡无實，士刲羊无血，无攸利。’此之胃也。”孔子曰：“夫‘无實’而‘承’之，‘无血’而‘卦’之，不亦不知乎？45行且夫求於无又者，此凶之所產也，善乎胃‘无所利’也。”子曰：“君人者，又大德於臣而不求亓報，則□□□要，晉、齊、宋之君是也；臣人者，又大德於［君而不求亓報，則］□□□□□□□□□□□□［關］46行龍逢、王子比干、五子［胥］、□□、［介］子隼是也。君人者，又大德於臣而不求亓報，生道也；臣者，［又大德於君］而不求亓報，死道也。是故聖君求報於人，士饒壯而不能□□□□□□□□□□□□47行矣。故報□□□也□□亓在《易》也，《覆》之［六］二曰：‘休覆，吉。’則此言以□□□□□也。又□□□□□□□□，將何吉之求矣！”●子曰：“昔者先君□□□□□□□□□□□□□□□□□□□□□□□□□48行產，內外□□而不相德，□□而不相怨，□□□□□□□□□□□□□□□□□□□□□□□□猷恐人之不順也，故亓在《易》［也，《訟》之六三曰：‘食舊德，貞厲，終吉；或從王］事，无成。’”子49行曰：“‘食［舊德］’，正之成也。故人□□□□□□□幹事，‘食舊德’以自屬□□□不亦宜乎？’50行故曰：‘食舊德，貞厲，或從王事，无成。’”●子曰：“《恆》之初六曰：‘夐恆，貞凶，［无攸利。’”子］曰：“夐，治□□□□□□□□□□□□□。［‘夐恆’者］，人之所非也，凶必產［焉。故曰‘夐恆，貞凶，无攸］利。’”●子曰：“《恆》之九三曰：‘不51行恆亓德，或承之羞，貞［藺］。’”子曰：“‘不恆亓’者，言亓德行之无恆也。德行无道，則親疏无辨；親疏无辨，［則］必將［羞辱時至，如］何不藺？故曰：‘不恆亓德，或［承之羞，貞藺。’”●子曰：“《恆》之］九五曰：‘恆亓德，貞，婦人52行吉，夫子凶。’婦德一人之為，［不］可以又它。又它矣，凶［必］產焉。故曰：‘恆亓德，貞，婦人吉。’亓男德不［然，恆］安者之又弱德，必立而好比於人。賢、不宵人得亓宜，則吉；自恆也，則凶。故曰：‘恆亓德，貞，婦人53行吉；夫子凶。’”子曰：“《川》之六二曰：‘直方，大，不習，无不利。’”子曰：“‘直方’者，知之胃也；‘不習’者，□□□□［之胃］也；無不利者，无過之胃也。

夫赢德以與人，過則失人和矣，非人之所習也，則近害矣。故 54行曰：‘直方，大，不習，无不利。’”●湯出巡守，東北又火，曰：“彼何火也？”又司對曰：“漁者也。”湯遂至［之］，曰：“子之祝可？”曰：“古伐［蛛］蝥作罔，今之人緣序。左者右者，尚者下者，衛突乎土者，皆來乎吾罔。”湯 55行曰：“不可。我教子祝之，曰：‘古者蛛蝥作罔，今之緣序，左者使左，右者使右，尚者使尚，下者使下，［犯命］者以祭□□□。’”诸侯聞之曰：“湯之德及禽獸魚鱉矣。”故共皮幣以進者卌又 56行餘國。《易卦》亓義曰：“顯比，王用參毆，失前禽，邑不戒，吉。”此之胃也。●西人舉兵侵魏野，而□□□□□□□□□□□□□而遂出見諸大夫，過段干木之閭而式。亓僕李義曰：“義聞之：諸侯 57行先財而後財。今吾君先身而後財，何也？”文侯曰：“段干木富乎德，我富於財；段干木富［乎義，我富於地。財不如德，地不如義。德而不吾］為者也，義而不吾取者也。彼擇取而不我與者也，我求而弗 58行得者也。若何我過而弗式也？”西人聞之，曰：“我將伐无道也。今也文侯尊賢，［不能］伐。”遂退兵。□□□□□□□□□□何可？而要之局，而冣之獄獄。吾君敬女，而西人告不足。《易卦》亓義 59行曰：“又覆惠心，勿問，元吉；又復惠我德也。”●吴王夫䛁攻當夏，太子辰歸冰八管。君問左右，冰□□□□□□□□□，注冰江中上流，與士歓亓下流，江水未加清，而士人大說。60行斯壘為三遂，而出虪荊人，大敗之，襲亓郢，居亓君室，徙亓祭器。察之，則從八管之冰始也。［《易］卦》亓義曰：“鳴嗛，利用行師征國。”●越王勾賤即已克吴，環周而欲均荊方城 61行之外。荊王聞之，恐而欲予之。左史倚相曰：“天下吴為強，以戉戔吴，亓鋭者必盡，其餘不足［用］也。是知晉之不能□□□□，齊之不能隃騶魯，而與我爭於吴也，是恐而來觀 62行我也。”君曰：“若何則可？”左史倚相曰：“請為長轂五百乘，以往分於吴地。”君曰：“若。”遂為長轂五［百］乘，以往分［於吴］。曰：“吴人［有起兵］而不服者，請為君服之。”日旦，越王曰：“天下吴為強，吾 63行既戔吴，亓餘不足以辱大國。”士人請辭。又曰：“人力所不至，周車所不達，請為君服之。”王胃大夫重［曰：“荊］不很兵，［可擊否］？”重曰：“不可！天下吳為強，以我戔吳，吾銳者既盡，亓餘不足用64行也。而吳眾又未可趨也，請與之分於吳地。”遂為之封於南巢至於北蘄，南北七百里，命之曰倚［相之］封。《易卦》［亓義曰：“睽］柧，鬼豕負塗，載鬼一車，先張之柧，後說之壺。”此之胃也。65行荊莊王欲伐陳，使沈尹樹往觀之。沈尹樹反，至令，曰：“亓城郭脩，亓倉實，亓士好學，亓婦人組疾。”君［曰］：“如是，則陳不可伐也。城郭脩，則亓守固也；倉廩實，則人食足也；亓士好學，必死上也；66行亓婦組［疾］，亓財足也。如是，陳不可伐也。”沈尹樹曰：“彼若若君之言，則可也。彼與君上言之異。城郭脩，［則］人力渴矣；倉廩實，［則又餒］之人也；亓士好學，則又外志也；亓婦組疾，則士祿不足食也。67行故曰：‘陳可伐也。’”遂舉兵伐陳，克之。《易卦》亓義曰：“人于左腹，穫明夷之心，于出門廷。”●趙間子欲伐衛，使史黑［往睹之，期以］卅日，六十日焉反。間子大怒，以為又外志也。史黑曰：“吾君殆乎大過矣！衛使68行槾柏玉相，子路為浦，孔子客焉，史子突焉，子贛出入於朝而莫之留也。此五人也，一治天下者也，而［今者］皆在衛是□□□也，□□□□又是心者，侃舉兵而伐之乎？”《易卦》亓義曰：“觀國之光，利用69行賓于王。”《易》曰：“童童往來”，仁不達也；“不克征”，義不達也；“亓行塞”，道不達也；“不明晦”，明不達也。“［見龍在田”，仁達］矣；“直方”“不習”，義達矣；“自邑告命”，道達矣；“觀國之光”，明達矣。　繆和70行

帛書《昭力》釋文

昭力問曰："《易》又卿大夫之義乎？"子曰："《師》之'左次'、與'闌輿之衛'、與'豶豕之牙'參者，大夫之所以治亓國而安亓［家也］。"昭力曰："可得聞乎？"子曰："昔之善為大夫者，必敬亓百姓之順德，忠信以先之，脩亓兵甲1行而衛之，長賢而勸之，不乘朕名以教亓人，不羞卑喻以安社稷。亓將稽誅也，吐言以為人次；亓將報［施也］，□貞以為人次；亓將取利，必先亓義以為人次。《易》曰：'師左次，无咎。'師也者，人之聚也。次2行也者，君之立也。見事而能左亓主，何咎之又？"問"闌輿"之義。子曰："上正衛國以德，次正衛國以力，下正衛［國］以兵。衛國以德者，必和亓君臣之節，不耳之所聞，敗目之所見，故權臣不作。同父子之3行欲，以固亓親；賞百姓之勸，以禁諱教；察人所疾，不作苛心。是故大國屬力焉，而小國歸德焉。城郭弗脩，五兵弗實，而天下皆服焉。《易》曰：'闌輿之衛，利又攸往。'若輿且可以闌然之，侃以4行德乎？可不吉之又？"又問："'豶豕之牙'何胃也？"子曰："古之伎強者也，伎強以侍難也。上正衛兵而弗用，次正用兵而弗先也，下正銳兵而后威。幾兵而弗用者，調爰亓百生而敬元士臣，強爭亓時而讓亓5行成利。文人為令，武夫用圖，脩兵不解，卒伍必固，權謀不讓，怨弗先昌。是故亓士驕而不頃，亓人調而不野。大國禮之，小國事之，危國獻焉，力國助焉，遠國依焉，近國固焉。上正陲衣常以來6行遠人，次正橐弓矢以伏天下。《易》曰：'豶豕之牙，吉。'夫豕之牙成而不用者也，又笑而后見，言國脩兵不單而威之胃也。此大夫之用也，卿大夫之事也。"●昭力問曰："《易》又國君之義乎？"子曰："《師》之'王參賜命'、7行與《比》之‘王參毆’、與《柰》之‘自邑告命’者三者，國君之義也。”昭力曰：“可得聞乎？”子［曰］：“昔之君國者，君親賜亓大夫，大夫親賜亓百官，此之胃參袑。君之自大而亡國者，亓臣厲以㝡謀。君臣不相知，8行則遠人无勸矣，乳之所生於忘者也。是故君以悉人為德，則大夫共悳，將軍禁單；君以武為德，則大夫溥人，［將軍］□柢。君以資財為德，則大夫賤人，而將軍走利。是故失國之罪必在君之9行不知大夫也。《易》曰：‘王參賜命，无咎。’為人君而能亟賜亓命，无國何失之又？”又問：“《比》之‘王［參］毆’，何胃也？”子曰：“昔［者明君召］人以㐮，教之以義，付之以刑，殺當罪而人服。君乃服小節，以先人曰義。10行為上且猷又不能，人為下何无過之又？夫失之前，將戒諸後，此之胃教而戒之。《易》［曰：《比》］之‘王參毆，失前禽，邑人不戒，吉。’若為人君毆者，亓人孫戒在前，何不吉之又？”又問曰：“《柰》㉈之‘自邑告命’，11行何胃也？”子曰：“昔之賢君也，明以察乎人之欲亞，《詩》《書》以成亓慮，外內親賢以為紀罔，夫人弗告則弗識，弗將不達，弗遂不成。《易》曰《柰》之‘自邑告命，吉’，自君告人之胃也。”●昭力問先12行生曰：“君、卿大夫之事既已聞之矣，《易》或又乎？”子曰：“士數言數百，猷又所廣用之，兄於《易》乎？比卦卒又二，冬六合之內。四勿之卦，何不又焉？《旅》之‘潛斧’，商夫之義也；《无孟》之卦，邑涂之義也；13行不耕而穫，戎夫之義也；‘良月幾望’，处女之義也。”昭力　六千14行

附录三：

通行本《易传》

《周易》一书包括《易经》和《易传》两部分。通行本《易传》是孔子及其弟子对《易经》的解释，共7种10篇，分别是《彖》上下篇、《象》上下篇、《文言》《系辞》上下篇、《说卦》《序卦》和《杂卦》，又被统称为“十翼”。在通行本《周易》中，《彖》《象》分别被附在每一卦的卦辞和爻辞之后，《文言》是针对乾卦、坤卦的解析，分别附于这两卦爻辞之后，帛书本则无这些内容。为了保证对《周易》相关内容收录的完整性，我们特在附录中将“十翼”原文及其白话译文加以整理，方便读者朋友对照查看。

彖上

乾

大哉乾元，万物资始，乃统天。云行雨施，品物流形。大明终始，六位时成，时乘六龙以御天。乾道变化，各正性命。保合大和，乃利贞。首出庶物，万国咸宁。

【译文】博大的、象征万物创始的乾卦，万物依靠它而开始生长，它是统帅万物之本源。它使云朵飘行翻动，使雨水施洒降落，各种事物各具形态而不断发展。明亮的太阳周而复始，乾卦各爻按不同的时位组成，犹如六条龙接连驾驭在天地之间。天地的自然变化形成万物的规律，万物各自运蓄精神，保持太和元气。如此则祥和有益，顺利贞固。天道创造万物，天下邦国和美昌顺。

坤

至哉坤元，万物资生，乃顺承天。坤厚载物，德合无疆。含弘光大，品物咸亨。牝马地类，行地无疆，柔顺利贞。君子攸行，先迷失道，后顺得常。西南得朋，乃与类行。东北丧朋，乃终有庆。安贞之吉，应地无疆。

【译文】广阔无垠的大地啊，是生成万物的根源！万物都靠它而成长，它柔顺地秉承天道的法则。大地深厚且载育着万物，它的功德广阔无穷。它含藏了弘博、光明、远大的功能，使万物都顺利地成长。雌马属地上走兽，具有在大地上无限奔驰的能力，它的性情柔顺、祥和，有利于守持正道。君子应当效法这种品德而行动，如果遇事争先居首就会迷失方向，如果跟在人后顺随大势就能找到常规。往西南方向可以得到利益，是因为与同类同行；往东北方向将有所损失，尽管如此，但最终结果仍然有吉庆。安顺并且守持正固的行动将会是吉祥的，因为它应合了大地广阔无垠的柔顺之德。

屯

屯，刚柔始交而难生。动乎险中，大亨贞。雷雨之动满盈，天造草昧。宜“建侯”而不宁。

【**译文**】屯卦是阳刚阴柔初始相交之时的形象，表明艰难相随而生。这是指在重重险象中求变化发展，想要大为亨通，必须要有纯正的品行。它又象征雷雨交加，充盈宇宙间，恰似天地创造万物的草创蒙昧时期。这时适宜建立诸侯基业治理天下，但天下并不安宁。

蒙

蒙，山下有险，险而止，蒙。蒙，“亨”，以亨行，时中也。“匪我求童蒙，童蒙求我”，志应也。“初筮告”，以刚中也。“再三渎，渎则不告”，渎蒙也。蒙以养正，圣功也。

【**译文**】蒙昧，犹如高山下有险阻，遇到危险而停止下来，所以蒙昧不明。“《蒙》卦象征蒙昧，具有亨通顺利之德行”，说明行动要把握时机，中庸适当。“不是我要去求蒙昧的人们来受启蒙教育，而是人们求教于我”，是由于志趣相应。“初来时诚恳求教便施以教诲”，是因为他心存刚毅，符合中庸之理。“接二连三地滥问，就是亵渎神灵，如此则不再施教”，因为这样便亵渎了启蒙的初衷。启蒙是为培养纯正无邪的品质，这是造就圣人的成功之路。

需

需，须也，险在前也。刚健而不陷，其义不困穷矣。需，有孚，光亨，贞吉，位乎天位，以正中也。“利涉大川”，往有功也。

【译文】需是需要等待的意思。因为前方有艰难险阻，如要做到刚强健实而不陷入危险，那就自然不会遭致路困途穷。“等待，心怀诚信则前途光明亨通，只要坚守正道，就可获得吉祥”，说明九五位居至高无上的天位，又中正不偏。所以“有利于涉越江河巨流”，前进必获成功。

讼

讼，上刚下险，险而健，讼。“讼，有孚，窒惕，中吉”，刚来而得中也。“终凶”，讼不可成也。“利见大人”，尚中正也。“不利涉大川”，入于渊也。

【译文】讼卦的上卦乾是刚强，下卦坎是凶险。面临凶险而能够强健，这便是争论诉讼。“讼卦象征争论诉讼，是诚信被窒碍，心有警惕戒惧，中途吉利”，说明秉阳刚的德行而且保持了适中。“结果凶险”，是说明诉讼最终不能成功。“利于出现有权势的人物”，说明诉讼之事崇尚正直持中。“不利于涉越江河巨流”，是说这样会走向深渊。

师

师，众也。贞，正也。能以众正，可以王矣。刚中而应，行险而顺，以此毒天下，而民从之，“吉”又何“咎”矣？

【译文】师是部属众多的意思。贞是坚守正道的意思。能够以正道率领众多的部属，便可以成为君王了。统帅刚直，虽遇险却又能一帆风顺，凭借这些来治理天下，百姓纷纷服从，当然会吉祥，又哪来的灾祸呢？

比

比，吉也。比，辅也，下顺从也。“原筮，元永贞，无咎”，以刚中也。“不宁方来”，上下应也。“后夫凶”，其道穷也。

【译文】相亲相辅，必有吉祥。“比”是相互辅助，如下位顺从于上位。“再一次占卜的结果，是只要决定诚意，亲辅有德君长久而坚贞，就不会有灾祸”，说明此爻刚毅中正。“不愿臣服的邦国来朝”，是指上下五个阴爻都与九五阳爻呼应。“迟迟不来的人会有凶险”，是指相亲相辅之德已穷尽。

小畜

小畜，柔得位而上下应之，曰小畜。健而巽，刚中而志行，乃“亨”。“密云不雨”，尚往也。“自我西郊”，施未行也。

【译文】小畜，阴柔得其位而上下的阳刚与之相应，因此称为亨通顺利。若心中有刚健的意志，并去为实现自己的志向而努力，则会因此而获得亨通。“聚积着浓密的云层而不降雨”，说明尚且在进行之中；“云气自城外西郊升起”，是指抱负刚刚开始实施还没能实行。

履

履，柔履刚也。说而应乎乾，是以“履虎尾，不咥人”。“亨”。刚中正，履帝位而不疚，光明也。

【译文】履卦卦象是说以柔顺触犯阳刚，以和悦应对刚强，因此说“跟在老虎后面踩到它的尾巴，但猛虎不咬人，故而诸事顺利”。表明卦的九五阳爻处位得正，有中正之德。小心登上帝位而内心无所愧疚，因为其行为光明磊落，故前途一片光明。

泰

“泰：小往大来，吉，亨。”则是天地交而万物通也；上下交而其志同也。内阳而外阴，内健而外顺，内君子而外小人。君子道长，小人道消也。

【译文】“泰卦象征亨通太平：阴柔者往外，阳刚者入内，表示吉祥、顺利。”这表明了天地的阴阳交合，万物的生养畅通，君臣上下交相沟通，志同道合。本卦卦象内阳刚而外阴柔，内刚健而外柔顺，内为君子而外是小人。这表明了君子之道渐长，小人之道渐消。

否

“否之匪人，不利君子贞，大往小来。”则是天地不交而万物不通也，上下不交而天下无邦也。内阴而外阳，内柔而外刚，内小人而外君子。小人道长，君子道消也。

【译文】“闭塞黑暗的世道小人甚多，不利于君子占卜。此时卦象是乾刚向外走，阴柔往里来。”这说明了天地阴阳互不交合，万物的生养没能畅通，君臣上下不能互相沟通，天下离异难成邦国。本卦的卦象内阴柔而外阳刚，内柔顺而外刚健，内为小人而外是君子。这表明了小人之道渐长，君子之道渐消。

同人

同人，柔得位得中，而应乎乾，曰同人。同人曰：“同人于野，亨。利涉大川。”乾行也。文明以健，中正而应，“君子”正也。唯君子为能通天下之志。

【译文】同人卦的卦象，是柔顺的六二阴爻居于适当中正的位置，并与刚健的上卦乾呼应，所以说表示人与人之间的和谐。同人的卦辞说：“在郊外与人聚首，亨通顺利，有利于涉越江河巨流”，是因为上卦乾的刚健前进。禀性文明而又强健，行为持中正直而又互相应和，这是君子遵循的正道。也只有君子才能沟通天下人的意志，使之都成为志同道合的人。

大有

大有，柔得尊位大中，而上下应之曰大有。其德刚健而文明，应乎天而时行，是以元亨。

【**译文**】大有，是指阴柔的厚德处居尊位，显示出博大持中，上下阳刚与它呼应，所以能大有收获。本卦具有刚健而又文明的美德，顺应天道，依时序而安排行动，因而必然极为亨通顺利。

谦

谦，亨。天道下济而光明，地道卑而上行，天道亏盈而益谦，地道变盈而流谦，鬼神害盈而福谦，人道恶盈而好谦。谦，尊而光，卑而不可逾，“君子”之“终”也。

【**译文**】谦逊，亨通顺利。天的规律是阳气下降普济万物带来一片光明，地的规律是阴气从低处源源上升。天的规律是使满盈亏损，使谦虚得到增益，地的规律是改变满盈，充实谦虚，鬼神的规律是加害满盈，降福谦虚，人的规律是憎恶满盈而喜好谦虚。谦逊者居尊位时自身愈加光大，下处卑贱时常人亦难超越。只有君子能够自始至终保持谦逊的美德，也只有如此才能有好结果。

豫

豫，刚应而志行，顺以动，豫。豫，顺以动，故天地如之，而况“建侯行师”乎？天地以顺动，故日月不过，而四时不忒。圣人以顺动，则刑罚清而民服。豫之时义大矣哉！

【**译文**】豫卦的现象是阳刚有五个阴爻相应，从而既能够遂行志向，又能顺应时机行动，因此愉快。豫卦能顺应时机行动，就连天地的运行也如它一样，何况是“建立诸侯，用兵征战”呢？天地循时运转，因此日月的周转不会出错，四季循环不会有偏差。圣人顺应时机而行动，所以赏罚清明公正，百姓心悦诚服。豫卦“得其时”的意义多么宏大啊！

随

随，刚来而下柔，动而说，随。“大、亨、贞、无咎”，而天下随时，随时之义大矣哉。

【译文】随卦卦象是阳刚谦卑地居于阴柔之下，自身行动而使下愉悦，所以说随从。这种态度通达中正，不会有任何灾祸，于是天下的人、事、物都来追随。随从于适当时机的意义真是大呀！

蛊

蛊，刚上而柔下。巽而止，蛊。蛊，“元亨”，而天下治也。“利涉大川”，往有事也。“先甲三日，后甲三日”，终则有始，天行也。

【译文】蛊卦的卦象是阳刚处上而阴柔居下，在下者卑屈静止，在上者停滞不前，象征着需要整治腐败。而整治腐败之举，是至为亨通顺利的，于是天下大治。“有利于涉越大江巨流”，说明努力前往就可以大有作为。“甲前三日为辛日，甲后三日为丁日，从辛至丁共七日”，是说前事的终结即是后事的开始，这是天体运行的规律。

临

临，刚浸而长，说而顺，刚中而应。大“亨”以正，天之道也。“至于八月有凶”，消不久也。

【译文】监临，指的是刚阳渐渐增长，态度和悦而处事顺利，刚健者居中而上下相互感应。博大纯正可获得极大的亨通顺利，这才合于天道顺施的法则。“到了阴盛阳衰的八月会有凶险”，那是因为阳刚之气接近消亡，好景不能长久。

观

大观在上，顺而巽，中正以观天下。“观，盥而不荐，有孚颙若”，下观而化也。观天之神道，而四时不忒。圣人以神道设教，而天下服矣。

【**译文**】宏大壮观的气象高高在上，具备柔顺谦逊的美德，凭借中和刚正之德被天下人仰观。“观，祭礼前洗手自洁的时候，就应当虔诚肃穆”，是说在下者通过仰观而获得教化。仰观大自然运行的神妙法则，可知四季交替分毫不出偏差的道理。圣人效法大自然的神妙法则，设立教化，天下百姓纷纷顺服。

噬嗑

颐中有物曰噬嗑。噬嗑而“亨”，刚柔分，动而明，雷电合而章。柔得中而上行，虽不当位，“利用狱”也。

【**译文**】口腔里面有食物，因此需咬合嚼碎。咬合嚼碎食物可以通畅顺利，是说本卦阳刚阴柔等分相济，下震上离行动明察，雷电交击彰明昭著。阴柔处得中道并且不断向上发展，虽然居位不合适，但却有利于处理刑狱之事。

贲

贲，“亨”。柔来而文刚，故“亨”。分，刚上而文柔，故“小利有攸往”。天文也。文明以止，人文也。观乎天文，以察时变。观乎人文，以化成天下。

【**译文**】文饰，亨通畅达，因为以阴柔之德来辅佐刚强。阴阳交饰而亨通畅达。刚强居上而用以文饰的阴柔处下位，所以“有事外出将有小利”。日月星辰刚柔交错形成，这是天的文饰；文章灿明止于礼仪，这是人类的文明。上观天之文饰，可察看四时的交替变化；下观人类文明，可以推行教化庶民促使天下昌明。

剥

剥，剥也，柔变刚也。“不利有攸往”，小人长也。顺而止之，观象也。君子尚消息盈虚，天行也。

【译文】剥，就是剥落衰败，阴柔增进，侵蚀改变阳刚的性质。不利于有所前往，说明小人的势力增长。君子这时应当顺应时势，停止行动，从观察卦象可知此理。君子崇尚事物消亡生息、盈盛亏虚的变化，这是宇宙运行的自然法则。

复

“复，亨”，刚反。动而以顺行，是以“出入无疾，朋来无咎。反复其道，七日来复”，天行也。“利有攸往”，刚长也。复，其见天地之心乎！

【译文】“复归，亨通顺利”，表明阳刚反归。阳动而顺从自然之理往上行，所以“出入没有疾患，友朋前来无灾患。返转复归遵循着一定的规律，七日中打一个来回”，这是大自然运行的法则。“利于往前进发”，说明阳刚之道逐渐增长。在复卦中，可以见到天地生生不息的运行规律啊！

无妄

无妄，刚自外来而为主于内，动而健，刚中而应。大亨以正，天之命也。“其匪正，有眚，不利有攸往”，无妄之往，何之矣？天命不祐，行矣哉？

【译文】无妄卦卦象表明，阳刚从外部前来而成为内部的主宰，象征运动而乾刚健，刚毅居中并与下位应合，大为亨通顺利而坚守正道，这是上天的教命。“不守正道则有灾祸，不利于外出行动”，这是说在不妄为之时而背离正道往前进发，哪里有路可走呢？没有上天教命的保佑帮助，怎么可以行呢？

大畜

大畜，刚健笃实辉光，日新其德。刚上而尚贤，能止健，大正也。“不家食，吉”，养贤也。“利涉大川”，应乎天也。

【译文】大畜具有刚健笃实的美德，因而光辉焕发，他的这种美德日新月异。阳刚居上而崇尚贤能的人，能蓄积刚健者，这是天下最大的正理。“外出谋生，吉祥”，说明国君尚贤养贤。“利于涉越大江巨流”，说明行动顺应天理。

颐

“颐，贞吉”，养正则吉也。“观颐”，观其所养也。“自求口实”，观其自养也。天地养万物，圣人养贤以及万民，颐之时大矣哉！

【译文】“颐卦象征着颐养，坚守正道可获吉祥”，说明用正道颐养自身，故而获得吉祥。“观察万物养育的现象”，是说观察它们如何养活自己。天地养育着万物，而圣人以德养育着贤能之士和天下百姓，可见因时制宜进行养育的道理太重要了！

大过

“大过”，大者过也。“栋桡”，本末弱也。刚过而中，巽而说行，“利有攸往”，乃“亨”。大过之时大矣哉！

【译文】“大过”，指阳刚太过分了。“栋梁弯曲”，说明首尾两端柔弱。阳刚太过分而居守中位，谦逊而和悦地行事，“利于离家出门”，可以获得亨通顺利。大过卦所显示的因时制宜的道理多么重要啊！

坎

习坎，重险也。水流而不盈，行险而不失其信。“维心亨”，乃以刚中也。“行有尚”，往有功也，天险，不可升也，地险，山川丘陵也。王公设险，以守其国，险之时用大矣哉。

【译文】“习坎”，是重重险陷的意思。水流陷穴不见盈满，行走在凶险之境而坚定地信守其不盈不流的本性。“心中豁然贯通”，是指刚毅中正的德行。“意志坚定而刚毅的行为将受到尊重”，说明往前进发必可建功。天险高远，如日月天空不可得而升，地险有崇山峻岭河川丘陵。王公效法天地设置城池之险，以巩固国防，可见险陷因时制宜的伟大作用。

离

离，丽也。日月丽乎天，百谷草木丽乎土。重明以丽乎正，乃化成天下。柔丽乎中正，故“亨”。是以“畜牝牛，吉”也。

【译文】离，是附丽的意思。日月附丽于天空之中，百谷草木附丽在土地之上。上下光明又附丽于正道，所以能够教化天下，促成天下昌盛。柔顺者附丽于中正之道，因此亨通顺利，因此畜养柔顺的母牛，吉祥。

彖下

咸

咸，感也。柔上而刚下，二气感应以相与，止而说，男下女，是以“亨，利贞，取女，吉”也。天地感而万物化生，圣人感人心而天下和平。观其所感，而天地万物之情可见矣。

【译文】咸的意思是交感。阴柔居上位而阳刚处下位，阴阳二气交相感应，二相亲和，阴阳感应止于此而又相互爱慕，就像男子以礼下求女子，所以“亨通顺利，有利于坚守正道，娶妻，吉祥”。天地交相感应，因而万物变化生成，圣人感化人心带来天下和平昌顺。观察这一感应的法则，就可以发现天地万物的真情。

恒

恒，久也。刚上而柔下，雷风相与，巽而动，刚柔皆应，恒。“恒，亨，无咎。利贞”，久于其道也。天地之道，恒久而不已也。“利有攸往”，终则有始也。日月得天而能久照，四时变化而能久成。圣人久于其道，而天下化成。观其所恒，而天地万物之情可见矣。

【译文】恒是恒久的意思。阳刚居上而阴柔处下，雷震风行交相配合，谦逊以动，阳刚阴柔完全得以迎合，这都表明了恒常持久。“恒久，亨通顺利，没有灾咎，有利于坚守正道”，是因能长久地守持正道。天地运行的法则，也是恒久而永不停息的。“有利于出行，有所作为”，说明应该循环不止，终而复始。日月遵循天的法则而能永久照耀天下，四季的往复变化遵循天的法则而能永久地化生万物，圣人恒久保持其品德，天下就能遵从教化形成风俗。观察这些恒常持久的现象，便可知道天地间万物的性情。

遯

遯，“亨”，遯而亨也。刚当位而应，与时行也。“小利贞”，浸而长也。遯之时义大矣哉！

【译文】“遯卦亨通顺利”，是说退避可获亨通顺利。九五阳刚居中正之位，与六二阴柔相应，所以退避应当见机行事。“利于柔小者”，表明阴柔之气有逐渐浸润成长之势。“退避”应顺应时势，这一点十分重要啊！

大壮

大壮，大者壮也。刚以动，故壮。大壮“利贞”，大者正也。正大，而天地之情可见矣。

【译文】大壮是指刚大而强盛，刚健而有行动，所以说强盛。“强盛，有利于坚守正道”，是说刚大者还必须端正守中。正直而且刚大，就能发现天地万物的真情。

晋

晋，进也。明出地上。顺而丽乎大明，柔进而上行，是以“康侯用锡马蕃庶，昼日三接”也。

【译文】晋的意思是长进，犹如太阳升出地面。大地万物柔顺地依附于太阳，循着柔顺之道长进向上发展，所以“诸侯得到天子赏赐的众多车马，一天之内三次被接见”。

明夷

明入地中，明夷。内文明而外柔顺，以蒙大难，文王以之。“利艰贞”，晦其明也。内难而能正其志，箕子以之。

【译文】光明潜入大地中，象征光明损伤。内守文明的美德，外显柔顺的情态，可以承受大灾大难，当年周文王被纣王囚禁时即以这种方式渡过危难。“利于在艰难中坚守正道”，说明要收敛光芒，虽身陷萧墙之难而仍旧秉正守志，箕子就是以巧妙地隐晦自己的聪明才智而自守正态的方式对待困境的。

家人

家人，女正位乎内，男正位乎外。男女正，天地之大义也。家人有严君焉，父母之谓也。父父，子子，兄兄，弟弟，夫夫，妇妇，而家道正。正家，而天下定矣。

【译文】家庭，女子在家中居正当之位，男子在外面居正当之位。男女在家庭内外各有正当的位置，这是天地间的大道理。家庭之中有严正的君长，这就是父母。父子各尽其责、兄弟各尽其责、夫尽夫责、妇守妇德，那么家风自然就正了。家道端正了，天下也就安定了。

睽

睽，火动而上，泽动而下。二女同居，其志不同行。说而丽乎明，柔进而上行，得中而应乎刚，是以“小事吉”。天地睽而其事同也，男女睽而其志通也，万物睽而其事类也。睽之时用大矣哉。

【译文】乖离，就像火焰燃烧往上，水泽流动下浸，又像两个女子共事一夫，其势必妒，志不相投。下卦和悦地附丽于上卦离的光明，阴爻柔顺求进向上直行，得居中正地位而与阳刚者呼应，因此说“小事吉利”。天和地相乖离，但生育万物的事理却相同。男人和女人大不一样，但交感求合的心志相通，天下万物的形态各异，但禀受天地阴阳气质的心志却相类似。乖离之时有待施用的范围是多么广大啊！

蹇

蹇，难也，险在前也。见险而能止，知矣哉。蹇“利西南”，往得中也。“不利东北”，其道穷也。“利见大人”，往有功也。当位“贞吉”，以正邦也。蹇之时用大矣哉。

【译文】蹇，意思是艰难，险难在前面。遇到险难即能停止，这才是明智的啊！“行走艰难，往西南走有利”，因为往前走可得正确的道路；“往东北走不利”，因为这个方向将致路困途穷。“利于进见王公贵族”，因为往前进发将获成功。居位适当“坚守正道吉祥”，说明可以摆脱蹇难摆脱困境救振邦国。蹇卦所示依时势变化而济蹇的功用真伟大啊！

解

解，险以动，动而免乎险，解。解“利西南”，往得众也。“其来复，吉”，乃得中也。“有攸往，夙，吉”，往有功也。天地解而雷雨作，雷雨作而百果草木皆甲坼。解之时大矣哉。

【译文】解卦象征身陷险境而努力行动，行动而能脱离危险，这就是解除困难。“解除困难利于往西南方走”，前往必得民众之拥戴。“回到原地安居可获吉祥”，因为修养中正之德。“出现危难当迅速前往，及早行动可获吉祥”，说明前往解难可以建功。天地解脱危机于是雷行雨降，雷行雨降而万种物种破壳而出萌发新芽。解除困难的因时制宜的意义太伟大了。

损

损，损下益上，其道上行。损而“有孚，元吉，无咎，可贞。利有攸往。曷之用。二簋可用享”，二簋应有时，损刚益柔有时。损益盈虚，与时偕行。

【译文】减损的意思是减损下方，增益上方，它的轨道是由下奉献于上。减损的时候“心怀诚信，就会大吉，没有过错，可以保持正确的方向，有利于往前进发。减损之道何以运用呢？用两簋淡食享祀神灵即是”。用两簋淡食享祀应当守时守信，阳刚减损而阴柔增益也要随时节而变。事物的减损增益、盈满亏虚，都是顺适其时而运行的。

益

益，损上益下，民说无疆。自上下下，其道大光。“利有攸往”，中正有庆。“利涉大川”，木道乃行。益动而巽，日进无疆。天施地生，其益无方。凡益之道，与时偕行。

【译文】增益的意思是减损上层的以增益下层，这样民众就会喜悦无穷。由上而下推行益德，这种道义必能发扬光大。“利于往前进发”，因为六二与九五都居中持正，所以有吉庆。“利于涉越大江巨流”，是因为上卦巽木成船，顺风而动，涉渡之事通畅。增益之时下者兴动而上者谦逊，所以能够天天增进，以至无边无际，正如上天普降利惠，大地受益，万物茁壮生长，自然之生益遍及万方。大凡事物增益的现象和规律，都是随时令的到来同步地进行的。

夬

夬，决也，刚决柔也。健而说，决而和。“扬于王庭”，柔乘五刚也。“孚号有厉”，其危乃光也。“告自邑，不利即戎”，所尚乃穷也。“利有攸往”，刚长乃终也。

【**译文**】夬的意思是决断，犹如阳刚君子果决制裁阴柔小人。刚健勇进而又使人心悦诚服，果决行事而又意气平和。“在君王的朝廷上宣布小人的罪状”，因为阴柔小人乘凌在阳刚君子之上。“心怀诚信地疾呼危险”，这样才能渡过危险使君子的作为发扬光大。“告诫自己封邑中的人，不利于立即动用武力制裁”，说明若一味崇尚武力将使刚决之道衰微；“往前进发是顺利的”，说明阳刚盛长终获善终。

姤

姤，遇也，柔遇刚也。“勿用取女”，不可与长也。天地相遇，品物咸章也。刚遇中正，天下大行也。姤之时义大矣哉。

【**译文**】姤是相遇、邂逅的意思，即阴柔遇阳刚而相合。“不宜娶为妻室”，说明娶这种女子为妻是不会长久的。天与地相遇，各种物类才得以生存繁盛。刚者遇到居中守正的柔者，则能使其抱负大行于天下。“邂姤”之时的意义是多么的宏大啊！

萃

萃，聚也。顺以说，刚中而应，故聚也。“王假有庙”，致孝享也。“利见大人，亨”，聚以正也。“用大牲，吉，利有攸往”，顺天命也。观其所聚，而天地万物之情可见矣。

【译文】萃的意思是聚集。和顺而欢悦，刚健中正而应合时代，所以能得到四方响应，会聚民众。“君王到宗庙祭祀”，是说能尽其心，以祭品对祖先表达孝意。“利于出现有权势的人物，亨通顺利”，说明君王主持聚会必须要遵循正道。“奉献大牲畜，可获吉祥，利于往前进发”，说明此时顺应了天道规律。观察聚集的现象，天地万物的性情和规律就可以明白了。

升

柔以时升，巽而顺，刚中而应，是以大“亨”。“用见大人，勿恤”，有庆也。“南征，吉”，志行也。

【译文】以柔顺之德适时上升，谦逊而又和顺，保持刚强中正的品性而能与上呼应，所以大为亨通顺利。“宜于出现有权势的人物，无须担忧”，说明此时上升将有福庆。“往南方开拓事业，可获吉祥”，说明有志者的心志如愿畅行。

困

困，刚揜也。险以说，困而不失其所，“亨”，其唯君子乎。“贞大人吉”，以刚中也。“有言不信”，尚口乃穷也。

【译文】穷困是由于阳刚被掩盖。处险难而心中愉悦，这样虽处困顿，却不失亨通之道，大概只有君子才能做到这一步吧！“坚守正道，则有权势的人可获吉祥”，因为他有刚正中直的美德。“空言语不会见信于人”，说明仅靠多言巧辩无补于事，反而会使自己更加困顿。

井

巽乎水而上水，井。井养而不穷也。“改邑不改井”，乃以刚中也。“汔至亦未繘井”，未有功也。“羸其瓶”，是以凶也。

【译文】木瓶入于水而汲水上来，便是水井。水井养人而功德无穷。“村邑迁移而井不改变”，是因为其刚正中直的品德。“汲水已至井口，绳索还没离开井口”，说明这时仍未有所收获。“水瓶倾覆”，无水可饮，所以有凶险。

革

革，水火相息，二女同居，其志不相得，曰革。“已日乃孚”，革而信之。文明以说，大“亨”以正。革而当，其“悔”乃“亡”。天地革而四时成。汤武革命，顺乎天而应乎人。革之时大矣哉。

【译文】变革，像水火相克相息，两个女子共事一夫，则互相争妒，矛盾着的双方，都力图克制对方，这就叫变革。“多日筹谋之后再推行变革并取信于民”，说明变革过程中应得到民众的信赖。以文明的美德使民众悦服，这样就能大为亨通顺利，使一切步入正道。变革而又合于正当的法则，一切悔恨消亡。天地的变革形成了四季变化，商汤和周武王的革命，顺从了天道规律而又应合民众的愿望，取得了胜利。变革之时的意义是多么伟大啊！

鼎

鼎，象也。以木巽火，亨饪也。圣人亨以享上帝，而大亨以养圣贤。巽而耳目聪明，柔进而上行，得中而应乎刚，是以“元亨”。

【译文】鼎器是一种烹饪的形象，将木材放入火中，可以烹煮食物。圣王烹煮祭品享祭天帝，又烹饪大量食物以供养圣贤良才。谦逊柔顺而能耳聪目明，以谦柔的美德前进上行，得居中正之位而又下应阳刚，因此至为亨通顺利。

震

震，亨。“震来虩虩”，恐致福也。“笑言哑哑”，后有则也。“震惊百里”，惊远而惧迩也。“不丧匕鬯”，出可以守宗庙社稷，以为祭主也。

【译文】震动可致亨通顺利。“雷电袭来万物惶恐惊惧”，说明恐惧而戒备能带来福泽。“戒惧慎行遂能谈笑自若”，说明警惧之后就能防患于未然。“雷声惊动百里”，以致远近都震惊恐惧，防患于未然。“不丧匕鬯”，继承大业的长子能做到如此，说明他出来能够长守宗庙社稷的安危，成为祭祀典礼的主持人。

艮

艮，止也。时止则止，时行则行，动静不失其时，其道光明。艮其止，止其所也。上下敌应，不相与也。是以“不获其身，行其庭不见其人，无咎也”。

【译文】艮的意思是抑止。应当停止时就停止，可以行动时就行动，一动一静都不失时机，前途必然光明。“抑止其背部的活动”，说明抑止要适得其所。全卦六爻上下相互敌对，不能相应，所以说“其身体不能面向所抑止的地方，犹如在庭院中行走，没看见背后的人，没有灾祸”。

渐

渐之进也，“女归吉”也。进得位，往有功也。进以正，可以正邦也。其位刚得中也。止而巽，动而不穷也。

【译文】渐渐地前进，就像女子出嫁循礼渐进可获吉祥。往前进而获居正位，前往就会立功受赏。遵循正道渐次而进，就能够端正邦国。卦中各爻刚健者得居中位，守静知止而又谦逊和顺，所以能永远保持生命的进化运动。

归妹

归妹，天地之大义也。天地不交，而万物不兴。归妹，人之终始也。说以动，所归妹也。“征凶”，位不当也。“无攸利”，柔乘刚也。

【**译文**】婚嫁，这是天地间意义至为重大的事。天地阴阳不交合，万物就不能繁殖兴盛，婚嫁使人类始终循环无止境。欢喜而向上行动，是出嫁的少女。“一步走错就会有凶险”，说明位置安排不妥当。“没有什么利益”，是因为阴柔乘凌阳刚之上。

丰

丰，大也。明以动，故丰。“王假之”，尚大也。“勿忧，宜日中”，宜照天下也。日中则昃，月盈则食。天地盈虚，与时消息，而况于人乎，况于鬼神乎？

【**译文**】丰的意思是丰盈盛大。就像道德光明而后施于行动，所以能获得丰盛的成果。“君王可达丰盈盛大的境界”，说明王者崇尚盛大的美德。“不用忧虑，宜于像太阳居正当中一样保持充盈的光辉”，说明应该将美德照彻天下，泽被生民。日正当中必然开始西斜，月亮盈满自然会开始消蚀。天地自然的盈满虚亏，都是随着一定的时节消亡生息的，更何况是人，更何况是鬼神呢？

旅

“旅，小亨”，柔得中乎外，而顺乎刚，止而丽乎明，是以“小亨，旅贞吉”也。旅之时义大矣哉！

【**译文**】“旅行，小有亨通顺利”，谦柔者品德中正，并顺从刚强者，适可而止又能附丽于光明，所以说“小有亨通顺利，旅行能坚守正道就会吉祥”。旅行的时代意义是多么宏大啊！

巽

重巽以申命。刚巽乎中正而志行。柔皆顺乎刚，是以“小亨，利有攸往，利见大人”。

【译文】上下顺逊是为了三令五申其命令。阳刚尊者以中正的美德被人顺从而得以遂行其志向，柔弱者都顺从阳刚者，所以“小有亨通顺利，利于前往进见有权势的人物”。

兑

兑，说也。刚中而柔外，说以“利贞”，是以顺乎天而应乎人。说以先民，民忘其劳。说以犯难，民忘其死。说之大，民劝矣哉！

【译文】兑的意思是喜悦。它内里刚强而外表谦柔，能使人喜悦，利于坚守正道。因此喜悦必须上顺天意，下应民情。凡事以使人民喜悦为先，那么百姓就会任劳忘苦。高兴地奔赴危难不避艰险，那么百姓也会舍生忘死。悦服的意义是多么伟大，它能鼓舞发起民众啊！

涣

涣，“亨”，刚来而不穷，柔得位乎外而上同。“王假有庙”，王乃在中也。“利涉大川”，乘木有功也。

【译文】“涣散，亨通顺利”，阳刚汹涌而来居阴柔之中而不致穷困，阴柔获得正位并与阳刚同德同心。“君王以至诚之心到宗庙祈祷保有庙祭”，说明君王处居众人之正中。“利于涉越江河巨流”，说明乘着木舟而得风助必能建功立业。

节

节，“亨”，刚柔分而刚得中。“苦节，不可贞”，其道穷也。说以行险，当位以节，中正以通。天地节而四时成。节以制度，不伤财，不害民。

【译文】“节制，亨通顺利”，阳刚阴柔上下分得很合理而阳刚得到中止恰当之位。“不可以过度地节制，而应当坚守正道”，因为过分节制将使其道穷困。以欣喜的态度穿行于险难中，居位妥当而能自我节制，居中守正因而能畅通无阻。天地自然有一定的节制，从而形成四季的变化，君主以典章制度来加以节制，就能够不伤费钱财，不危害百姓的利益。

中孚

中孚，柔在内而刚得中，说而巽，孚乃化邦也。“豚鱼吉”，信及豚鱼也。“利涉大川”，乘木舟虚也，中孚以“利贞”，乃应乎天也。

【译文】“心中诚信”，因为柔顺者居内能够谦逊诚挚，而刚健者处外能够持中守正，下者愉悦而上者和顺，有诚信之德，于是可以教化万邦。“诚信感化小猪小鱼，吉祥”，说明诚信通过用豚鱼祭祀而表达出来。“利于涉越江河巨流”，说明乘木舟行渡可畅行无阻。心中诚信的修养，利于坚持下去，这才能应合上天之道。

小过

小过，小者过而亨也。过以“利贞”，与时行也。柔得中，是以“小事”“吉”也。刚失位而不中，是以“不可大事”也。有“飞鸟”之象焉。“飞鸟遗之音，不宜上，宜下，大吉”，上逆而下顺也。

【译文】稍有超过，是说寻常小事可以稍有超过而得亨通顺利。但过度必须有利于坚守正道，即要顺应适当的时机而行动。阴柔上下居中位，因此在寻常小事上吉利。阳刚失正位而不能持中，所以不能够成就大事。卦中有飞鸟的象征：“鸟飞过留下悲鸣之声，不宜强向上飞，而宜于向下安栖，大为吉祥。”说明往上成就大事是逆理而行，向下做小事则顺势。

既济

既济，“亨”，“小”者亨也。“利贞”，刚柔正而位当也。“初吉”，柔得中也。“终”止则“乱”，其道穷也。

【**译文**】“完成，亨通顺利”，是指柔小者亦能亨通顺利。“利于贞固坚守”，说明阳刚阴柔都行正道居位妥当。“起初吉利”，因为阴柔得居中正之位。“最终停滞则将陷入危乱”，说明成功之道过久的停止导致道路困堵。

未济

未济，“亨”，柔得中也。“小狐汔济”，未出中也。“濡其尾，无攸利”，不续终也。虽不当位，刚柔应也。

【**译文**】“事未完成，勉力使成可获亨通顺利”，是因为柔顺而且得守中道。“小狐即将渡过河”，说明它还尚未脱离危险。“水沾湿了尾巴，不太顺利”，说明努力不能持续到最后。虽然卦中六爻都没居其正位，但阳刚阴柔却相互援应。

象上

乾

天行，健。君子以自强不息。

“潜龙勿用”，阳在下也。“见龙在田”，德施普也。“终日乾乾”，反复道也。“或跃在渊”，进“无咎”也。“飞龙在天”，“大人”造也。“亢龙有悔”，盈不可久也。用九，天德不可为首也。

【**译文**】乾卦如天道运行，刚强劲健。君子亦应如此，坚强振作，不断努力。

“龙潜入在水中，暂不宜有所作为”，所以初九之象，阳气刚刚萌生，自然居位低下。“龙出现在田间”，此象说明德业昭著，大德之人经潜藏休养，必会将大德普济于世。“整天勤勤恳恳”，表明反复行道，没有偏差。“潜伏深谷，或跃腾上进”，表明龙处在进取而无损害的时机。“龙高飞于天”，说明怀德之人可一举创就大业。“龙高亢至极，终会有所悔恨”，表示物极必反。用九，说明天之宏德也并非永居首位。

坤

地势，坤。君子以厚德载物。

履霜坚冰，阴始凝也。驯致其道，至坚冰也。“六二”之动，“直”以“方”也。“不习无不利”，地道光也。“含章可贞”，以时发也。“或从王事”，知光大也。“括囊无咎”，慎不害也。“黄裳元吉”，文在中也。“龙战于野”，其道穷也。“用六永贞”，以大终也。

【译文】坤卦象征大地顺承的特征。君子应当效法大地宽厚、和顺的德行，容载万物。

当踩到地面上的薄霜时，便可知道结坚冰的寒冬要到了。这是指阴气开始凝聚，按自然规律，冰雪寒冬将至了。六二这一爻指引的行动，趋向正直端方。“不熟习也不会不利”，是由大地法则的光明伟大决定的。“蕴含美好的内涵，可以守持正固”，指要把握时机发挥作用。“若能辅助君王的事业”，指智慧的光明远大，知道自己该如何将才能发挥。“将口袋收紧可免遭灾难”，是指应当收敛，谨言慎行才会免遭祸患。“黄色的衣裳，会有吉祥”，是指应以温文之美德守持中道。“龙在旷野里战斗”，表示已经处于穷途末路。“用六数永久守持正固”，说明人只要永远刚正不阿，就能实现远大目标。

屯

云雷，屯。君子以经纶。

虽磐桓，志行正也。以贵下贱，大得民也。“六二”之难，乘刚也。“十年乃字”，反常也。“即鹿无虞”，以从禽也。“君子舍”之，“往，吝”，穷也。“求”而“往”，明也。“屯其膏”，施未光也。“泣血涟如”，何可长也？

【译文】乌云骤起，雷声交动，象征着天地初创的苦难时期。在这种时世下，君子应当以天下为重，负起经略天下大事的责任。

尽管在徘徊流连，但思想和行动并没有偏离正道。在困难时期能以尊贵的身份而屈居卑下，当然能大得民心。六二的艰难，是因为它以阴柔乘凌于阳刚之上，过了十年才许生育，说明难极至通，返归于常道。“于附近的山中逐鹿而没有掌管山泽的虞人引导”，是贪恋追逐禽兽。“君子放弃追逐”，“继续前追，则会有忧憾”，说明穷追不舍必致困顿。如有所求，便前往行动，这才是明智的举动。“克服初创的艰难即将广施膏泽”，是指虽施展了德泽，但还没有发扬光大。已是“泣血伤心泪涟涟的哀痛”的状态，又怎么可能长久呢？

蒙

山下出泉，蒙。君子以果行育德。

“利用刑人”，以正法也。“子克家”，刚柔接也。“勿用取女”，行不顺也。“困蒙之吝”，独远实也。“童蒙之吉”，顺以巽也。“利”用“御寇”，上下顺也。

【译文】高山下流出清泉，象征着渐启蒙昧。君子有鉴于此，就要以果断决定自己的行动来培育美德。“利用树立典型来教育人”，也是为了使人遵循正确的法则。“儿子担负起家庭的责任”，说明他与妻子能阴柔阳刚调和相应。“不宜娶这样的妻子”，说明她的行为不合礼节，若娶回去什么事情都不会顺利。“困境中的蒙昧之人很艰难”，说明他远离现实生活了。“幼童幼稚蒙昧的吉祥”，指他恭顺谦逊容易学习。“有利于采用刚强的态度防止外来邪恶”，因为施教和受教者顺应同心。

需

云上于天，需。君子以饮食宴乐。

“需于郊”，不犯难行也。“利用恒，无咎”，未失常也。“需于沙”，衍在中也。虽“小有言”，以“终吉”也。“需于泥”，灾在外也。自我致寇，敬慎不败也。“需于血”，顺以听也。“酒食贞吉”，以中正也。“不速之客来，敬之，终吉”，虽不当位，未大失也。

【译文】云气上升集聚于天，象征着等待。君子应于等待时机之时，安心饮食，举宴作乐。

“在郊外等待”，指不冒险迎着艰难险阻前进。“有利于保持恒心，这样就不会有过失灾难”，表明了如此则没有偏离常道。“在沙滩上等待”，说明宽大不躁，虽然略受责难，但最后还是能得到吉祥的结局。“在泥泞中等待”，表明此时的灾难来自外部。自身招来了盗寇，说明要谨慎从事才能立于不败之地。“在血泊中等待”，是说要顺应变化，听从天命。“在醇酒佳肴中等待，要纯正才可获吉祥”，说明虽然处于安乐，但仍要强调中正之德行。“有三个不请自来的客人到了，只要恭敬相待，最终可获吉祥”，是说虽在毫无预备的情况下接待来客，但只要恭敬，就不会有大的损失。

讼

天与水违行，讼。君子以作事谋始。

“不永所事”，讼不可长也。虽“小有言”，其辩明也。“不克讼”，归逋，窜也。自下讼上，患至掇也。“食旧德”，从上“吉”也。“复即命渝，安贞”，不失也。“讼，元吉”，以中正也。以讼受服，亦不足敬也。

【译文】天向西转并处上位，水向东流而处下位，它们的行动互相违背，象征着争讼。因而，君子处理事务时，从一开始就应当考察其本源，以防止争讼。

“争讼不要久缠拖延”，说明诉讼之事不可长久持续，应适可而止。虽然“稍稍受到责备”，但是一经说明解释就可化解。“诉讼失败，逃亡鼠窜”，这是说居于下位的九二与上相争，是自己招来的祸患。“继承安享先辈的德业”，指的是顺从上位的吉兆。“能够回头走上正道，改变初衷，顺乎自然，守持正固”，便不会有过失了。“公平公正的诉讼，至为吉祥”，是指阳刚至中至正。凭借诉讼而得到的官禄，是不会得到尊敬的。

师

地中有水，师。君子以容民畜众。

“师出以律”，失律“凶”也。“在师中，吉”，承天宠也。“王三锡命”，怀万邦也。“师或舆尸”，大无功也。“左次无咎”，未失常也。“长子帅师”，以中行也。“弟子舆尸”，使不当也。“大君有命”，以正功也。“小人勿用”，必乱邦也。

【译文】《象传》说：大地中藏聚着水，就好似民众中包含士兵。君子应当效法这种品性，包容百姓，蓄聚民众。

“军队出发作战必须以严格的纪律约束”，说明丧失军纪必遭凶险。“统兵率众刚毅持中，可以获得吉祥”，说明得到了上天的恩宠。“君王多次奖赏委任”，是说他心中想着奖赏臣下，有怀安天下万邦的志向。“出师归来舆车满载尸体”，说明打了大败仗。“率军退守，不会有什么灾祸”，说明没违背用兵常规。“委任长子统兵打仗”，说明用人得当；“委任次子统兵打仗必将车载尸体败归”，说明用人不得当。“君王颁发诏令”，是为了论功行赏。“小人不可以重用”，是因为那样做必将危及国家。

比

地上有水，比。先王以建万国，亲诸侯。

比之“初六”，有它吉也。“比之自内”，不自失也。“比之匪人”，不亦伤乎？“外比于贤”，以从上也。“显比”之吉，位正中也。舍逆取顺，“失前禽”也。“邑人不诫”，上使中也。“比之无首”，无所终也。

【译文】地面布满水，象征着相亲相辅。古代贤君便是以此德封建邦国，与诸侯相亲相辅。

比卦的初六爻，表明将获得意外的吉祥。“相亲相辅发自内心”，说明没有失去自己的主动性。“相亲相辅于不应当亲近的人”，难道不是很悲伤的事吗？“在外亲密亲附于贤明的君主”，说明要以这样的态度顺从尊上。“以光明之道相辅佐”的吉祥，说明君主居位端正适中。舍弃背逆而只取顺从，正如“听任前方的禽兽逃走，只追逐而不猎杀”，老百姓对君王狩猎毫不惊惧，这是说君王谨守中庸之道让臣民不惊。“相亲相辅于人而不领先居首”，说明未能善始善终，故没有好结果。

小畜

风行天上，小畜。君子以懿文德。

“复自道”，其义“吉”也。“牵复”，在中，亦不自失也。“夫妻反目”，不能正室也。“有孚，惕出”，上合志也。“有孚挛如”，不独富也。“既雨既处”，“德”积“载”也。“君子征，凶”，有所疑也。

【译文】和风在天上飘行，象征了“小畜”。君子应当以此种精神完善自己的道德与文章。

“下乾要返回自己的阳刚之道”，这个目的本身就是吉祥的。“被别人牵引着返回阳刚之道”，是因此爻居守中位，也不至于丧失自己的方向。“结发夫妻反目离异”，说明不能安居正室，处理好家庭关系。“捕获了俘虏，保持着警惕，说明尚能统一意志。”“捕获俘虏，用绳子串连捆绑，这些财物与邻邑分享”，说明不独享富贵。“久雨新停”，说明此时阳德蓄积已达极限。“君子若往前进发，则必将遇凶险”，说明对各种情况有所疑惑，犹豫不决。

履

上天下泽，履。君子以辩上下，定民志。

“素履”之“往”，独行愿也。“幽人贞吉”，中不自乱也。“眇能视”，不足以有明也。“跛能履”，不足以与行也。“咥人”之“凶”，位不当也。“武人为于大君”，志刚也。“愬愬，终吉”，志行也。“夬履贞厉”，位正当也。“元吉”在上，大有庆也。

【译文】上面是天，下面是泽，这是履卦的象征。君子应循此理辨明上下等级秩序，统一百姓的尊卑意识，安定民心。

“以淳朴的态度处世”，说明初九独立不倚，能自己实现志愿。“隐居之人，坚守正道可获吉祥”，这是说行为中正而不为世俗扰乱自然就不会迷失方向。“眼睛失明而强行去看”，是不能看清楚物品的。“足跛不便而勉强行走”，是不可能一同外出远行的。“被猛虎咬的凶险”，说明所处居的位置不适当。“刚愎自用的人称帝治国”，说明他不量力而行。“惊惧警惕，终将获得吉祥”，说明戒惧而谨慎能施行其志向。“行为急躁莽撞，行事有凶险之象”，说明自认以正道守其职位。本卦大吉大利，因为上九之爻居全卦之首，说明其人大有喜庆。

泰

天地交，泰。后以财成天地之道，辅相天地之宜，以左右民。

“拔茅，征，吉”，志在外也。“包荒，得尚于中行”，以光大也。“无往不复”，天地际也。“翩翩不富”，皆失实也。“不戒以孚”，中心愿也。“以祉元吉”，中以行愿也。“城复于隍”，其命乱也。

【译文】天地相互交合，象征着亨通太平。君王应效法此道，适当裁剪运用，掌握安排天地化生的规律，从而调节管理天下百姓。

拔起茅草时，往前进发无阻滞，可获吉祥。说明是志向在向外发展的缘故。“包容污秽”，“得之于光明正大的原则”，说明九二可凭此发扬光大。“没有一味前往而不返回的”，这说明位处天地交接的九三爻反映出的自然规律。“轻佻欺人，祸及邻人，是说同受损失。不加警戒，遇难被虏，这是因为太忠厚了。“这给他带来福祉和大吉”，是说他把握中庸原则来实现自己的愿望。“城墙倾覆在城壕里”，说明国家的政令已陷入混乱。

否

天地不交，否。君子以俭德辟难，不可荣以禄。

“拔茅贞吉”，志在君也。“大人否，亨”，不乱群也。“包羞”，位不当也。“有命，无咎”，志行也。“大人”之“吉”，位正当也。否终则倾，何可长也？

【译文】天地阴阳不相交合，象征着闭塞黑暗。此时君子应有鉴于此，收敛自约以避免灾难，不可以被荣华富贵所诱惑。

“拔起茅草，坚守正道可获吉祥”，说明除去小人意在保存君主。“君主不予接受奉承，方可获得亨通顺利”，说明不要被小人的声势扰乱了意志。“包容别人对自己的羞辱”，说明居位与为人已经不相称了。“奉行天命没有祸害”，说明可以施行志向而不受阻碍。“贵族王公可以获得吉祥”，具体是指他居位正当。否运闭达到极点时，必然招致倾覆，怎么会长久呢？

同人

天与火，同人。君子以类族辨物。

出门“同人”，又谁咎也。“同人于宗”，“吝”道也。“伏戎于莽”，敌刚也。“三岁不兴”，安行也。“乘其墉”，义“弗克”也。其“吉”，则困而反则也。“同人”之“先”，以中直也。“大师相遇”，言相“克”也。“同人于郊”，志未得也。

【译文】天与火相互亲和，象征着去聚合志同道合的人。君子当效法此种品德，按人类事物的种类辨别异同。

刚出门就能聚合志同道合的人，谁也不会有灾祸。“在宗族内部聚合志同道合的人”，这样做是褊狭的，会导致憾惜。“在草莽中埋伏兵戎”，说明敌人过分强大。“多年也不敢出兵作战”，是因为采取了安稳方针。“登上敌方城墙”，但在道义上不能发动全面攻击。由此获得的吉祥，是由于在很难做到的情况下仍能重返正道的缘故。聚合起来的人们，起先号啕大哭，是因为持着正义感。因为大军克敌会师，那是说九五的内外上下互相克胜而一起战胜敌人的现象。“在郊野与人聚合”，表明其与人聚合而志向没能实现。

大有

火在天上，大有。君子以遏恶扬善，顺天休命。

大有“初九”，无交害也。“大车以载”，积中不败也。“公用亨于天子”，“小人”害也。“匪其彭，无咎”，明辩晰也。“厥孚交如”，信以发志也。“威如”之“吉”，易而无备也。“大有”上“吉”，“自天祐”也。

【译文】阳光普照大地，因而将“大有收获”。君子应效法光明普照的德行，遏止邪恶，显扬善行，这才是顺承至善至美的天道使命。

大有卦的初九，即是说不能相互残害。“用大车载物”，说明要装载适中，才不会招致失败。“王公朝见天子，得赐宴”，小人则不能参与，因为小人参与国政，将是国家的祸害。“不自高自大，就没有灾害”，说明应有明辨事理、权衡利弊的智慧，方可得出明白的结论。“上下诚信相交”，是指以诚信感发他人的忠信之志。“威严自显的吉祥”，是指有威信而平易近人，人不必心存戒备。大有卦对高居上位人的吉祥，是因为有上天的佑助。

谦

地中有山，谦。君子以裒多益寡，称物平施。

“谦谦君子”，卑以自牧也。“鸣谦贞吉”，中心得也。“劳谦君子”，万民服也。“无不利，撝谦”，不违则也。“利用侵伐”，征不服也。“鸣谦”，志未得也，可“用行师”“征邑国”也。

【**译文**】上坤下艮，高山低藏在地下，象征谦逊。君子应效法此德，减损多余的而增益不足，权衡事物，公平施予。

“一再注意谦虚的君子”，这是说用谦卑的德行严于约束自己。“谦逊的名声外扬，卜问的结果一定可获吉祥”，这是说靠心中积聚起的谦逊正直的美德能够赢得名声。“有功绩而谦逊的君子”，广大百姓都敬服。“发挥谦逊的美德，无论如何不会有不利”，因为这样做没有违背原则。“利于出兵征伐”，是因为征伐那些不遵从礼制者。“谦逊的名声外扬”，表示仍然没有实现志向。“可以用兵征战”，是指只征讨领地中的叛乱。

豫

雷出地奋，豫。先王以作乐崇德，殷荐之上帝，以配祖考。

“初六鸣豫”，志穷“凶”也。“不终日，贞吉”，以中正也。“盱豫有悔”，位不当也。“由豫大有得”，志大行也。六五“贞疾”，乘刚也。“恒不死”，中未亡也。“冥豫”在“上”，何可长也？

【译文】雷声轰轰，大地震动，象征“快乐”。古代的圣王们效法这一精神，制作音乐来赞美尊崇功德，以隆重的典礼进献天帝，同时祭祀祖先的神灵。

初六“自鸣得意于享乐”，是说得意忘形为胸无大志的表现，结果凶险。“不用持续一整天，占卜可获吉祥”，是因为坚持行为中正，不走邪路的缘故。“媚上求欢，将有悔恨”，这是说为人处事的态度没有摆正。“安乐喜悦由自身而来，会大有所得”，说明志向正在施行。六五“占卜有关疾病之事”，是因为它凌驾于阳刚之上。“长寿不死”，说明居中宁正就不会灭亡。“沉溺于安乐”占据了上位，这种快乐怎么能长久？

随

泽中有雷，随。君子以向晦入宴息。

“官有渝”，从正“吉”也。“出门交有功”，不失也。“系小子”，弗兼与也。“系丈夫”，志舍下也。“随有获”，其义“凶”也。“有孚在道”，“明”功也。“孚于嘉，吉”，位中正也。“拘系之”，“上”穷也。

【译文】《象传》说：雷潜伏于大泽深处，象征着随从。君子效法此德依顺作息规律，天晚应返归家中休息。

“官场之事多有变化”，说明要顺随正道以获得吉祥。“出门与人交往能获成功”，说明行为不致过失。“抓住了年轻人”，是说壮年人不能兼得。“抓住了壮年人”，是说已决意舍弃年轻人。“随从于人必有收获”，这从义理上看是凶险的。“心存诚信，不离正道”，是说明察事理可生功效。“在友善的基础上广施诚信，吉祥”，说明正确地立于中正之道。“先拘禁束缚”，说明其已到穷途末路了。

蛊

山下有风，蛊。君子以振民育德。

“干父之蛊”，意承“考”也。“干母之蛊”，得中道也。“干父之蛊”，终“无咎”也。“裕父之蛊”，往未得也。“干父之蛊，用誉”，承以德也。“不事王侯”，志可则也。

【译文】风往山上吹，是象征要整治腐败。君子效法这一精神，以德教振奋百姓、培育美德。

“挽救先辈败坏的事业”，是说儿子旨在继承父辈的未竟之业。“匡正母辈的弊乱”，是说明应采用中庸适度的方法。“挽救父辈败坏的事业”，说明最终不会有灾祸。“以宽容之心对待父辈败坏的事业”，说明继续下去也不会有收获。“挽救父辈败坏的事业，受到赞誉”，说明用美德来振兴父辈的事业。“不为王侯效力”，这样的志向值得效法。

临

泽上有地，临。君子以教思无穷，容保民无疆。

“咸临贞吉”，志行正也。“咸临，吉，无不利”，未顺命也。“甘临”，位不当也。“既忧之”，“咎”不长也。“至临，无咎”，位当也。“大君之宜”，行中之谓也。“敦临”之“吉”，志在内也。

【译文】大地居于水泽之上，象征监临。君子应效法此种精神，接近监督万民，不断地施以教化，启发其思考，以宽厚优容的美德包容保护百姓。

“以感化之道治理民众，占卜可获吉祥”，这是由于意志行为纯正的缘故。“以感化之道治理民众，吉祥，没有什么不利”，是说此爻没有顺从天命。“用甜言蜜语治理民众”，说明所居的位置不中不正。“自知这一点而心存忧惧戒慎”，则说明产生的危害不会长久。“亲自治理国事，没有灾祸”，说明君主处位正当。“大国君主适宜的行为方式”，这说明奉行了中庸之道。“以敦厚的态度治理民众，吉祥”，说明君主的敦厚之心存于内，施于政。

观

风行地上，观。先王以省方，观民，设教。

“初六童观”，“小人”道也。“窥观女贞”，亦可丑也。“观我生进退”，未失道也。“观国之光”，尚“宾”也。“观我生”，观民也。“观其生”，志未平也。

【译文】风在大地上吹拂，象征着仰视。先代君王效法此德巡视全国，察视民情，以此设立教化。

初六“像幼童那样仰观一切”，这是无知庶民的浅见之道。“从门缝窥视来观察事物，即使操行坚守正道”，也不是庄重体面的。“观察审视亲族的思想动向，从而抉择进取或后退”，说明六三没有丧失用人行政的正道。“观察一国风俗民情之盛况”，可知该国尊重贤人能士。“观察审视亲族的意向”，说明由此可审察国民的生活状况。“观察审视其他氏族的意向”，说明上九还要向更高的目标进取。

噬嗑

雷电，噬嗑。先王以明罚敕法。

“屦校灭趾”，不行也。“噬肤灭鼻”，乘刚也。“遇毒”，位不当也。“利艰贞，吉”，未光也。“贞厉，无咎”，得当也。“何校灭耳”，聪不明也。

【译文】雷电交击，象征咬合。先辈君王效法此象严明刑罚轻重，端正法律。

“脚上套上刑具而盖住了脚趾”，使之不再犯错。“因偷食好肉，故犯人被割去鼻子”，说明本爻乘凌在阳刚的上面。“中毒”，说明吃了不该吃的东西，就像人不称其位。“利于在艰难中坚守正道，吉祥”，说明实际上还未达到光明境界。“坚守正道以防危险，可以免去祸害。”说明以柔承刚，处理得当。“担负的刑具遮盖了耳朵”，说明平日不听忠告累积恶行，以致犯罪。

贲

山下有火，贲。君子以明庶政，无敢折狱。

“舍车而徒”，义弗乘也。“贲其须”，与上兴也。“永贞”之“吉”，终莫之陵也。“六四”，当位疑也。“匪寇，婚媾”，终无尤也。“六五”之“吉”，有喜也。“白贲，无咎”，上得志也。

【**译文**】山下火焰燃烧，象征着文饰。君子效法这种精神，明察繁杂的政务，不敢轻率地断决讼狱案件。

“甘愿舍弃舆车不乘，徒步行走”，说明为了适宜显示文饰，而不应该乘坐舆车。“修饰自己的胡须”，说明效力于上司，与之一同兴起。“永久坚守正道可获吉祥”，是说能经久不被人侵犯。虽为合情理之事，却不免有所疑惧。“不是来抢掠，而是前往聘求婚配佳偶”，说明最终不会有幽怨。六五的吉祥，说明将有喜庆。“素白质朴的装饰，没有灾祸”，说明居于上位者的志向已经实现，故而崇尚质朴了。

剥

山附于地，剥。上以厚下安宅。

“剥床以足”，以灭下也。“剥床以辨”，未有与也。“剥之无咎”，失上下也。“剥床以肤”，切近灾也。“以宫人宠”，终无尤也。“君子得舆”，民所载也。“小人剥庐”，终不可用也。

【**译文**】高山侵蚀颓落附着于地面，象征剥落。在上者应效法此精神，敦厚地对待下民，以此使其安居稳定。

“寝床剥蚀起自床脚”，是说蚀灭都是从基础开始。“寝床剥蚀已达床头”，说明没有得到扶助。“剥蚀，没有灾祸”，说明与上下没有牵连。“寝床剥蚀已达床面”，说明六四已迫近灾祸。“引领嫔妃承宠于君王”，说明终究没有过失。“君子得之能驱车济世”，是因得到了人民的拥戴。“小人得之则剥蚀万家”，说明小人终究不可任用。

复

雷在地中，复。先王以至日闭关，商旅不行，后不省方。

“不远之复”，以修身也。“休复”之“吉”，以下仁也。“频复”之“厉”，义“无咎”也。“中行独复”，以从道也。“敦复无悔”，中以自考也。“迷复”之“凶”，反君道也。

【译文】震雷藏于地中，象征复归。古代君王效法此种精神，在冬至那一天封闭关卡，不使商贾旅客通行，君王也不巡视四方。

“行之不远就要返回”，这是修身迁善改过的方法。“美满地复归，吉祥”，说明让贤于有德君子。“皱着眉头回来，虽遇到了危险”，但从道义上来说并没有灾咎。“与多人一同出行，中途独自返归”，说明遵从正道。“经过考察后决定返回”，说明以居中持正来反省自察。“迷途不返，有凶险”，这是说违背了君王之道。

无妄

天下雷行，物与，无妄。先王以茂对时育万物。

“无妄”之“往”，得志也。“不耕，获”，未富也。“行人得”牛，“邑人灾”也。“可贞无咎”，固有之也。“无妄之药”，不可试也。“无妄之行”，穷之灾也。

【译文】天的下面雷在动，万物皆不妄自行动。古代君王以此种精神，勤勉配合四季时序，使百姓万物生育茂盛。

“不妄为而往前进发”，说明遂行了志向。“不事耕耘，不图收获”，说明不想着谋求富贵。过路人偷得了牛，邻居却因此被怀疑而受到中伤。“可以守持正道，没有灾咎”，说明要坚守正道才能免灾。“没有意想到的药物”，不能够随意服用。“不妄为而行动遭祸患”，说明上九至极，穷途末路而要遭灾。

大畜

天在山中，大畜。君子以多识前言往行，以畜其德。

“有厉，利已”，不犯灾也。“舆说輹”，中无尤也。“利有攸往”，上合志也。“六四元吉”，有喜也。“六五”之“吉”，有庆也。“何天之衢”，道大行也。

【译文】天包藏在山中，是大有蓄积的象征。君子效法此种精神，多多记取前贤的嘉言和善行，从而蓄积自己的道德学问。

“有危险，停滞不前才有利”，是说不要冒险前行。“车子与轮脱离”，说明行动合于中正，能够及时停止，故而不会有过失。“有利于往前进发”，说明与上天的意志相合。六四“至为吉祥”，说明本就有得喜庆。六五所说的吉祥，表明有喜庆。“像天空一样通行无阻的大道”，说明上九的蓄德之道大为通行。

颐

山下有雷，颐。君子以慎言语，节饮食。

“观我朵颐”，亦不足贵也。“六二征凶”，行失类也。“十年勿用”，道大悖也。“颠颐之吉”，上施光也。“居贞”之“吉”，顺以从上也。“由颐，厉，吉”，大有庆也。

【译文】山下响动着春雷，象征着颐养万物。君子效法这种精神，言语谨慎而修养德行，节制饮食以养德养生。

“观看我垂腮进食”，说明这样观而不为的行为不值得尊重。六二爻辞说抢劫则有凶险，因为这种行经违反了道义。多年内不受重用，这是大大背离了万物颐养的道理的恶果。“取于民而用于民的吉祥”，说明居上而能下施光明美德。“居守正道获得的吉祥”，说明顺从依附上层则吉。“顺从颐养之道，经历过危险，则可以获得吉祥”，说明大有吉庆。

大过

泽灭木，大过。君子以独立不惧，遯世无闷。

“藉用白茅”，柔在下也。“老夫女妻”，过以相与也。“栋桡”之“凶”，不可以有辅也。“栋隆”之“吉”，不桡乎下也。“枯杨生华”，何可久也？“老妇士夫”，亦可丑也。“过涉之凶”，不可咎也。

【译文】大泽淹没了树木，即是大过。君子突遇变动仍勇毅独立，无所畏惧，退隐出世也没有烦恼。

“在白色的茅草铺地上面放置祭器”，是指柔顺居于下位。“老汉娶得年轻的妻子”，说明虽然阳刚过甚，却仍能与阴柔结合。“栋梁弯曲，有凶险”，说明独挑栋梁，没有别的来帮辅。“栋梁隆起，吉祥”，是说下面的柱梁也不弯曲。“枯萎的杨树开出新花”，哪里能够长久呢？“老妇嫁给年轻的丈夫”，并不是一件多光彩的事！“涉水过河，水没头顶，凶险”，说明知不可为而为，就算责难也没有用。

坎

水洊至，习坎。君子以常德行，习教事。

“习坎入坎”，失道“凶”也。“求小得”，未出中也。“来之坎坎”，终无功也。“樽酒簋贰”，刚柔际也。“坎不盈”，中未大也。“上六”失道，“凶”“三岁”也。

【译文】水流滚滚而来，象征着险难重重。君子应效法这种精神，恒久保持美德，并从事于教化育人的事业。

“面临重重险难，又再坠入穴陷深处”，说明初六失去正道，必有凶险。“从小事中谋求解脱”，说明此时尚未走出危险。“来去之路皆险难重重”，说明妄动终无成功的可能。“一樽酒，一盘饭”，说明患难与共，刚柔相济，自然可以君臣同心。“坎险没有填满”，说明中正而不自大。这是上六违背天道，凶险要连续多年。

离

明两作，离。大人以继明照于四方。

“履错”之“敬”，以辟咎也。“黄离，元吉”，得中道也。“日昃之离”，何可久也？“突如其来如”，无所容也。“六五”之“吉”，离王公也。“王用出征”，以正邦也。

【译文】太阳一次又一次地升起，象征着“附丽”。统治者效法此精神，以连续不断的光明照耀四方。

“步履错乱无序，恭敬谨慎地对待”，这样做是为了避免灾咎。“被黄色所附着，至为吉祥”，说明六二阴爻得益于居守中庸之道。“夕阳西垂挂在天边”，此景怎么可以长久呢？“离日突然间升起”，说明难以长容于天地。六五的吉祥，是因附丽于王公的尊位上。“君王出师征讨”，是为了端正邦国，治理天下。“俘虏其下属”，是取得重大战功。

象下

咸

山上有泽，咸。君子以虚受人。

“咸其拇”，志在外也。虽“凶，居，吉”，顺不害也。“咸其股”，亦不处也。志在“随”人，所执下也。“贞吉，悔亡”，未感害也。“憧憧往来”，未光大也。“咸其脢”，志末也。“咸其辅、颊、舌”，滕口说也。

【译文】山上有湖泊，水土相互滋润，此为咸卦。君子效法此精神，虚怀若谷，容纳感化众人。

“感应发生于脚趾”，是因为志向是往外发展。虽然有凶险，但安居静修便可获得吉祥，说明六二顺从事物发展趋势，才不会招致祸害。“感应发生于大腿”，说明不可能再停下来了。“心志在盲从跟随他人”，说明它追求得非常卑下。“走正道吉祥，没有悔恨”，说明九四还没有因感应不正遭灾。“来来往往心意不定”，说明它的交感之道有待发扬光大。“感应于背脊肉上”，说明九五的志向太小了。“感应于腭、脸颊、舌头”，说明上六不过是玩弄口舌。

恒

雷风，恒。君子以立不易方。

“浚恒”之“凶”，始求深也。“九二悔亡”，能久中也。“不恒其德”，无所容也。久非其位，安得“禽”也。“妇人贞吉”，从一而终也。“夫子”制义，从妇“凶”也。“振恒”在上，大无功也。

【译文】雷发风行交相不息，象征恒常持久。君子应效法此种精神，树立立世为人的原则，永不改变。

“追求恒久之道的凶险”，说明于开始时即不求实际而一味深挖。“悔恨消亡”，说明他能恒久地持守中正之道。“不能恒久保持其美德”，说明将不被人容纳。长久处在不适宜的角色，怎么打得到鸟兽呢？妇人坚守正道可获吉祥，说明妇人一生应顺守一个丈夫。男人则必须衡量事理，因事制宜，若盲目听从妇人摆布，那是很危险的。“振摇晃动恒久之道”，又高居上位，这样做一点功劳也不会有。

遯

天下有山，遯。君子以远小人，不恶而严。

“遯尾”之“厉”，不往何灾也？“执用黄牛”，固志也。“系遯”之“厉”，“有疾”惫也。“畜臣妾，吉”，不可大事也。君子好遯，小人否也。“嘉遯，贞吉”，以正志也。“肥遯，无不利”，无所疑也。

【译文】天底下耸立大山，象征退避。君子应效法此精神，远离小人，虽不表现出憎恶之情，但是以威严自律来做到这样。

“遯逃在后有凶险”，但如不冒险前进，又怎么会有灾祸呢？“用黄牛的皮革捆缚”，说明意志坚固。“被牵系住而不得退避以至有危险”，说明有病痛并被拖累得疲惫不堪。“畜养臣仆婢妾，可获吉祥”，说明无法干大事。君子喜好隐遁，小人却做不到。“成功及时地隐遁，符合正道而可获吉祥”，说明能够端正志向。“远走高飞，退隐山林，没有什么不利”，说明没有疑虑牵系，当遁则遁。

大壮

雷在天上，大壮。君子以非礼弗履。

“壮于趾”，其“孚”穷也。“九二贞吉”，以中也。“小人用壮”，“君子”用罔也。“藩决不羸”，尚往也。“丧羊于易”，位不当也。“不能退，不能遂”，不详也。“艰则吉”，咎不长也。

【译文】雷在天上轰隆作响，象征声势浩大。君子应效法于此，不合礼仪的事不干。

“只是脚趾强壮”，贸然前进，当然无路可走。九二“坚守正道定获吉祥”，因为居处中正，修养正德。小人捕兽凭气力，君子捕兽靠网罗。“藩篱被闯开了一个缺口，羊角没被缠挂”，说明要勇于往前进取。“在田畔遗丧了羊”，说明自己居位不正当。“既不能前进，也不能后退”，说明它处事不慎，“只要艰苦奋斗便可获吉祥”，说明灾咎不会长久。

晋

明出地上，晋。君子以自昭明德。

“晋如摧如”，独行正也。“裕无咎”，未受命也。“受兹介福”，以中正也。“众允”之，志上行也。“鼫鼠贞厉”，位不当也。“失得勿恤”，往有庆也。“维用伐邑”，道未光也。

【**译文**】太阳由地面升起，象征晋升增德，君子当效法于此，使自己的光明德行愈加明显光辉。

“前进之初就遭挫败”，说明如此是独守了正道的结果。“能坦然以对则无过错”，说明它此时还没得到任用。“承受宏大的福泽”，因为他注意修养中正的晋德。“因修养晋德而得到众人的信赖支持”，是由于有向上晋升的志向。“田间的硕鼠，坚守正道以防危险”，说明个人位置摆得不当。“不必为得失担忧”，说明只求上进自然会有吉庆。“唯有征伐邑国”，说明晋道之德未能发扬光大。

明夷

明入地中，明夷。君子以莅众，用晦而明。

“君子于行”，义“不食”也。“六二”之“吉”，顺以则也。“南狩”之志，乃大得也。“入于左腹”，获心意也。“箕子”之“贞”，“明”不可息也。“初登于天”，照四国也。“后入于地”，失则也。

【**译文**】光明潜入大地中，象征了明白夷难所在而远害避祸。君子当效法于此，在治理众人时大智若愚，从而更显出其道德的光明。

“君子仓皇出走时”，说明坚持正义而舍弃俸禄，不食不义之食。六二的吉祥，是因为顺应局势而又能守持法则。在南方巡狩征伐表现出的志向，能够大施抱负。“深入左方腹部”，是为了探获内中情况。箕子坚守正道的做法，说明光明不会熄灭。“起初升上天空”，说明君子进仕，光明普照四方；“后又坠落地下”，说明君子隐退，违失正义的原则以至失败。

家人

风自火出，家人。君子以言有物，而行有恒。

“闲有家”，志未变也。“六二”之“吉”，顺以巽也。“家人嗃嗃”，未失也。“妇子嘻嘻”，失家节也。“富家大吉”，顺在位也。“王假有家”，交相爱也。“威如”之“吉”，反身之谓也。

【译文】燃烧的火生成了风，象征了“家庭”。君子应效法于此，日常言语须有实在的内容，日常行为须贯彻以恒定的原则。

“在家庭中凡事防患于未然”，说明应在用心尚未改变之时加以防范。六二的吉祥，是因为柔顺谦逊的缘故。“一家人受到严责”，说明并未失家道；“妇人与孩子成天嬉戏”，说明有失家中礼节。“使家庭富足，大为吉祥”，说明顺守本分，当居正位。“君王用美德感化众人并视天下为一家”，说明天下人人应视同一家相互亲爱。“威严肃穆获得的吉祥”，是说应当反省自身，严于律己。

睽

上火下泽，睽。君子以同而异。

“见恶人”，以辟“咎”也。“遇主于巷”，未失道也。“见舆曳”，位不当也。“无初有终”，遇刚也。“交孚无咎”，志行也。“厥宗噬肤”，“往”有庆也。“遇雨”之“吉”，群疑亡也。

【译文】上为火下为泽，互相违背，象征着乖离。君子应效法于此，求大同而存小异。

“遇见恶人”，是避免灾祸的方法。“在小巷中邂逅主人”，说明并没有违背正道。“看见牛车被拖曳难行”，说明居位不适当。“起初不利，但最后可得善终”，说明得到了强者的帮助。“彼此以诚相待，故终无过错”，说明能施行自己的意志。“与其宗亲的关系如咬柔软的肉一般和顺”，说明前往必有喜庆。“遇雨吉祥”，说明种种疑惑都已消失。

蹇

山上有水，蹇。君子以反身修德。

“往蹇来誉”，宜待也。“王臣蹇蹇”，终无尤也。“往蹇来反”，内喜之也。“往蹇来连”，当位实也。“大蹇，朋来”，以中节也。“往蹇来硕”，志在内也。“利见大人”，以从贵也。

【**译文**】高山上有水，象征行走艰难。君子应效法于此，遇有艰难时反省自身，修养品德。

“往前进发艰难，往回走将获称誉”，说明应当等待时机。“君王的臣仆历尽艰难”，说明终无过失。“往前行走艰难，返回时则正好相反”，这是发自内心的喜悦。“往前进发艰难，返归时艰难不断”，说明正当坚实之位。“行走极为艰难，却有朋友前来救助”，说明九五坚守了中正的品德和节操。“往前进发艰难，返归可获硕硕成就”，说明志在于联合内部共济艰难。“利于进见有权势的人物”，说明追随贵人能得到利益。

解

雷雨作，解。君子以赦过宥罪。

刚柔之际，义“无咎”也。“九二”“贞吉”，得中道也。“负且乘”，亦可丑也。自我“致”戎，又谁咎也？“解而拇”，未当位也。“君子有解”，“小人”退也。“公用射隼”，以解悖也。

【**译文**】雷行雨降，象征“解除困难”。君子当效法于此，多施恩泽，赦免过失，宽恕有罪之人。

初六与上卦的九四阴阳相应，就解除困难的道理看必然没有灾难。九二坚守贞正品德是吉祥的，是因为居守中正不伪之道。“背负重物而乘坐大车”，这本身是很丑恶的。自己招来的匪盗，又会是谁的过失呢？“解除与小人的关系”，说明自己居处的位置不适当。君子能够解除险难，因为小人畏服退缩了。“王公射杀高墙上的恶隼”，说明是在解除悖乱的险难。

损

山下有泽，损。君子以惩忿窒欲。

“已事遄往”，尚合志也。“九二”“利贞”，中以为志也。“一人行”，“三”则疑也。“损其疾”，亦可“喜”也。“六五”“元吉”，自上祐也。“弗损益之”，大得志也。

【**译文**】高山的下面有深泽，象征减损。君子应当效法于此，抑制愤激，堵塞邪欲，以免逐渐损害人的德行。

“停下手头的事迅速前往辅助别人”，是由于与上方志同道合。九二利于坚守正道，是因为它应当以持中正的品德为其志向。一个人独自行旅可以专一求合，三人同行则将使彼此之间疑惑无主。“减损自我的错误”，这是很可喜的事。六五的大吉，是因上天的保佑。“不用减损自我而能施益于人”，说明遂行自己施惠天下的志向。

益

风雷，益。君子以见善则迁，有过则改。

“元吉，无咎”，下不厚事也。“或益之”，自外来也。“益用凶事”，固有之也。“告公从”，以益志也。“有孚惠心”，“勿问”之矣。“惠我德”，大得志也。“莫益之”，偏辞也。“或击之”，自外来也。

【**译文**】风雷交动相互助长，象征着增益。君子应效法于此，见善美之德行就认真效仿，有了过错就马上改正。

“至为吉祥，没有过错”，因为老百姓工作努力，毫不落后。“有人以价值昂贵的大龟相赠”，说明这是外来的赠与，有益无害。凶险事故中求助增益，这当然是可行的。“求告王公，他必言听计从”，这是有损己益天下的志向。“有诚信态度和恩惠他人之心”，其吉祥是无疑的。“诚意回报我的恩德”，说明这是益民之志大得遂行。

“没有人增益援助”，因为是求益的片面言辞。“反而有人攻击”，说明凶险是从外部不招自来的。

夬

泽上于天，夬。君子以施禄及下，居德则忌。

“不胜而往”，“咎”也。“有戎勿恤”，得中道也。“君子夬夬”，终“无咎”也。“其行次且”，位不当也。“闻言不信”，聪不明也。“中行无咎”，中未光也。“无号”之“凶”，终不可长也。

【译文】泽水蒸发升至天空，象征决断。君子当效法于此，果决地广施恩泽于下民，仅停留在个人功德上将为人憎恶。

不能胜任而往前冒进，将会有灾祸。《象传》说：“夜间遭到敌人攻击也不必担心”，说明修养夬德，不失持中慎行之道。“君子刚毅果决”，说明终能成功，不致有灾祸。“行动趑趄困难”，说明居处的位置不恰当。“听了忠告却不相信”，说明虽然听见了，但却不能审明事理。“居持中正的品行就不会有灾难”，说明中正之道尚未发扬光大。“不必呼号求救，凶险难逃”，说明小人高居上位的情况终究不可长久。

姤

天下有风，姤。后以施命诰四方。

“系于金柅”，柔道牵也。“包有鱼”，义不及“宾”也。“其行次且”，行未牵也。“无鱼”之“凶”，远民也。“九五”“含章”，中正也。“有陨自天”，志不舍命也。“姤其角”，上穷“吝”也。

【译文】天下有风吹起时，象征“邂逅”。君王应当效法于此，布告四方，推行伟大的道德。

“紧紧系缚在金属制成的刹车上”，说明此爻应居守柔顺之道，接受阳刚的牵制，难于自主。“用白茅包裹着鲜鱼用于祭祀”，从道义上看不宜用来宴请宾客。“行动趑趄困难”，说明行为还没有受到牵制。没有鱼招致的凶险，说明远离下民，丧失民心。修养内在的文采，是由于居中守正。“好运由天而降”，说明它的心志没有违背天命。“与墙角相遇”，说明已至上位极点而导致相遇无人的憾惜。

萃

泽上于地，萃。君子以除戎器，戒不虞。

“乃乱乃萃”，其志乱也。“引吉，无咎”，中未变也。“往无咎”，上巽也。“大吉，无咎”，位不当也。“萃有位”，志未光也。“赍咨涕洟”，未安上也。

【**译文**】水聚为泽而居地上，象征聚集。君子应当效法于此，经常清理整备兵器装备，以戒备不测之事的发生。

“心神迷惑，行为紊乱而与人妄聚”，说明心志迷乱。“被人援引可获吉祥，没有灾难”，说明中正的本性始终未曾改变。“往前进发没有灾难”，说明能谦逊地顺从上面的阳刚。“至为吉祥，没有灾咎”，说明居位不适当。“聚集的时候高居尊位”，说明志向有待光大，故人还未信服。“悲伤哀叹，痛哭流涕”，说明高居极位，孤立无援，以致心不能安。

升

地中生木，升。君子以顺德，积小以高大。

“允升，大吉”，上合志也。“九二”之“孚”，有喜也。“升虚邑”，无所疑也。“王用亨于岐山”，顺事也。“贞吉，升阶”，大得志也。“冥升”在上，消不富也。

【**译文**】地里生出树木，象征上升。君子应效法于此，遵循美德修行之道，积小善而逐渐成就崇高宏大的德业。

“守时守信的上升，大为吉祥”，说明顺合上方的高远志向。九二的诚信之美德，必然会带来喜庆。“高高地上升，一路顺利，如入无人之境”，说明顺畅而升，是因为无所疑虑。“君王来到岐山祭祀神灵”，说明顺从了事物之情理。“坚守正道可获吉祥，登阶而上升”，说明遂行心志。昏昧至极而继续上升，高居上位，说明位置过高而养料消减，实力已不富足。

困

泽无水，困。君子以致命遂志。

“入于幽谷”，幽不明也。“困于酒食”，中有庆也。“据于蒺藜”，乘刚也。“入于其宫，不见其妻”，不祥也。“来徐徐”，志在下也。虽不当位，有与也。“劓刖”，志未得也。“乃徐有说”，以中直也。“利用祭祀”，受福也。“困于葛藟”，未当也。“动悔有悔”，“吉”行也。

【译文】本卦上卦为兑泽，下为坎水，水渗泽底，泽中干涸，象征穷困。君子应效法于此，困顿之中不惜以献出生命来实现理想。

“在幽深的山谷中徘徊”，说明处在幽暗不明的处所。“被酒食应酬困住”，说明居守中道会有喜庆。“背后所据是多刺的蒺藜”，说明六三以阴柔凌驾于阳刚之上。“回到家中，看不到自己的妻子”，这是不祥的征兆。“迟缓前来”，是说志在援救下层。虽然它本身居处的位置不妥当，但因与下应合，所以能达到目的。“割鼻断足”，说明尚未实现其心志。“逐渐摆脱困境”，因为它持守刚中正直之道。“有利于举行祭祀”，这样就可得到神的降福。“被葛藤缠绕困住”，说明居位还不妥当。“行动将招致悔恨，及时悔过”，说明往前进发可走出困境，获得吉祥。

井

木上有水，井。君子以劳民劝相。

“井泥不食”，下也。“旧井无禽”，时舍也。“井谷射鲋”，无与也。“井渫不食”，行“恻”也。求“王明”，“受福”也。“井甃，无咎”，修井也。“寒泉”之“食”，中正也。“元吉”在“上”，大成也。

【**译文**】使水源源不断自地下提上来，象征“水井”。君子应效法于此，鼓励百姓勤劳，并劝勉他们相互协助。

“井底泥沙沉积不能食用”，说明处在最卑下的位置；“这口井久未修治，甚至连禽兽也不来这饮水”，说明因迁移而将其舍弃。“在井下的穴隙中射取小鱼”，说明上方没有人迎合援引。“水井已掏治洁净却没有人汲用”，说明九三的行为让人忧虑；希望“君王圣明”，是希望赏识它的上级享受福泽。“水井正在加固修治，没有灾难”，说明这是修井的美德。“井水清凉且有如寒泉，很好喝”，说明它具备刚毅中正的德行。“至为吉祥”在于将美德发扬，说明此时已大功告成。

革

泽中有火，革。君子以治历明时。

“巩用黄牛”，不可以有为也。“己日革之”，行有嘉也。“革言三就”，又何之矣。“改命”之“吉”，信志也。“大人虎变”，其文炳也。“君子豹变”，其文蔚也。“小人革面”，顺以从君也。

【**译文**】汪洋大泽中有烈火，象征急需变革。君子当效法于此，改革历法来明确显示季节的变化，按规律行事。

“像用黄牛皮捆缚一样的牢固”，说明初九应慎重行事，不可有所作为。“己日果断地推行变革”，说明准备充分的行动将带来嘉美的成果。“变革必须慎重，须再三讨论达成一致再施行”，说明这样就不会走错路！“革除不合天命的制度可获吉祥”，说明取信于民遂行心志。“有权势的人物推行变革像猛虎一样”，说明美德光彩显耀。“君子像豹子一样协助变革”，说明他的美德蔚然成彩。“小人改变其旧面目”，说明他们只是表面顺从君主。

鼎

木上有火，鼎。君子以正位凝命。

“鼎颠趾”，未悖也。“利出否”，以从贵也。“鼎有实”，慎所之也。“我仇有疾”，终无尤也。“鼎耳革”，失其义也。“覆公𫗧”，信如何也。“鼎黄耳”，中以为实也。“玉铉”在“上”，刚柔节也。

【**译文**】木上面烧着火，象征鼎器在烹饪食物。君子应当效法于此，端正稳固身心的位置，严守自己的使命。

“鼎器的足颠倒翻覆”，这还不违背常理。“有利于倒出残渣污物”，这是为了遵从新的贵人。“鼎器内装满了食物”，说明谨慎前行较好。“我妻有病”，终将没有怨尤。“鼎器的耳柄脱落”，说明其失去了本身存在的意义。“王公的美食全被翻倒”，说明德行浅薄而地位尊贵不足以使人信任。“鼎器配有黄铜鼎耳”，说明居中守正而获充实之利。镶玉的铉环高居上位，说明刚柔相济，互相调节。

震

洊雷，震。君子以恐惧修省。

“震来虩虩”，恐致福也。“笑言哑哑”，“后”有则也。“震来厉”，乘刚也。“震苏苏”，位不当也。“震遂泥”，未光也。“震往来厉”，危行也。其事在中，大“无丧”也。“震索索”，未得中也。虽“凶”无咎，畏邻戒也。

【**译文**】接连不断的轰轰震雷，象征震动。君子当效法于此，心怀惊惧，自我修身反省。

“雷电袭来万物恐惧”，说明恐惧而戒备能带来福泽。“戒惧慎行遂能谈笑自若”，说明恐惧能使其拥有做事的准则。“震动骤至，有危险”，说明性本柔弱却偏乘凌在阳刚之上。“震动之时恐惧不安”，说明阴居阳位，位置不妥当。“震动之时惊落泥淖”，说明阳刚之德没能发扬光大。“震动之时上下来往行动有危险”，说明谋事在中正之位，中允无偏，不会有太大的损失。“震动之时畏畏缩缩”，说明上六未修得中正之德。虽然凶险，但没遭灾难，是因为畏惧近邻所受的震惊而心存戒备之故。

艮

兼山，艮。君子以思不出其位。

“艮其趾”，未失正也。“不拯其随”，未退听也。“艮其限”，危“薰心”也。“艮其身”，止诸躬也。“艮其辅”，以中正也。“敦艮”之“吉”，以厚终也。

【**译文**】两山重叠，象征抑止。君子体察此现象，经常考虑行动不应超越本位。

“抑止其脚趾的行动”，说明没有离失正道。“无法举步向上承应跟随”，这是由于未能听从其劝而退回。“抑止其腰部的行动”，说明身处的危险像烈火一样熏烤其心。“抑止上身的活动”，说明能自己控制而保持正直。“抑止其口”，因为不偏倚，谨守中正之道。“谨慎敦厚而知足知止的吉利”，说明上九能以敦厚的品德获得善终。

渐

山上有木，渐。君子以居贤德善俗。

“小子”之“厉”，义“无咎”也。“饮食衎衎”，不素饱也。“夫征不复”，离群丑也。“妇孕不育”，失其道也。“利御寇”，顺相保也。“或得其桷”，顺以巽也。“终莫之胜，吉”，得所愿也。“其羽可用为仪，吉”，不可乱也。

【译文】高山上有树木依山势而长，象征渐进。君子体察此种现象，感到应蓄积贤德，逐渐改变落后的风俗。

“年幼小子靠近危险”，从渐进的意义看应无灾难。“欢喜饱享饮食”，说明六二并非不劳而吃饱饭，而是有所作为的。“丈夫出征不复回”，说明脱离了家乡的人们。“妇人失贞怀孕生子而不能养育”，说明丧失了妇道。“有利于抵御外来的强寇”，说明应当顺从需要以互相保卫。“或许能寻得横平的树枝栖息”，因为柔顺服从。“最终没有什么能阻止她得其心愿，吉利”，说明愿望得遂应。“羽毛可用做典礼中的装饰，吉祥”，说明不可以扰乱应有的顺序步骤。

归妹

泽上有雷，归妹。君子以永终知敝。

“归妹以娣”，以恒也。“跛能履，吉”，相承也。“利幽人之贞”，未变常也。“归妹以须”，未当也。“愆期”之志，有待而行也。“帝乙归妹”，“不如其娣之袂良”也。其位在中，以贵行也。“上六”“无实”，“承”虚“筐”也。

【译文】水泽上雷声震响，象征婚嫁。君子体察这种现象，长久不渝地终守正道，知道男女恒定婚姻关系被破坏的弊端。

“嫁出少女作为侧室”，这是恒常之道。“就像跛脚的人努力行走，吉祥”，说明能秉承夫意协助匡扶家务。“有利于深居妇人坚守妇德”，说明没有改变恒常之道。“嫁女而用其姐姐作为陪嫁”，说明此种行为不妥当。九四延误婚期的心志，是为了等待合适的配偶而后行。“帝乙嫁女，以其次女陪嫁，正室的衣饰反不如从嫁的妾衣着华丽”，说明地位品德均中正无偏，以高贵之位下嫁。上六空虚无物，正如手拿虚空的竹筐。

丰

雷电皆至，丰。君子以折狱致刑。

“虽旬无咎”，过旬灾也。“有孚发若”，信以发志也。“丰其沛”，不可大事也。“折其右肱”，终不可用也。“丰其蔀”，位不当也。“日中见斗”，幽不明也。“遇其夷主”，“吉”行也。六五之吉，有庆也。“丰其屋”，天际翔也；“窥其户，阒其无人”，自藏也。

【译文】雷鸣电闪交相而至，象征丰盈盛大。君子体察此现象，以威震和光明审断讼狱，谨慎施用刑罚。

“只在十天内没有灾祸”，说明如若想打破均等，则必有灾祸。“以诚信待人，心地光明”，说明应当通过诚信来开拓丰大光明的志向。“丰大掩蔽太阳的幔幕”，说明不可以做大事。“折断自己的右臂”，说明终究不可以施展才用。“云层丰积厚重遮蔽太阳的光辉”，说明所处居位不妥当。“太阳中天的正午出现星斗”，说明居于幽暗不明的时期。“遇见明智的主人”，说明获得吉祥可以往前进发。六五的吉祥，是因为修养丰德，因此有福庆啊！“丰大完美自己的房屋”，说明居处极位就像飞翔在天空中般快乐自在；“从门缝向外窥视，内里寂静无人”，这是自蔽深藏。

旅

山上有火，旅。君子以明慎用刑，而不留狱。

“旅琐琐”，志穷“灾”也。“得童仆，贞”，终无尤也。“旅焚其次”，亦以伤矣。以旅与下，其义“丧”也。“旅于处”，未得位也。“得其资斧”，“心”未“快”也。“终以誉命”，上逮也。以“旅”在“上”，其义“焚”也。“丧牛于易”，终莫之闻也。

【译文】山上火在燃烧，象征旅行。君子体察此种现象，明智慎重地施用刑罚，而不积留狱案。

“旅途之初事务繁琐导致进退犹豫”，说明旅人志向穷短，所以有灾难。“得到童仆，这是正确的”，说明六三最终没有灾祸。“旅行中客栈被火焚烧”，这是很悲惨的事。以对待旅客的态度对待下人，丧失了道义。“旅途中暂停栖处”，说明没能真正地安身立命。“得到支持”，心中未必畅快。“最后仍然得到荣誉和爵命”，说明与上层很接近。作为一名旅行者却高高在上，目中无人，当然会导致被焚毁的灾祸。在田畔丧失了牛，说明上九羁旅遭祸终将没有人知道。

巽

随风，巽。君子以申命行事。

“进退”，志疑也。“利武人之贞”，志治也。“纷若”之“吉”，得中也。“频巽”之“吝”，志穷也。“田获三品”，有功也。“九五”之“吉”，位正中也。“巽在床下”，“上”穷也。“丧其资斧”，正乎“凶”也。

【译文】和风不断地吹拂，象征顺逊。君子体察这种现象，大胆地申谕命令，果断施行政事。

“进退不决”，说明志向犹疑。“利于勇武之人坚守正道”，是说武人心志勇武不乱。“能像史官巫吏那样以谦卑诚意敬神，可获吉祥”，因为德行居中不偏。“勉强顺逊，必有憾惜”，说明丧失了坚定的志向。“田猎获取祭祀、饭宴和家用三类猎物”，表明功绩卓著。九五的吉祥，是因为它居处的位置持中守正。“顺逊至极地伏在床底”，说明已达极端穷困的地步。“失去了支持”，说明应守持刚正以防凶险。

兑

丽泽，兑。君子以朋友讲习。

“和兑”之“吉”，行未疑也。“孚兑”之“吉”，信志也。“来兑”之“凶”，位不当也。“九四”之“喜”，有庆也。“孚于剥”，位正当也。“上六”“引兑”，未光也。

【译文】泽水相连互通，象征喜悦。君子体察此种现象，会聚朋友一起相互讨论学习。

“和悦待人，可获吉祥”，说明友善行为光明正大不被人疑忌。“心中诚信和悦待人，可获吉祥”，表明志在诚信。“前来笑脸取悦于人，有凶险”，说明居位不妥当。病愈之喜，是因为有值得庆贺的事情。“施诚信于失信之人”，这是因为正当君位的原因。上六“引诱取悦于人”，说明它的喜悦之道尚未光大。

涣

风行水上，涣。先王以享于帝，立庙。

“初六”之“吉”，顺也。“涣奔其机”，得愿也。“涣其躬”，志在外也。“涣其群，元吉”，光大也。“王居无咎”，正位也。“涣其血”，远害也。

【译文】风吹行于平静的水面上，象征涣散。先代君王观此象，隆重地祭祀上帝，建立宗庙，从而以凝聚人心。

初六的吉祥，是因为顺应时势的缘故。“洪水涣散之时直奔安全之地”，说明达成了阴阳聚合的愿望。“洪水时涣散不惜自身受损”，说明心志在于向外发展。“涣散朋党，至为吉祥”，说明行为光明正大。“散发君王居积的财富”，说明君王尊位正当而坚固。“散流淤血”，是说当彻底远离祸害。

节

泽上有水，节。君子以制数度，议德行。

“不出户庭”，知通塞也。“不出门庭，凶”，失时极也。“不节”

之“嗟”，又谁“咎”也？“安节”之“亨”，承上道也。“甘节”之“吉”，居位中也。“苦节，贞凶”，其道穷也。

【译文】大泽上面有水，象征节制。君子体察此种现象得到启示，因此制定制度礼节以为准则，评议道德行为以为规范。

“不走出屋门内院”，说明深知道通则行，路塞则止之理。“始终不跨出大门庭院”，说明彻底地丧失了时机。“不能自我节制，必然会忧伤嗟叹”，这有谁能责怪呢？“安于现状自我节制，亨通顺利”，说明奉承谨守尊上之道，按规律办事。“甘美愉悦地节制，吉祥”，是因为居守中正，修养品德。“极端节制十分痛苦，应当坚守正道以防凶险”，说明此节制之道已至穷困。

中孚

泽上有风，中孚。君子以议狱缓死。

“初九”“虞吉”，志未变也。“其子和之”，中心愿也。“或鼓或罢”，位不当也。“马匹亡”，绝类上也。“有孚挛如”，位正当也。“翰音登于天”，何可长也？

【译文】大泽上和风吹拂，象征心中诚信。君子体察于此，因而以诚信之心审议诉讼，暂缓死刑以查明真相。

初九之时虞官诚信尽职，可获吉祥，说明诚信的初衷没有改变。“小鹤声声应和白鹤”，这是发自内心的愿望。“或者击鼓攻击，或者罢兵回营”，说明阴爻居阳位，所处位置不妥当。“良马走失”，说明断绝与同类交往而追随上层。“心存诚信并以之牵系天下”，说明居位中正妥当。“锦鸡鸣叫，声达极天”，这种情况怎么会长久呢？

小过

山上有雷，小过。君子以行过乎恭，丧过乎哀，用过乎俭。

“飞鸟以凶”，不可如何也。“不及其君”，臣不可过也。“从或戕之"，"凶"如何也！"弗过，遇之"，位不当也。"往厉，必戒"，终不可长也。"密云不雨"，已上也。"弗遇，过之"，已亢也。

【译文】山上响动雷声，象征稍有超过无妨。君子体察此象，因此行止略过于恭敬、丧事稍过于哀痛、用度稍过于节俭均无妨。

"鸟逆势高飞有凶险"，说明其自寻凶险，旁人无可奈何。"没有达及君王那里"，说明不可超过臣仆而直达君王跟前。"放纵就会被人加害",说明这是多么的凶险啊！"不过分刚强便能遇到阴柔"，说明居位不妥当。"往前进发会有危险，必须警惕自戒"，说明过分行为终究不可长久。"乌云密布而不下雨"，说明居处得过高。"没能遇合阳刚却超过很远"，说明已升得过高，到了亢极之地。

既济

水在火上，既济。君子以思患而豫防之

"曳其轮"，义"无咎"也。"七日得"，以中道也。"三年克之"，惫也。"终日戒"，有所疑也。"东邻杀牛"，"不如西邻"之时也。"实受其福"，吉大来也。"濡其首，厉"，何可久也？

【译文】水位于火的上面，象征事业成功。君子体察此种现象，因此在事成之初就考虑可能出现的祸患，事先加以预防。

"往后拖拉车轮"，从其道理上说这一做法是没有灾祸的。"七日后可以失而复得"，是因为得守中道的缘故。"经三年苦战才获得胜利"，说明已是疲惫不堪。"应当整天警惕戒备灾祸"，说明有所疑惧。"东边的邻国杀牛举行大祭"，说不如西边邻国简朴的祭礼诚敬合于时宜；"更能实在地承受神灵施降的福泽"，说明吉祥将滚滚涌来。"渡河淹没了头，有危险"，这样怎么能够长久呢？

未济

火在水上，未济。君子以慎辨物居方。

“濡其尾”，亦不知极也。“九二”“贞吉”，中以行正也。“未济，征凶”，位不当也。“贞吉，悔亡”，志行也。“君子之光”，其晖“吉”也。“饮酒濡首”，亦不知节也。

【译文】火在水上面，象征事未成功。君子体察此象，因此审慎地辨别事物，使其各自安处于适当的场所。

“小狐过河时水沾湿了尾巴”，说明它太不自量力谨慎持中了。“这样做正确，可获吉祥”，说明应当持守中道，端正行事。“还未做好准备，贸然前进会有凶险”，说明居位不妥当。“坚守正道吉祥，悔恨消亡”，说明志向正在践行的结果。“这是君子的光辉”，说明君子的光辉能带来吉祥。“饮酒取乐过量而沾湿了头部”，这是沉湎过度而不知节制。

文言

乾

元者善之长也。亨者嘉之会也。利者义之和也。贞者事之干也。君子体仁足以长人，嘉会足以合礼，利物足以和义，贞固足以干事。君子行此四德者，故曰：“乾：元亨利贞。”

初九曰：“潜龙勿用。”何谓也？子曰：“龙，德而隐者也。不易乎世，不成乎名，遁世无闷，不见是而无闷。乐则行之，忧则违之，确乎其不可拔，潜龙也。”

九二曰：“见龙在田，利见大人。”何谓也？子曰：“龙，德而正中者也。庸言之信，庸行之谨，闲邪存其诚。善世而不伐，德博而化。

《易》曰：‘见龙在田，利见大人。’君德也。”

九三曰：“君子终日乾乾。夕惕，若厉，无咎。”何谓也？子曰：“君子进德修业。忠信所以进德也。修辞立其诚，所以居业也。知至至之，可与言几也。知终终之，可与存义也。是故居上位而不骄，在下位而不忧。故乾乾因其时而惕，虽危无咎矣。”

九四曰：“或跃在渊，无咎。”何谓也？子曰：“上下无常，非为邪也。进退无恒，非离群也。君子进德脩业，欲及时也。故无咎。”

九五曰：“飞龙在天，利见大人。”何谓也？子曰：“同声相应同气相求。水流湿，火就燥。云从龙，风从虎。圣人作而万物睹。本乎天者亲上，本乎地者亲下。则各从其类也。”

上九曰：“亢龙有悔。”何谓也？子曰：“贵而无位，高而无民，贤人在下位而无辅，是以动而有悔也。”

【译文】元始是众善之首。亨通是事物完美的聚合。祥和有益是阴阳调和得宜。正固是处身行事的根本。因此君子用自己的行动体现实践至善的仁德，就能成为众人的头领；能够使众善聚集一堂，就能够合于礼仪；能够施利万物，才足以使道义达到和谐；能够坚持固守节操，就能主持各类大事。唯有君子才能施行这四种美德，所以说：“乾卦：行善是万物创始的伟大根源、亨为合美、祥和有益、贞正坚固。”

初九的爻辞说：“龙潜伏在水中，暂时不宜有所作为。”这是什么意思呢？孔子指出：“这是比喻像龙一样有德有才而隐居的人。世俗改变不了他的节操，他也不追逐功名；从世间隐退不会感到闷闷不乐，不被世人承认也不苦闷。能愉快地实现抱负时，便入世行道；感到忧虑时，便出世隐遁。信念坚定，从不动摇，这样君子的所为便是潜龙的德行。”

九二的爻辞说：“龙出现在田野，对于有权势的人出来治世是很有利的。”这是什么意思呢？孔子指出：“这是指有龙一样的德行而行中正之道的人。这种人他的日常言论说到做到，他的日常行动谨慎小心。防止一切邪念，心存诚实。虽然善行卓著，加惠世人，却不以此夸耀。以伟大广博的道德行为来感化世间的一切。《周易》说：‘龙出现在田野，利于有权势的人出来治世。’这是指出现了有品德的贤人。”

九三的爻辞说：“君子整天勤勉不息，提高警觉，即使在夜晚，仍时刻警惕，谨慎行事，如此，则虽有危险，却无灾祸。”这是什么意思呢？孔子指出：“这是在说君子要增进美德、营修功业的道理。忠诚信实，是增进美德的主要基础。斟酌自己的文辞和言行，确立至诚的感情，是营修功业的根基。能把握时机、全力进取的人，可以跟他商讨事物发展的征兆；知道事物发展的结局，并可以以自己的行动适应结局的人，可与他共同保存正义。能够做到这些，一个人就能够身居高位而不骄傲，处在下位也不忧愁，因而能够勤恳振作，自强不息，随时警惕，小心行事。如此，则虽处于危险之中，也不会有过错。”

九四爻辞说：“游龙或是潜伏深谷，或是似跃而未跃，都不会有什么灾祸。”这是什么意思呢？孔子指出：“这比喻贤人的上升或下降，居高位或处低位，是常常变化的，这并非出于邪念；他的进取或引退也没有一定的规律，这种进退并不脱离众人。这说明，君子要想在品德和事业上都有所提高，得到成功，只能是把握时机，随着时势的变化而行动，这样的话就一定‘没有什么过错’了。”

九五爻辞说：“龙高飞于天，有利于晋见有权势的人。”这是什么意思呢？孔子指出：“这是说同类的声音产生共鸣，同样的气息彼此吸引而投合；水向低洼潮湿处流，火往干燥之处燃烧；彩云随着龙飞而聚散，谷风随着虎跃而产生；圣贤之兴起使世间万物各显其灵性；因而，以天为本的生物向上发展，依存于地的向下扎根，这就是一切事物各依其类别互相聚合的道理。”

上九的爻辞说："龙飞得过高，超过极限，终将因为有过失而有所悔恨。"这是什么意思呢？孔子指出："这是比喻高高在上，尊贵而失去拥戴的人君。这种崇高的地位使他脱离了众人，贤士能人都处在下位，因而他得不到他们的辅佐。所以，他在这种状态下稍有举动就会招来悔恨。"

"潜龙勿用"，下也。"见龙在田"，时舍也。"终日乾乾"，行事也。"或跃在渊"，自试也。"飞龙在天"，上治也。"亢龙有悔"，穷之灾也。乾元"用九"，天下治也。

"潜龙勿用"，阳气潜藏。"见龙在田"，天下文明。"终日乾乾"，与时偕行。"或跃在渊"，乾道乃革。"飞龙在天"，乃位乎天德。"亢龙有悔"，与时偕极。乾元"用九"，乃见天则。

乾元者，始而亨者也。利贞者，性情也。乾始能以美利利天下，不言所利，大矣哉。大哉乾乎！刚健中正，纯粹精也。六爻发挥，旁通情也。时乘六龙，以御天也。云行雨施，天下平也。

君子以成德为行，日可见之行也。"潜"之为言也，隐而未见，行而未成，是以君子"弗用"也。君子学以聚之，问以辨之，宽以居之，仁以行之。《易》曰："见龙在田，利见大人。"君德也。

九三，重刚而不中，上不在天，下不在田，故"乾乾"因其时而"惕"，虽危"无咎"矣。

九四，重刚而不中，上不在天，下不在田，中不在人，故"或"之。或之者，疑之也。故"无咎"。

夫"大人"者，与天地合其德，与日月合其明，与四时合其序，与鬼神合其吉凶。先天而天弗违，后天而奉天时，天且弗违，而况于人乎，况于鬼神乎？"亢"之为言也，知进而不知退，知存而不知亡，知得而不知丧。其唯圣人乎！知进退存亡而不失其正者，其唯圣人乎！

【**译文**】所谓“龙潜伏在水中，暂不宜有所作为”，是指德才兼备的人还处于地位低下，不能发挥作用。“龙出现在田野”，说明时势开始舒展，已得时得位了。“整天勤勉不息”，说明事业在付诸。“潜伏于深谷，或跃腾上进”，说明正处在自我考验的时期。“龙高飞于天”，表明已经获得高位，正施展抱负。“龙飞到极高位置，终将有所悔恨”，是说明爬上最高位置而不知改变，脱离群众，将带来灾难。天有元始之德而运用阳九的变化，说明天下大治乃势所必然。

所谓“龙潜伏在水中，暂不宜有所作为”，是说阳气仍然潜伏隐藏着，没发生什么变化。“龙出现在田野”，说明天下能看到欣欣向荣的文明景象。“整天勤勉不息”，说明随着时间而向前发展；“潜伏于深谷，或跃腾上进”，说明天道此时已开始革新。“龙高飞于天”，说明位与天高，德与天齐；“龙飞到极高位置，终将有所悔恨”，说明随着时间的推移而达到了极限。天有元始之德而运用阳九主张的变化，这才合乎体现天道自然的法则。

乾卦象征天，是万物创始的伟大根源，说明了它是创造天地万物亨通的起始。“祥和有益，贞正坚固”，是天的内在本性和外在情感。天创始了万物且广施利益于天下，但它却不言其利、居其功，这种精神真是伟大啊！伟大的天道啊，刚强劲健、居中守正，这一切都纯粹无瑕、精致不杂。六爻的无穷变化，联系、沟通了万物的发展情理。无论何时都如同驾驭六条龙运行于天。云彩飘行运动，雨水施洒降落，使天下万物均衡和谐地发展。

君子的行为，是以完善品德修养为目的的，而且这些是在日常言行中都可以体现出来的。乾卦初爻所说的“潜”的意思，是说在应当隐藏着，还未能显露时，行动时机还未到，所以君子暂时还不能施展才用。君子通过学习来积累知识，抱着怀疑的态度来解决疑难，以宽厚仁恕之心待人接物，以仁爱之心指导行为。《周易》说：“龙出现在田野，利于晋见伟大的人物。”这是指这种“有德之人”具备了作为一个君子的品德所以能得到人民的拥戴。

乾卦的九三爻正处阳位，多重阳刚相叠，不得居于中位，因此上不沾天，下不着地，所以要勤勉不息，自强不息，顺应时机，随时保持警惕。如此，则即使面临危险，也没有什么灾祸了。

乾卦的九四爻阳刚过重而不适中，因此上不沾天，下不着地，而且不在人能居住的位置，因而“或”之。强调“或”的意思，是指应有所疑虑，多方审度，也就不会有过失灾难了。

乾卦九五爻辞中所说的有权势的人，他的德行，要像天地一样覆载万物；他的圣明，要像日月那样普照大地；他的进退，要像四季交替一样井然有序；他的吉凶，要与鬼神的吉凶契合；他的作为，先于天象而行动，但却也不违反天道，后于天象而处事，仍能奉行天道运行的规律。他尚且不违背上天，更何况人呢？更何况鬼神呢？乾卦上九爻辞说的“亢”字，是指高到极点只知道进取，而不知道引退；只知道生存，而不知道终将衰亡；只知道获利，而不知道放弃。大概只有圣人才是明智的吧！那些深知进取、引退、生存、灭亡的道理，而又不偏失它的正道的人，难道不就是我们所称赞的圣人吗！

坤

坤至柔而动也刚，至静而德方，后得主而有常，含万物而化光。坤道其顺乎！承天而时行。

积善之家，必有余庆，积不善之家，必有余殃。臣弑其君，子弑其父。非一朝一夕之故，其所由来者渐矣，由辩之不早辩也。《易》曰：“履霜，坚冰至。”盖言顺也。

“直”其正也，“方”其义也。君子敬以直内，义以方外。敬义立而德不孤。“直方大，不习无不利”，则不疑其所行也。

阴虽有美，含之，以从王事，弗敢成也。地道也，妻道也，臣道也。地道无成，而代有终也。

天地变化，草木蕃。天地闭，贤人隐。《易》曰：“括囊，无咎无誉。”盖言谨也。君子“黄”中通理，正位居体，美在其中，而畅于四支，发于事业，美之至也。

阴疑于阳，必战，为其嫌于无阳也，故称龙焉。犹未离其类也，故称血焉。夫玄黄者，天地之杂也。天玄而地黄。

【译文】大地的德行是极为柔顺的，但变动时则显示出刚强；虽然极为安静，但柔美的品德却是方正的。尽管是后一步来主持万物生长，却自有一定的规律，能包容万物并使其生长光大。大地的法则是多么的柔顺啊！它秉承天的意志而顺时运行。

修积善行的人家，必定有很多吉庆；累积恶行的人家，必然会留下很多的殃祸。凡是臣下杀死君王，儿子刺杀父亲，这都不是一朝一夕偶然产生的，而是日积月累逐渐演变而成的，是由于君王父亲们没能早日洞察处理。《周易》说：“踩到地面上的薄霜便可知道冰雪寒冬要到了。”那是说明事物发展的自然规律。

“直”是说为人应品性纯正，“方”是指办事应合乎理义。君子以恭敬慎重的态度作为内心的正直准则；以合乎理义的行为处理外界事务。只要做到恭敬的态度和合适地处事，就能广布美德，得到众人的信任和支持。所以说，“只要能做到正直、端方、宏大，哪怕不熟习也不会不利”，这样他对自己的立身行事就不会有什么疑惑不定了。

阴柔固然是美德，但要含蓄隐藏，用以辅助君王的事业时，不可以居功。这是大地的法则，为妻的原则，称臣的原则。地道顺天道的法则表明了有成就而不居功，实际上是在时序的交替中继续天道使事达到预期效果。

天地的自然变化，使一切草木茂盛繁衍。如果天地闭塞昏暗，那贤人能士都会隐退避世。《周易》说："将口袋收紧，虽然得不到赞誉，却可免遭灾难。"这是在说要谨慎处世的道理。君子应当具有黄色中和的美好品德，通情达理，应使自己保持在正确的位置。将这种美德蕴存于心，自然会畅达于四肢，从而发展于事业，便达到了美的极致。

阴达极盛近似于阳时，必会引起争战。这是因为阴气发展达于极盛，好像阳已经不存在了，所以上六爻辞称龙；而阴并不曾离开同类，所以上六爻辞中又称代表阴柔之血。所谓天地玄黄，是指天地争战中混合的色象：天为青苍的黑色，而地本来就是黄色。

系辞上

天尊地卑，乾坤定矣。卑高以陈，贵贱位矣。动静有常，刚柔断矣。方以类聚，物以群分，吉凶生矣。在天成象，在地成形，变化见矣。

是故刚柔相摩，八卦相荡。鼓之以雷霆，润之以风雨。日月运行，一寒一暑。乾道成男，坤道成女。乾知大始，坤作成物。

乾以易知，坤以简能。易则易知，简则易从。易知则有亲，易从则有功。有亲则可久，有功则可大。可久则贤人之德，可大则贤人之业。

易简而天下之理得矣。天下之理得，而成位乎其中矣。

圣人设卦观象，系辞焉而明吉凶，刚柔相推而生变化。是故吉凶者，失得之象也。悔吝者，忧虞之象也。变化者，进退之象也。刚柔者，昼夜之象也。六爻之动，三极之道也。

是故君子所居而安者，《易》之序也。所乐而玩者，爻之辞也。是故君子居则观其象而玩其辞，动则观其变而玩其占。是以自天祐之，吉无不利。

彖者，言乎象者也。爻者，言乎变者也。吉凶者，言乎其失得也。悔吝者，言乎其小疵也。无咎者，善补过也。

是故列贵贱者存乎位，齐小大者存乎卦，辨吉凶者存乎辞，忧悔吝者存乎介，震无咎者存乎悔。是故卦有小大，辞有险易。辞也者，各指其所之。

【译文】天尊贵在上，地卑微处下，乾天坤地的位置就确定了。天下万物以卑下和高大杂然并陈，万物贵贱不同的地位就排定了。天动地静循着一定的规律，阳刚阴柔的性质就断然分明了。人以各自的种类相聚合，各种生物以各自的族群相区分，彼此间利害的调和冲突而产生了吉凶。在天上的有日月星辰雨雷之象，在地上的有山泽草木鸟兽之形，事物变化的道理就从中显现了出来。

因此阳刚与阴柔相互摩擦交感，八卦又相互推演变动。就像用雷霆鼓动，以风雨滋润，随着日月的运行，寒暑季节交替循环。乾道象征男性，坤道象征女性。乾的功能在于掌握万物伟大的创始，坤的作用在于承继乾的创始而生成万物。

乾的作为昭然易知，坤的作为以简约为其功能。平易就容易了解变易之理，简约就容易使人遵从。容易了解就有人相亲附，平易遵从就可以建功立业。有人亲附就会长久处世，可以建功立业就能壮大发展。处世长久是贤人的美德，建功壮大是贤人的事业。

明白平易和简约的乾坤大理，就可懂得天下的道理。懂得了天下的道理，就能在天地间居处适中妥当的位置。

圣人观察宇宙间万事万物而创设六十四卦，又在各卦爻之下撰系文辞使人明白吉凶的征兆，卦中的阳刚阴柔互相推演而产生无穷的变化。因此卦爻辞中所说的“吉凶”，是行事得道顺理或失道悖理与否的象征。“悔吝”，是忧愁和顾虑与否的象征。卦爻反映的变化，是行事权衡进退的象征。刚爻柔爻，是白昼黑夜交替的象征。

六爻的变动，包含了天地人变化的道理。

因此君子能居处而获安稳，是法象《易经》所体现的一定卦序；君子所喜爱研求玩味的，是各爻所附的文辞。所以，君子平日安居时就观察《周易》卦爻的象征而探研玩味它的文辞，行动时便观察卦爻的变化而探研玩味其占筮，所以就能够“从上天得到保佑，吉祥而无往不利”。

彖辞，是总说全卦的象征。爻辞，是分说各爻变化的断言。“吉凶”，是判断行事得道顺理或失道悖理。“悔吝”，是说明行事有小的偏失。“无咎”是说明善于补救过失。

所以陈列尊贵或微贱的象征取决于所在的爻位，确定阳大阴小的象征从卦形的构成中可以了解，辨别“吉凶”可由卦爻辞的文字中寻求，忧虑于“悔吝”的来临就应当谨慎预防纤介小错，戒惧“无咎”是由于内心悔悟而改过。所以，卦体有阴阳大小之别，卦爻辞有艰险平易之分。卦爻辞都是指示各卦爻代表的变化趋向。

《易》与天地准，故能弥纶天地之道。仰以观于天文，俯以察于地理，是故知幽明之故。原始反终，故知死生之说。精气为物，游魂为变，是故知鬼神之情状。

与天地相似，故不违。知周乎万物，而道济天下，故不过。旁行而不流，乐天知命，故不忧。安土敦乎仁，故能爱。范围天地之化而不过，曲成万物而不遗，通乎昼夜之道而知，故神无方而《易》无体。

一阴一阳之谓道。继之者善也，成之者性也。仁者见之谓之仁，知者见之谓之知，百姓日用而不知，故君子之道鲜矣。

显诸仁，藏诸用，鼓万物而不与圣人同忧，盛德大业至矣哉。富有之谓大业，日新之谓盛德，生生之谓易，成象之谓乾，效法之谓坤，极数知来之谓占，通变之谓事，阴阳不测之谓神。

夫易广矣大矣，以言乎远则不御，以言乎迩则静而正，以言乎天地之间则备矣。

【译文】《周易》是以天地的变化规律为准则，所以能够将天地间的道理普遍包容在内。仰头观察天上日月星辰的文采，俯视察看大地河山的法则，因此可知晓光明与黑暗的事理。追溯万物的初始，反求事物的终结，就可以了解死生的规律。考察精气凝聚成为形物，气魂游散而变为虚无，由此可知晓“鬼神”的变化情状。

知晓《周易》的道理，与天地相似暗合，所以行为便不会违背天地的规律；能周知万物的情态，而其道德又足以匡济天下，所以致用不致流入歧途；能遍行天下而没有流弊，乐其天然，知其命数，所以不会有忧愁；安于所处之环境，而敦厚仁道，故能博爱天下。《易》道之范围包括了天地万物的一切变化，不会有偏失，足以曲尽细密地成全万物，不会有遗漏，能通明昼夜、阴阳的道理，而尽知其中奥妙，所以说神奇奥妙之道无所不在，而《周易》的变化也没有固定僵化的形式。

一阴一阳的相生相灭的矛盾变化就叫做“道”。承继天的这一法则的是“善”，人依天道而成就事业的是“性”。仁者看到天道法则称之为“仁”，智者看到天道法则就称之为“智”，寻常百姓在日常生活中经常应用此道却毫不知晓它的原理和重要性，所以君子之道的全部意义就很少有人知道了。

天道以仁爱的面貌显现，使其恩泽普施天下万物，隐藏在日用生活中而不被察觉，鼓动化育万物却没有圣人教化万物所存的忧患。可见天的盛大德行和宏大功业是至美至善了！广泛拥有宇宙间的万物叫做宏大功业，日日更新不断增善叫做盛大美德。天地阴阳生生不息地转化就叫做变易，画卦成为天的象征叫做乾，画卦仿效地的法式叫做坤，极尽数术的推演预知将来的变化叫做占筮，通达变化的道理叫做事业，阴阳变化不可测定叫做神。

《周易》所涵盖的一切真是广大啊，将它比拟于远处，则扩展穷深没有止境，将它比拟于近处，则文静端正不见邪僻，将它比拟于天地之间，则包罗万象无不具理。

夫乾，其静也专，其动也直，是以大生焉。夫坤，其静也翕，其动也辟，是以广生焉。广大配天地，变通配四时，阴阳之义配日月，易简之善配至德。

子曰："《易》其至矣乎。夫《易》，圣人所以崇德而广业也。知崇礼卑，崇效天，卑法地。天地设位而《易》行乎其中矣。成性存存，道义之门。"

圣人有以见天下之赜，而拟诸其形容，象其物宜，是故谓之象。圣人有以见天下之动，而观其会通，以行其典礼，系辞焉以断其吉凶，是故谓之爻。

言天下之至赜而不可恶也，言天下之至动而不可乱也。拟之而后言，议之而后动，拟议以成其变化。

【译文】象征纯阳刚健的乾，静止的时候是专一合养，变动的时候是刚直而不挠，所以促生壮大无数生灵。象征柔顺敦厚的坤，静止的时候收敛深藏，变动的时候广开展布，所以生成宽柔的气质。易理中的宽柔刚大，与天地形象一致，变化通达与四季循环类同，阴阳交替之意与日月的情态相当，平易、简约的美善原理与天地至高无上的德行相配合。

孔子说："《周易》的道理已经达到至善至美了！《周易》是圣人用来崇高其道德，扩大其事业的。智慧贵在崇高，礼节贵在谦卑，崇高要效法天，谦卑得效法地。天地上下的位置既经设定，《周易》的道理就可在其间通行了。成就崇高广大的美德天性，不停地蕴存涵养，就是进入道义的门户。"

圣人看到天下万事万物的奥秘，因而用周易卦来模拟天下万物的形态，用来象征特定事物适宜的意义，所以称作“象”。圣人看到天下万事万物变动不止，因而观察其中会合变通的道理，用以施行典法礼仪，并在卦爻之后撰系文辞推断事物的吉凶，所以称作爻。

易象言说天下极其繁杂的事物，平易道来而不使人厌烦，爻言说天下事物纷繁复杂的变动，内合规律不再混乱。模拟物象再言说道理，评议讨论后揭示变动，通过这般模拟审议后便形成了其变化哲学。

“鸣鹤在阴，其子和之。我有好爵，吾与尔靡之。”子曰：“君子居其室，出其言善，则千里之外应之，况其迩者乎。居其室，出其言不善，则千里之外违之，况其迩者乎。言出乎身，加乎民。行发乎迩，见乎远。言行君子之枢机。枢机之发，荣辱之主也。言行，君子之所以动天地也，可不慎乎。”

“同人先号咷而后笑。”子曰：“君子之道，或出或处，或默或语。二人同心，其利断金。同心之言，其臭如兰。”

初六“藉用白茅，无咎。”子曰：“苟错诸地而可矣。藉之用茅，何咎之有？慎之至也。夫茅之为物薄，而用可重也。慎斯术也以往，其无所失矣。”

“劳谦，君子有终，吉。”子曰：“劳而不伐，有功而不德，厚之至也。语以其功下人者也。德言盛，礼言恭。谦也者，致恭以存其位者也。”

“亢龙有悔。”子曰：“贵而无位，高而无民，贤人在下位而无辅，是以动而有悔也。”

“不出户庭，无咎”。子曰：“乱之所生也，则言语以为阶。君不密则失臣，臣不密则失身，几事不密则害成，是以君子缜密而不出也。”

【译文】中孚九二的爻辞说："白鹤在荫蔽处鸣叫，小鹤声声应和。我有美酒，愿与你共享。"孔子说："君子住在家中，若发出美善的言论，则远在千里之外的人也会闻风响应，更何况近在身边的人呢？小人住在家中，如若发出不善的言论，则远在千里之外的人也会违背他，更何况近在身边的人呢？言论是由自己的口里发出的，要施加于民众，行为在近处发生，而能显现在远方。言论和行为对君子来说如同门户开关的机要。门户机要的发动，恰似君子获得荣誉与耻辱的主宰。言论和行为是君子用来鼓动天地的，怎么能不谨慎呢？"

同人九五的爻辞说："和同于人，开始时号啕大哭，而后欣喜欢笑。"孔子说："君子为人处世的法则，或者入世而服务天下，或者独处静居而修善自身，或者是沉默寡言，或者广发议论。只要二人心意相同，犹如利刃可切断金属。心意一致的言论，犹如兰花一样芳香袭人。"

大过初六的爻辞说："用白色的茅草铺地放置祭器，没有过错。"孔子解释说："祭祀物品放置在地上就可以了，再用白茅草铺垫，哪里还会有过错呢？真是谨慎至极啊。茅草本身是很微薄不贵重的物品，但却能发挥重大的作用。像这般小心谨慎地运用它，必会没有过失了吧。"

谦卦九三的爻辞说："勤劳谦逊，君子保持谦虚的美德至终，吉祥。"孔子解释道："勤劳而不自夸，有功绩而不自以为是，真是敦厚至极啊。这是在说有功劳而能够谦下于人。道德要隆盛，礼节要恭谨。谦逊就是致力于恭敬，以保存其应有的地位。"

乾卦上九爻辞说："龙高亢穷极，终将有所悔恨。"孔子解释道："尊贵却没有实位，崇高而得不到百姓的拥戴，贤明的人在下位而不辅助他，所以轻举妄动必将有所悔恨。"

节卦初九爻辞说：“不走出房门内院，没有灾难。”孔子解释道：“变乱的产生往往是因言语而起的。君主言语不缜密就会失去臣下，臣下言语不缜密就会丧失生命，机密大事如不缜密就会危及事业的成功，所以君子应谨守机密而不泄露言语。

子曰：“作《易》者其知盗乎？《易》曰：‘负且乘，致寇至。’负也者，小人之事也。乘也者，君子之器也。小人而乘君子之器，盗思夺之矣。上慢下暴，盗思伐之矣。慢藏诲盗，冶容诲淫。《易》曰：‘负且乘，致寇至。’盗之招也。”

大衍之数五十，其用四十有九。分而为二以象两，挂一以象三。揲之以四以象四时。归奇于扐以象闰。五岁再闰，故再扐而后挂。天数五，地数五。五位相得而各有合。天数二十有五，地数三十。凡天地之数，五十有五，此所以成变化而行鬼神也。乾之策，二百一十有六。坤之策，百四十有四。凡三百有六十，当期之日。二篇之策，万有一千五百二十，当万物之数也。

是故四营而成《易》，十有八变而成卦，八卦而小成。引而伸之，触类而长之，天下之能事毕矣。

【译文】孔子说：“《周易》的作者大概知道盗匪的心理吧？《周易》解卦六三的爻辞说：‘背负重物而乘坐大车，将招致匪盗的劫掠。’负重载物本是小人的事务，乘坐的车辆，是君子的器具。作为小人而乘坐君子的器具，盗匪当然会思谋夺取了。君上轻慢，臣下横暴，盗匪当然会思谋夺取了。财物不隐秘地收藏好，就是引人为盗，女人过分打扮其容貌就是引人淫乱。《周易》上说：‘背负重荷而身乘大车，必致强寇前来夺取’，原来是说盗匪是自己招来的。”

占筮时用以演算的蓍草是五十，演算时取出一茎置于侧，只用四十九茎。把这四十九根蓍草任意分为两堆象征阴阳，从分成两堆的蓍草中任取一根，竖置于两堆蓍草之间，象征天、地、人三才。以四为单位分数两堆蓍草，每堆分别余数或为一，或为二、或为三、或为四，而不超过四，象征春、夏、秋、冬四季。将第三营两堆分别所余的蓍草数放置在别处，象征历法中将每年的余数归聚而闰。五年成一闰，所以将两组余数合起来之后再分。天数是五个奇数，地数是五个偶数。五个数相加各有一个和。天数（一、三、五、七、九）相加其和为二十五，地数（二、四、六、八、十）相加其和为三十。天数、地数的总和是五十五。这天地数的总和就形成了挂爻变化的依据。乾卦蓍数推算总数为二百一十六策，坤卦为一百四十四策。乾坤两卦共计三百六十策，相当于一年的日数。《周易》上下经六十四卦总计一万一千五百二十策，相当于万物的数字。

所以，通过“四营”（分二、挂一、揲四、归奇）这一过程而筮得《周易》的卦形，积十八次变数即筮成一卦。而每九变出现的八卦之一则为小成之象。引而申之，顺类推求出六十四重卦，能逢相应的事类则推演扩大其象征意义，天下所能够取法阐明的事理就尽在其中了。

显道神德行，是故可与酬酢，可与祐神矣。子曰：“知变化之道者，其知神之所为乎！”

《易》有圣人之道四焉：以言者尚其辞，以动者尚其变，以制器者尚其象，以卜筮者尚其占。是以君子将有为也，将有行也，问焉而以言，其受命也如响，无有远近幽深，遂知来物。非天下之至精，其孰能与于此？

参伍以变，错综其数，通其变，遂成天地之文。极其数，遂定天下之象。非天下之至变，其孰能与于此。《易》，无思也，无为也，寂然不动，感而遂通天下之故。非天下之至神，其孰能与于此。

夫《易》，圣人之所以极深而研几也。唯深也，故能通天下之志。

唯几也，故能成天下之务。唯神也，故不疾而速，不行而至。子曰“《易》有圣人之道四焉”者，此之谓也。

天一，地二。天三，地四。天五，地六。天七，地八。天九，地十。子曰：“夫《易》何为者也？夫《易》，开物成务，冒天下之道，如斯而已者也。”

【译文】易卦能彰显出幽隐的道理，能神奇地使美德畅行，所以运用《周易》就可以应对世间的任何需求，可以为神灵一般的行助之功。孔子说：“了解《周易》的变化道理的人，大概知道神灵的作为了吧！”

《周易》中包含有四种圣人运用的方法：言论者崇尚其文辞精义，行动者崇尚其中的变化规律，制器者崇尚其卦爻象征。卜筮者崇尚其占筮方法。所以，当君子将有所作为有所行动的时候，就会用《周易》占问并据以行事，而《周易》受人命以报吉凶就如回音应声一样。不论远近、幽隐、深沉的事情，都能测知未来事物的变化。如果不是天下最为精深的道理，那又怎么能够做到这样呢？

阴阳二爻不断相互置换变化，错综往复地推衍蓍数，通达它的变化，就能形成天地变化的文辞。究极其蓍数，就能判定天地变化的物象。如果不是天下最复杂的变化哲学，又怎么能够做到这一步呢？《周易》本身是没有思虑、自然无为、寂静不动的，根据阴阳交感相动的原理就能贯通天下的一切。如果不是天下最神妙的道理，又怎么能够如此呢？

《周易》，圣人用它来穷极深奥的事理，研判事机的细微之处。只有穷极深奥的事理，才能贯通天下的心志，只有研判微妙的事机，才能成就天下的事务。只有神奇地贯通易道，才能不必急速而万事速成，无须行旅而目的自至。孔子赞叹说“《周易》中包含了四种圣人运用的方法”，就是指这一点。

天数一地数二，天数三地数四，大数五地数六，天数七地数八，天数九地数十。孔子说："《周易》是用来做什么的呢？《周易》是用来开启物智、成就事业，包藏天下一切道理的，不过如此而已。"

是故圣人以通天下之志，以定天下之业，以断天下之疑。是故蓍之德圆而神，卦之德方以知，六爻之义易以贡。圣人以此洗心，退藏于密，吉凶与民同患。神以知来，知以藏往，其孰能与于此哉。古之聪明睿知，神武而不杀者夫。是以明于天之道，而察于民之故，是兴神物以前民用。圣人以此齐戒，以神明其德夫。

是故阖户谓之坤，辟户谓之乾，一阖一辟谓之变，往来不穷谓之通。见乃谓之象，形乃谓之器，制而用之谓之法。利用出入，民咸用之谓之神。

是故《易》有太极，是生两仪，两仪生四象，四象生八卦，八卦定吉凶，吉凶生大业。

是故法象莫大乎天地，变通莫大乎四时，县象著明莫大乎日月，崇高莫大乎富贵。备物致用，立功成器以为天下利，莫大乎圣人。探赜索隐，钩深致远，以定天下之吉凶，成天下之亹亹者，莫大乎蓍龟。

是故天生神物，圣人则之。天地变化，圣人效之。天垂象，见吉凶，圣人象之。河出图，洛出书，圣人则之。《易》有四象，所以示也。系辞焉，所以告也。定之以吉凶，所以断也。

【译文】所以圣人用它来沟通天下人的心志，以奠定天下的事业，决断天下的疑难。所以蓍数的性质圆通变化而神奇，卦体的性质方正而睿智，六爻的意义则以变易来告知吉凶。圣人以此洗涤修炼其心，引退深藏于隐秘之处，与百姓一样忧患于吉凶之事。神妙而能推知未来的情况，智慧足以包藏既往的知识。一般人又怎么能做到这样呢？只有古代聪明智慧、神武而不嗜杀人的伟人才能如此吧！所以他明白天的道理，察知百姓的事状，制作了神奇的蓍占之物给百姓在行事之前做判断未来趋避吉凶之用。圣人以此来约束身心，从而神妙地彰显他的德业。

所以《周易》体现了阴阳变化生息的道理，例如关闭门户幽静阴暗叫做坤，打开门户疏畅光明叫做乾，一开一关叫做变化，来来往往没有穷尽叫做通，变化的结果显现出来就叫做象，变化成为有形之体就叫做“器”，从有形之器物裁制出供人使用的抽象道理叫做“法”，器物发挥其作用被反复利用，百姓无不使用它而全然不知，就叫做“神”。

所以，《周易》创作之先有太极，太极变而产生天地阴阳即所谓的两仪，两仪变而产生象征四时的老阳、老阴、少阳、少阴四象，四象变化而产生天地水火风雷山泽的八卦，八卦变化推衍而可判定吉凶，判定吉凶而能成就伟大的事业。

所以能够取法的现象没有比天和地更大的了，能够变化会通的没有比四季更大的了，能高悬物象显示光明的没有比日月更大的了，尊崇高尚没有比富贵更大的了。备置物器供人运用，创成器具以利天下的，没有比圣人更伟大的了。探求繁杂的物象，索求幽隐的事理，钩求深远的法则，获致远大的成就，断定天下的吉凶，成就天下勤勉的事业的，没有比占筮之蓍草和龟甲更伟大的了。

所以天生出神奇的蓍草和灵龟，圣人用它们来建立占筮的法则；天地产生各种变化，圣人便效法其建立《周易》变化哲学；天上显示日月星辰风霜雨雪等表象，预示吉凶，圣人便取法其象定出吉凶悔吝之辞。黄河出现龙图，洛水出现龟书，圣人取法它，从而创制了八卦，制订了九畴。《周易》有四象，是用来指示变动征兆的。在卦体之下撰系的文辞是用来告诉人们取象之意的。在言辞中又定出何为吉何为凶，是用来裁断疑难，告知行事得失的。

《易》曰：“自天祐之，吉无不利。”子曰：“祐者，助也。天之所助者，顺也；人之所助者，信也。履信思乎顺，又以尚贤也。是以‘自天祐之，吉无不利’也。”

子曰：“书不尽言，言不尽意。”然则圣人之意，其不可见乎？子曰：“圣人立象以尽意，设卦以尽情伪，系辞焉以尽其言，变而通之以尽利，鼓之舞之以尽神。”

乾坤，其《易》之缊邪？乾坤成列，而《易》立乎其中矣。乾坤毁，则无以见《易》。《易》不可见，则乾坤或几乎息矣。

是故形而上者谓之道，形而下者谓之器，化而裁之谓之变，推而行之谓之通，举而措之天下之民，谓之事业。

是故夫象，圣人有以见天下之赜，而拟诸其形容，象其物宜，是故谓之象。圣人有以见天下之动，而观其会通，以行其典礼，系辞焉，以断其吉凶，是故谓之爻。极天下之赜者存乎卦，鼓天下之动者存乎辞。化而裁之存乎变，推而行之存乎通，神而明之存乎其人。默而成之，不言而信，存乎德行。

【译文】《易经》说：“有来自上天的保佑，就会吉祥而无不顺利。”孔子说：“保佑，就是帮助的意思。天所帮助的，必定是合适的；人所帮助的，必定是忠信者。履行诚信，考虑到顺应天道，再加上尊重贤人，因此上天就会保佑他，使之处处吉祥无不顺利。”

孔子说：“书面的文字不能完全表达作者想要讲的话，言语不能完全表达人们的思想。”那么，圣人的思想就不能被了解了吗？孔子说：“圣人创设卦象来曲尽其思想，设置六十四卦以竭尽自然万物的情态，又在卦下撰系文辞以尽情表达其言语，又使其变化会通以尽情布施其利于万物，鼓动之、激扬之以尽情发挥神奇的事理。”

乾坤两卦应当是《周易》的精蕴吧？乾坤两卦创设形成而分别上下，《周易》的道理也就确立于其中了。乾坤如果毁灭，则无法见到阳阴矛盾对立的《易经》了，《易经》不能出现，则乾坤化育的道理也几乎要熄灭了。

所以抽象的超出形体之上的精神因素叫做“道”；在形体之下，有具体形体可见的称作“器”；道、器作用变化而裁制以致用，就叫做“变”；顺着变化推广而发挥实行叫做“通”；取此变通之理而施之于天下百姓就叫做“事业”。

所以说象是圣人发现天下万事万物的繁杂而将之比拟为具体的形态，用来象征特定事物的适当合意，因此称之为“象”。圣人看到天下万事万物运动营作，观察其中会合贯通的地方，归纳出经常的法则规范加以推行，并撰系文辞于六十四卦三百八十四爻之下论断吉凶，所以称作“爻”。极尽天下繁杂的物象在于卦形的象征，鼓动天下行动作为在于卦爻辞中的精义，促使万物作用变化而裁制以致用在于变动，顺着变化而推广发挥实行在于会通，使易道神奇而显明则在于人的运用。默默潜修而有所成就，不形之以言辞而能取信于天下，则在于保存了深厚的德行。

系辞下

八卦成列，象在其中矣。因而重之，爻在其中矣。刚柔相推，变在其中矣。

系辞焉而命之，动在其中矣。吉凶悔吝者，生乎动者也。刚柔者，立本者也。变通者，趣时者也。吉凶者，贞胜者也。天地之道，贞观者也。日月之道，贞明者也。天下之动，贞夫一者也。

夫乾确然示人易矣。夫坤隤然示人简矣。爻也者，效此者也。象也者，像此者也。爻象动乎内，吉凶见乎外，功业见乎变，圣人之情见乎辞。

天地之大德曰生，圣人之大宝曰位，何以守位曰仁，何以聚人曰财。理财正辞，禁民为非曰义。

古者包牺氏之王天下也，仰则观象于天，俯则观法于地，观鸟兽之文与地之宜，近取诸身，远取诸物，于是始作八卦，以通神明之德，以类万物之情。

作结绳而为罔罟，以佃以渔，盖取诸离。包牺氏没，神农氏作；斫木为耜，揉木为耒，耒耨之利，以教天下；盖取诸益。日中为市，致天下之民，聚天下之货，交易而退，各得其所，盖取诸噬嗑。

神农氏没，黄帝、尧、舜氏作。通其变，使民不倦，神而化之，使民宜之。《易》，穷则变，变则通，通则久。是以自天祐之，吉无不利。黄帝、尧、舜垂衣裳而天下治，盖取诸乾坤。

刳木为舟，剡木为楫；舟楫之利，以济不通。致远以利天下；盖取诸涣。服牛乘马，引重致远，以利天下，盖取诸随。重门击柝，以待暴客，盖取诸豫。断木为杵，掘地为臼；臼杵之利，万民以济；盖取诸小过。弦木为弧，剡木为矢，弧矢之利，以威天下；盖取诸睽。

【译文】八卦排成阵列，天地间的万种物象便尽在其中了；八卦重叠成六十四卦，三百八十四爻便尽在其中了；阳爻阴爻递相推移，变化之理便尽在其中了。

在卦爻下撰系文辞指明吉凶，适时行动的道理便尽在其中了。“吉、凶、悔、吝”的产生是由于变化行动的结果。阳刚阴柔两爻是确立一卦的根本。变化会通是因应一切活动的适当时机。人事吉凶的规律，说明坚守正道就能获胜。天地自然的规律，表明守正就能向人们显示出来。日月运行的规律，表明守正就能光明普照。天下的一切变动，说明了万物归于端正专一之道。

乾是以其刚健平易示人；坤是以其柔顺简易示人。爻就是效法天地简易的理法而作的；象是模仿天地的情态而设置的。爻和象在卦内的变动运作，吉和凶就在卦外体现了出来；功德事业通过变动而体现，圣人的思想情感在卦爻下的文辞中体现。

天地最伟大的德行，是使万物生生不息；圣人最大的宝物，在于享有崇高的地位。如何守住盛位？用“仁爱”；如何招聚众人？用“财物”。管理财物，端正言行，禁止百姓为非作歹，就是“道义”。

远古时伏羲氏治理天下，他仰头观察天上的现象，低头察视大地的形态，观察鸟兽身上的纹理和适宜于地上生长的种种植物，从近处取法人体的形象，从远处援取万物的形象，于是才创制了八卦，用来融会贯通神明的德行，以分类比拟万物的情状。

伏羲氏编结绳索制成罗网，用来猎兽捕鱼，大概这是取法了离卦的卦象吧。伏羲氏死后，神农氏继起。他砍削树木做成犁头，揉弯大棒制成犁柄，将犁具除草耕耘的便利，教导给天下百姓，这大概是取法了益卦的卦象吧。他规定中午为集市交易时间，招致天下的人们，聚集天下的财货，互相交换贸易，然后各自散归，各人都得到自己所需要的物品，这大概是取法了噬嗑的卦象吧。

神农氏死后，黄帝、尧、舜相继而起。他们会通改变前代的文物制度，使百姓进取不懈，而且神奇地改变人们于不自觉之中，使百姓应用适宜。《周易》的道理是穷极之时就要变化，变化就能通达，通达就能够保持长久。他们能遵循这一变通原理，所以能够“从上天获得保佑，吉祥而无所不利”。黄帝、尧、舜改进服制让人们穿着长垂的衣裳而天下大治，这大概是取法于乾坤两卦的卦象吧。

他们将树木凿空做成舟船，砍削木头制成桨楫。舟船桨楫的便利在于济渡江河，达至远方，从而便利天下的人们，这大概是取法了涣卦的卦象吧。他们御牛乘马，拖载重物直达远方，从而便利天下的人们，这大概是取法于随卦的卦象吧。他们设置多重屋门并敲击木梆巡夜，以防备盗贼侵入，这大概是取法于豫卦的卦象吧。他们砍断木头制成捣杵，挖掘石块用作捣臼，杵、臼的便利使万民可以得其便利，这大概是取法于小过卦的卦象。他们在弯曲的木条上套系弦绳做成弓，砍削木棍做成箭，弓箭的好处是可以用来威慑天下，这大概是取法于睽卦的卦象。

上古穴居而野处，后世圣人易之以宫室；上栋下宇，以待风雨；盖取诸大壮。古之葬者，厚衣之以薪，葬之中野，不封不树，丧期无数；后世圣人易之以棺椁；盖取诸大过。上古结绳而治，后世圣人易之以书契；百官以治，万民以察；盖取诸夬。

是故易者象也。象也者像也。彖者材也。爻也者效天下之动者也。是故吉凶生而悔吝著也。阳卦多阴，阴卦多阳，其故何也？阳卦奇，阴卦耦，其德行何也？阳一君而二民，君子之道也。阴二君而一民，小人之道也。

《易》曰："憧憧往来，朋从尔思。"子曰："天下何思何虑？天下同归而殊途，一致而百虑。天下何思何虑？日往则月来，月往则日来，日月相推而明生焉。寒往则暑来，暑往则寒来，寒暑相推而岁成焉。往者屈也，来者信也，屈信相感而利生焉。尺蠖之屈，以求信也。龙蛇之蛰，以存身也。精义入神，以致用也。利用安身，以崇德也。过此以往，未之或知也。穷神知化，德之盛也。"

《易》曰："困于石，据于蒺藜。入于其宫，不见其妻，凶。"子曰："非所困而困焉，名必辱。非所据而据焉，身必危。既辱且危，死期将至，妻其可得见耶？"

《易》曰："公用射隼于高墉之上，获之，无不利。"子曰："隼者禽也。弓矢者器也。射之者人也。君子藏器于身，待时而动，何不利之有。动而不括，是以出而有获，语成器而动者也。"

【译文】远古的时候，人们居住在洞穴中，露宿在野外，后世圣人建筑房屋居住改变了那种状况，上有栋梁，下有檐宇，用来防御风雨，这大概是取法于大壮卦的卦象吧。古时候的丧葬，只用木柴厚厚地裹覆尸体，埋在荒野里，不建造坟墓，也不种植树木，服丧也没有一定的期限，后代的圣人发明棺椁而改变了以往的习俗，这大概是取法于大过卦的卦象吧。远古的时候，人们结绳记事，处理事务，后代的圣人发明书写文字而改变了过去的结绳方式，百官用它处理事务，万民用它查考琐事，这大概是取法于夬卦的卦象吧。

所以《周易》这本书的内蕴就是卦象，所谓卦象，就是模拟万事万物的形象以喻义。彖辞是解释全卦意义和结构，六爻是效法天下错综复杂的发生和变动。因此，事物的变动得失产生了吉凶，也使悔恨羞吝显现了出来。八卦中阳卦中阴爻居多,而阴卦中阳爻居多。这是为什么呢？因为阳卦中奇数的阳爻是主体，而阴卦中耦数的阴爻是主体。它们各自说明了什么德行呢？阳卦一个君王两个百姓，即少数统治者统治众多的百姓，这是君子的原则。阴卦两个君王而一个百姓，即少数百姓受多数统治者的统治，这是小人的原则。

《周易》咸卦九四爻辞说："来来往往心神恍惚，朋友们最终将顺从你的想法。"孔子解释说："天下的事物有什么可思虑和忧虑的呢？天下万物从不同的道路走归同一个目标，使千百种思虑统归于一种观念。天下的事物有什么可思虑和忧虑的呢？太阳走了，月亮便出来，月亮走了，太阳便升起，太阳和月亮交替推移产生了光明。寒冬过去就有暑夏前来，暑夏过了寒冬又复归，寒暑交替推移而形成年岁。所谓'往'只是暂时的退缩，'来'即是一时的伸展，退缩和伸展交互感应产生了利益。尺蠖将身体弯曲收缩，是为了求得伸展。龙蛇冬眠，是为了保全生命。精研义理，达到神而化之的境界，是为了尽致其用。利用所学安处其身，是为了崇尚品德。超过这种境界再往前发展，大概是没人能够知晓的了。至于穷究神妙的奥理，通晓万物的变化，这是美德隆盛所致。"

《周易》困卦六三的爻辞说："被巨石困住，而背后是多刺的蒺藜。回到家中，看不到自己的妻子，有凶险。"孔子解释说："困穷于不妥当的处所，其名声必然遭受损辱。凭藉不可凭藉的事物，其自身必然遭陷危险。陷入这种既遭损辱又临危险的状况，灭亡的日期即将来临，哪里还能见到妻子呢？"

《周易》解卦上六的爻辞说："王公射杀高墙上的恶隼，一举射获了它，没有什么不利。"孔子解释说："恶隼是飞禽，弓箭是武器，射杀恶隼的是人。君子将利器藏在身上，等待有利时机而行动，哪会有什么不利呢？果断行动毫不迟疑，所以外出必有收获。这是说明先应具备完备的武器而后再有所行动。”

子曰：“小人不耻不仁，不畏不义，不见利不劝，不威不惩。小惩而大诫，此小人之福也。”《易》曰：“履校灭趾，无咎。”此之谓也。善不积不足以成名，恶不积不足以灭身。小人以小善为无益而弗为也，以小恶为无伤而弗去也，故恶积而不可揜，罪大而不可解。《易》曰：“何校灭耳，凶。”

子曰：“危者，安其位者也。亡者，保其存者也。乱者，有其治者也。是故君子安而不忘危，存而不忘亡，治而不忘乱，是以身安而国家可保也。”《易》曰：“其亡其亡，系于苞桑。”

子曰：“德薄而位尊，知小而谋大，力少而任重，鲜不及矣。”《易》曰：“鼎折足，覆公饫，其形渥，凶。”言不胜其任也。

子曰：“知几其神乎。君子上交不谄，下交不渎，其知几乎。几者，动之微，吉凶之先见者也。君子见几而作，不俟终日。”《易》曰：“介于石，不终日，贞吉。”介如石焉，宁用终日，断可识矣。君子知微知彰，知柔知刚，万夫之望。

子曰：“颜氏之子，其殆庶几乎。有不善未尝不知，知之未尝复行也。”《易》曰：“不远复，无祇悔，元吉。”天地絪缊，万物化醇；男女构精，万物化生。《易》曰：“三人行，则损一人。一人行，则得其友。”言致一也。

子曰：“君子安其身而后动，易其心而后语，定其交而后求。君子脩此三者，故全也。危以动，则民不与也。惧以语，则民不应也。无交而求，则民不与也。莫之与，则伤之者至矣。”《易》曰：“莫益之，或击之，立心勿恒，凶。”

子曰：“乾坤，其《易》之门邪！”乾阳物也，坤阴物也。阴阳合德，而刚柔有体。以体天地之撰，以通神明之德。其称名也，杂而不越。

于稽其类，其衰世之意邪？

【译文】孔子说道："小人不知羞耻，不明仁德，不畏正理，不行道义，不看见利益就不愿勤勉向上，不受到威胁就不会戒惧。小的过失给予惩罚就会大为戒慎，这是小人的福气。"《周易》噬嗑卦初九的爻辞说："脚上套上刑具而遮盖了脚趾，无灾咎。"就是说的这个道理。善行不累积就不足以成就美名，罪恶不累积也不足以自灭其身。小人把小善看成不会获益的事而不屑于施行，把小恶看成无伤大体的事而不除去，因此恶行积累满盈而无法掩盖，罪恶大到无法解救的地步。所以《周易》噬嗑卦上九的爻辞说："担负的刑具遮盖了耳朵，有凶险。"

孔子说："凡是遭遇危险的，都是曾逸乐安享于他所居处的位置的。凡是灭亡的，都是曾经自以为可长久统治的。凡是混乱的，都是曾经自以为整治良好的。所以君子居安而不忘危险，生存而不忘灭亡，整治而不忘混乱，这样自身才能安全，国家才能保全。《周易》否卦九五爻辞所说："时刻警惕将灭亡，这样才能像丛生的桑树一样坚固安全。"

孔子说："才德浅薄而身居尊位，智慧浅陋而图谋大事，力量微小却担当重任，这样很少有不遭及灾祸的。"《周易》鼎卦九四的爻辞说："鼎器折断其脚，王公的美食全被翻倒，鼎器上油腻龌龊，会有凶险。"是在说力不足以胜任的情状。

孔子说："能预先知晓事机的微妙可算得上是达到神妙的境界了吧？君子与上交往不谄媚阿谀，与下交往不傲慢，可以说是预知事机的微妙了吧！微妙的事机，是事物变动的细小征兆，是吉凶的结局的预先显现。君子发现微妙的事机就迅速行动，不会整天迟疑等待。"《周易》豫卦六二的爻辞说："像石头一般狷介耿直，这种情况没有持续一整天，坚守正道可获吉祥。"既然有耿介如石的品德，为什么还等了一天呢？当时就能断然知晓。君子知道微隐的事机就知道彰显的事状，知道阴柔的功益也知道阳刚的功益，这是万众所景仰的人物。

孔子说：“颜回这个年轻弟子，他算是接近完美了吧？稍有过失，没有他不知道的，一经发觉，就不会再犯。”《周易》复卦初九的爻辞说：“行之不远即回复正道，不会有灾患、悔恨，至为吉祥。”天地二气缠绵交密，万物感应化育醇厚完美。雌雄交合其精，万物化育生成。所以《周易》损卦六三的爻辞说：“三个人同行，则有一个人离去。一个人独自行旅，则可以得到朋友。”这是说天下事理必须专心致一。

孔子说：“君子必定先使本身安定，然后才可以有所作为。必定先使自己心平气和，然后才发表言论。必定先确定其交往对象，然后才对人有所要求。君子能修养这三项品德，所以待人处事便完美无缺。自身陷入危险而急于行动，民众不会拥护。内心疑惧而发表言论，民众就不会响应。没有交往而对人有所要求，民众就会不愿给予。如无人赞助给予，那伤害你的人就会到来。”《周易》益卦上九的爻辞说：“没有人增益援助，有人攻击，不能长久恒守立下的心志，会有凶险。”

孔子说：“乾坤两卦，应该是《周易》的门户吧！”乾是阳性的物象，坤是阴性的物象。阴阳的德行相与配合，由此产生各卦阴阳交错的形体，可以用来体察天地间的一切变化出入，用来通达神奇光明的德行。《易经》中各卦都有其卦名，对这些卦名的称呼看来各有不同，颇为繁杂，但并未超出上述的这些范围。如果要去考察这些卦名所象征的事物属于哪些方面，大概是处于衰败时期的殷末的情况吧？

夫《易》，彰往而察来，而微显阐幽。开而当名，辨物正言，断辞则备矣。其称名也小，其取类也大。其旨远，其辞文。其言曲而中，其事肆而隐。因贰以济民行，以明失得之报。

《易》之兴也，其于中古乎？作《易》者，其有忧患乎？

是故履德之基也，谦德之柄也，复德之本也，恒德之固也，损德之脩也，益德之裕也，困德之辨也，井德之地也，巽德之制也。履和而至，谦尊而光，复小而辨于物，恒杂而不厌，损先难而后易，益长裕而不设，困穷而通，井居其所而迁，巽称而隐。履以和行，谦以制礼，复以自知，恒以一德，损以远害，益以兴利，困以寡怨，井以辨义，巽以行权。

《易》之为书也不可远。为道也屡迁，变动不居。周流六虚，上下无常，刚柔相易，不可为典要，唯变所适。其出入以度外内，使知惧，又明于忧患与故。无有师保，如临父母。初率其辞而揆其方。既有典常，苟非其人，道不虚行。

《易》之为书也，原始要终，以为质也。六爻之相杂，唯其时物也。其初难知，其上易知，本末也。初辞拟之，卒成之终。若夫杂物撰德，辨是与非，则非其中爻不备。噫！亦要存亡吉凶，则居可知矣。知者观其彖辞，则思过半矣。

二与四同功而异位，其善不同，二多誉，四多惧，近也。柔之为道，不利远者。其要无咎，其用柔中也。三与五同功而异位，三多凶，五多功，贵贱之等也。其柔危，其刚胜邪？

【译文】《周易》啊，彰显以往的历史教训而预察未来，把微妙的道理显露出来并阐明它的幽秘精华。排开易卦而取适当的名称，辨别物象而下正确的《卦辞》《爻辞》，可供易理判断的卦辞就完备了。易卦的名称虽小，但所取的类别却很大。各卦的深旨也很远大，它的《卦辞》很文雅。《爻辞》曲折而中肯，所要喻指预测的事情多而且很隐蔽。它靠乾坤贰德以普济人民的修养行事，以明白天下积善行恶所得所失的报应。

《周易》的兴起，大概是在中古殷代的末期吧？《周易》的作者，大概是心怀忧患吧?

所以履卦是建立德业的基础，谦卦是施行德行的把柄，复卦是道德的根本，恒卦是巩固道德的前提，损卦是修养道德的途径，益卦是增益宽大道德的方法，困卦是检验道德的准绳，井卦是居守道德的处所，巽卦是展示道德的制约。履卦是使人和顺小心达到极致，谦卦是教人谦虚待人从而使德业尊贵光明，复卦是教人于微小处分辨善恶，恒卦是教人于复杂环境中恒守正固不生厌倦，损卦是教人受惩忿窒欲之难而后才能行事获功之易，益卦是教人增长德行并使之日益充裕而不虚假造作，困卦是教人在困境中磨炼身心以求得亨通，井卦是教人安于所居而施惠于他人，巽卦是教人巽顺入理因势利导，隐而不露。履卦的道理可以用来和顺行事；谦卦的道理可以用来控制礼节，复卦是教人反求诸己复归本性；恒卦是教人始终如一贯彻德行；损卦是教人克制减损欲望，远离灾害；益卦是教人益人益己，增兴福利；困卦是教人艰苦奋斗，不怨天尤人；井卦是教人辨识义理的来源；巽卦是教人顺合时宜，行使权力。

《易经》作为书籍，不可远离它胡作非为。易道也曾屡屡迁移，变化运动从未停止。它周转轮流六个虚爻，上下移动变化无常，刚柔六爻互相变易，不可作为僵化的经典要籍，唯有因时变化才能适应实际需要。易理的变化出入，用以测度外界和内心，使人既知道畏惧守法，又能明白忧患意识。它使人虽没有师长保护，却如同在父母身边一样。初学时就必须认真遵循《易经》的卦辞，仔细揣度它的方法原则。既然有了完备的经典，就不能学非其人，易道是绝不会虚行一场的。

《易》作为书籍，是追索事物的初始终结从而探知矛盾运动的本质的。六爻交相混杂而预示吉凶，唯一的原因是它的时境与物象间的关系。它的初爻推断是难以确知的，而上爻的结果则比较容易知道，这就是事物本末的关系。初爻的卦辞拟定后，就可以一直写到六爻的完成和运动的终结了。如果某卦杂取各类事物来撰写易德，而又要想辨明它的是与非的时候，那就只有它的中爻之义才是最完备的。噫！如果要知道事情发展的存亡吉凶，那只要把握易德就可以了。知晓易德者只要细观审察各卦的《彖传》词句，就可以懂得它的过半含义了。

二爻与四爻的事功相同而地位不同，是因为它们的善德行为不同：二爻往往多得荣誉，四爻往往多受惊惧，这是它靠近卦主九五和六五的缘故。柔弱者的运行规律，是不利于远离阳刚者的，所以阴爻的要点是不要有过错，它的功用以柔和适中为好。三爻与五爻事功相同而地位不同：三爻往往多遭凶险，五爻往往多得功劳，这是两爻的贵贱等级所决定的。一般而言大都是柔弱的危险，刚强的胜出吧？

《易》之为书也，广大悉备。有天道焉，有人道焉，有地道焉。兼三材而两之，故六。六者非它也，三材之道也。道有变动，故曰爻。爻有等，故曰物。物相杂，故曰文。文不当，故吉凶生焉。

《易》之兴也，其当殷之末世、周之盛德邪？当文王与纣之事邪？是故其辞危。危者使平，易者使倾。其道甚大，百物不废。惧以终始，其要无咎。此之谓《易》之道也。

夫乾，天下之至健也，德行恒易以知险。夫坤，天下之至顺也，德行恒简以知阻。能说诸心，能研诸侯之虑，定天下之吉凶，成天下之亹亹者，是故变化云为，吉事有祥。象事知器，占事知来。

天地设位，圣人成能。人谋鬼谋，百姓与能。八卦以象告，爻彖以情言。刚柔杂居，而吉凶可见矣。变动以利言，吉凶以情迁。是故爱恶相攻而吉凶生。远近相取而悔吝生，情伪相感而利害生。

凡《易》之情，近而不相得则凶。或害之，悔且吝。将叛者其辞惭，中心疑者其辞枝。吉人之辞寡，躁人之辞多。诬善之人其辞游，失其守者其辞屈。

【译文】《易》作为书籍，内容广博宏大无所不备：其中有天道规律、地道法则、人道准则。它兼有天地人“三才”而两卦重叠，所以有六爻。六爻的含义没有其他，只是代表天地人“三才”的规律。规律会有变动，所以叫做“爻”。“爻”有等级差别，所以叫做物象；物象互相混杂，所以叫做易德文理；易德文理有时不当位，故此吉祥凶险时有发生。

《周易》的兴起，是正当殷朝德衰的末世，周朝盛德光大而崛起的时期吧？它描述的是当时周文王与商纣王之间的事情吧？所以它的爻辞具有危机感。什么是易理？能够使危难深重者平安，使离道改易者倾覆；道理内涵非常深广，万事百物都不偏废，对其发展自始至终保持警惧忧患的心态，并以言行毫无灾祸为要旨，这就叫做《易》的道理。

乾是天下最为刚健的象征，其品德操行恒久且平易，知道险难之所在。坤是天下最为柔顺的象征，其品德操行恒久而简易，知道阻隔之所在。《周易》的道理，能使身心和悦，能精研思虑，断定天下吉凶得失，能成就天下勤勉不息之事业。所以，天地万物的变化作为，吉利的事情必有祥和的征兆。观察万事万物的现象，就能了解事物的发展变化。占问眼前的事情，就能知晓未来的结果。

天地设定了上下尊卑的位置，圣人仿效它推演成《周易》的理象而广施功用，使人的谋虑与鬼神的沟通，连寻常百姓也能掌握《周易》的功用。八卦是以卦象来喻示哲理，爻辞彖辞是拟取事物的具体情态来陈述卦义，刚柔各爻互相交错居处，从中可发现吉凶之征兆。刚柔运动得当与否是通过有利或不利来表示，最终的吉与凶是根据事物的情态而推迁，因此爱与恶的相互冲击中产生出吉凶，爻位间的远近感应不得其道就会产生出悔吝，从真情相感或虚伪相感中产生出利害关系。

《周易》中拟取的事物情态是，凡两相接近而互不相得就会有凶险。或者遭受外来的伤害，而蒙受悔恨和憾惜。将要反叛的人，其说话时神色一定有愧色。心中有疑惑的人，其言辞一定混乱不清。贤美有修养的人，其言辞真善简括。心地浮躁的人，其言辞多而繁杂。诬害善良的人，其言辞游移虚浮。有失操守的人，其言辞多含混曲折。

说卦

昔者圣人之作《易》也，幽赞于神明而生蓍，参天两地而倚数，观变于阴阳而立卦，发挥于刚柔而生爻，和顺于道德而理于义。穷理尽性以至于命。

昔者圣人之作《易》也，将以顺性命之理。是以立天之道，曰阴与阳。立地之道，曰柔与刚。立人之道，曰仁与义。兼三才而两之，故《易》六画而成卦。分阴分阳，迭用柔刚，故《易》六位而成章。

天地定位，山泽通气，雷风相薄，水火不相射，八卦相错。数往者顺，知来者逆，是故《易》逆数也。

雷以动之，风以散之，雨以润之，日以烜之，艮以止之，兑以说之，乾以君之，坤以藏之。

帝出乎震，齐乎巽，相见乎离，致役乎坤，说言乎兑，战乎乾，劳乎坎，成言乎艮。

万物出乎震，震东方也。齐乎巽，巽东南也，齐也者，言万物之絜齐也。离也者明也，万物皆相见，南方之卦也。圣人南面而听天下，向明而治，盖取诸此也。坤也者，地也，万物皆致养焉，故曰：致役乎坤。兑正秋也，万物之所说也，故曰：说言乎兑。战乎乾，乾西北之卦也，言阴阳相薄也。坎者，水也，正北方之卦也，劳卦也，万物之所归也，故曰：劳乎坎。艮东北之卦也，万物之所成，终而所成始也，故曰：

成言乎艮。

神也者，妙万物而为言者也。动万物者，莫疾乎雷。桡万物者，莫疾乎风。熯万物者，莫熯乎火。说万物者，莫说乎泽。润万物者，莫润乎水。终万物始万物者，莫盛乎艮。故水火相逮，雷风不相悖。山泽通气，然后能变化，既成万物也。

【译文】从前，圣人创作《易》，是暗中帮助神妙、明显的变化，发明了用蓍草进行占筮的方法。这个方法是，把天数、地数两相掺杂而确立了“大衍之数”。观察了天地间的阴阳变化而确立了卦象。发挥了事物中刚健、柔顺的不同性质而产生了爻。这个过程，符合顺应天道人德，也适合事物的道理。穷尽了事理和人性，所以体现了天地、万物和人的发展变化的必然性。

从前，圣人创作《易》，是指用它来顺应人性、天命的规律。所以，确立天的法则，称作阴和阳；确立地的法则，称作柔和刚；确立人的法则，称作仁和义。把兼备了天、地、人的三才加以重叠，就产生了六画的卦形。卦形有阴阳的分别，交替地运用柔爻、刚爻，所以《易》中的六个卦位就形成了自己的章法。

天和地的位置是确定的，山和泽相互通气，风雷互相迫击，水火不相容，但也不相互击射，这样就形成了交错的八卦。推算往事是顺当的，预见未来就需要逆着时间顺序进行，因此《易》是逆着时间顺序进行预测的。

雷是用来鼓动万物的，风是用来吹拂万物的，雨是用来滋润万物的，太阳是用来照晒万物的，艮是用来阻止万物运动的，兑是用来使万物喜悦的，乾是用来统治万物的，坤是用来包藏万物的。

天帝用雷震使万物产生，巽风使万物长齐，离日使万物相见，坤地使万物得到养育，使万物喜悦是说来自兑卦，生与死的战斗来自乾卦，疲劳来自坎卦，完成是说来自艮卦。

万物产生于震卦，是由于震卦象征东方。“齐乎巽”，是由于巽卦象征东南方；所谓齐，是指万物整齐地生长。所谓“离”，就是光明，光明就可以使万物彼此看得见；离是象征南方的卦，圣人面向南而听取天下的政务，表现出面对光明而治理天下，大概是取法于这一卦。所谓“坤”就是地，万物都是从它那里得到养育，所以说“致役乎坤”。兑卦象征秋天，万物成熟因而喜悦，所以说“说言乎兑”。所谓“战乎乾”，乾是象征西北方的卦，表明阴气、阳气相互搏斗。坎卦象征水，是正北方的卦，是表现疲劳的卦，万物应该归藏休息了，所以说“劳乎坎”。艮是象征东北方的卦，万物在这里形成终了，也将形成开始，所以说“成言乎艮”。

所谓“神”，是指万物神妙的生长变化而说的。使万物鼓动，没有比雷更快的了；使万物弯曲摇动，没有比风更迅速的了；使万物干燥，没有比火更热的了；使万物喜悦，没有比泽的力量更大的了；使万物受到滋润的，没有比水更湿润的了；使万物终结又开始，没有比艮的作用更大的了。所以水火相济，雷风不背离，山泽互相通气，然后就能够发生变化，生成万物。

乾健也。坤顺也。震动也。巽入也。坎陷也。离丽也。艮止也。兑说也。

乾为马。坤为牛。震为龙。巽为鸡。坎为豕。离为雉。艮为狗。兑为羊。

乾为首。坤为腹。震为足。巽为股。坎为耳。离为目。艮为手。兑为口。

乾天也，故称乎父。坤地也，故称乎母。震一索而得男，故谓之长男。巽一索而得女，故谓之长女。坎再索而得男，故谓之中男。离再索而得女，故谓之中女。艮三索而得男，故谓之少男。兑三索而得女，故谓之少女。

乾为天，为圜，为君，为父，为玉，为金，为寒，为冰，为大赤，为良马，为老马，为瘠马，为驳马，为木果。

【译文】乾卦象征刚健，坤卦象征柔顺。震卦象征行动。巽卦象征进入。坎卦象征险陷。离卦象征附着。艮卦象征停止。兑卦象征喜悦。

乾卦象征马。坤卦象征牛。震卦象征龙。巽卦象征鸡。坎卦象征猪。离卦象征野鸡。艮卦象征狗。兑卦象征羊。

乾卦象征头。坤卦象征人腹。震卦象征脚。巽卦象征大腿。坎卦象征耳朵。离卦象征眼睛。艮卦象征手。兑卦象征嘴。

乾象征天，所以相当于父亲。坤卦象征地，所以相当于母亲。震卦是坤母向乾父索取了一个阳爻，放在“初”位上，阳爻象征儿子，所以称它作长子。巽卦是乾父向坤母索取了一个阴爻，放在“初”位上，阴爻象征女儿，所以称它为长女。坎卦是坤母向乾父第二次索取了一个阳爻放在“二”位上，阳爻象征儿子，所以称它为中男。离卦是乾父第二次向坤母索取了一个阴爻放在“二”位上，阴爻象征女儿，所以称它作中女。艮卦是坤母第三次向乾父索取一个阳爻放在“三”位上，阳爻象征儿子，所以称它作少男。兑卦是乾父向坤母第三次索取了一个阴爻放在“三”位上，阴爻象征女儿，所以称它为少女。

乾卦是天、圆的、君王、父亲、玉石、金属、寒冷、结冰、大红色、良马、老马、瘦马、杂色马、树上果实的象征。

坤为地，为母，为布，为釜，为吝啬，为均，为子母牛，为大舆，为文，为众，为柄。其于地也为黑。

震为雷，为龙，为玄黄，为旉，为大涂，为长子，为决躁，为苍筤竹，为萑苇。其于马也，为善鸣，为馵足，为作足，为的颡。其于稼也，为反生。其究为健，为蕃鲜。

巽为木，为风，为长女，为绳直，为工，为白，为长，为高，为进退，为不果，为臭。其于人也，为寡发，为广颡，为多白眼，为近利市三倍。其究为躁卦。

坎为水，为沟渎，为隐伏，为矫輮，为弓轮。其于人也，为加忧，为心病，为耳痛，为血卦，为赤。其于马也，为美脊，为亟心，为下首，为薄蹄，为曳。其于舆也，为多眚，为通，为月，为盗。其于木也，为坚多心。

离为火，为日，为电，为中女，为甲胄，为戈兵。其于人也，为大腹，为干卦，为鳖，为蟹，为蠃，为蚌，为龟。其于木也，为科上槁。

艮为山，为径路，为小石，为门阙，为果蓏，为阍寺，为指，为狗，为鼠，为黔喙之属。其于木也，为坚多节。

兑为泽，为少女，为巫，为口舌，为毁折，为附决。其于地也，为刚卤。为妾，为羊。

【译文】坤卦是地、母亲、布匹、锅、吝啬、平均、母牛、大车、文采、民众、把柄的象征。它作为地的象征，所以也代表黑色。

震卦是雷、龙、黑黄色、开花、大路、长子、果决躁动、青竹、芦苇的象征。以马来说，它是那些善鸣的、后腿是白色的、跑得快的、额上是白色的马的象征。以庄稼来说，它是那些倒生作物的象征。总之，它是具有刚健、繁盛、新鲜性质的卦。

巽卦是树木、风、长女、直绳、工匠、白色、长远、高、进退、不果断、气味的象征。以人来说，它是秃头、宽额、眼白多、从商获利的象征。总之，它是具有急躁性质的卦。

坎卦是水、沟渠、隐伏、矫輮、弓和木轮的象征。就人来说，它是添忧、心病、耳痛、血以及红色的象征。就马来说，它是脊梁美丽的、性急的、低头的、薄蹄的、拖蹄的马的象征。就车来说，它是破车的象征。又是通畅、月亮、强盗的象征。就树木来说，它是坚固和多枝的象征。

离卦，是火、太阳、电、中女、盔甲、武器的象征。就人来说，是大腹的象征，又是干燥的卦，还是鳖、蟹、螺、蚌、龟的象征。就树木来说，是空心而且树梢干枯的象征。

艮卦是山、小路、小石头、门楼、果实、看门人、手指、狗、老鼠、豺狼一类猛兽的象征。就树木来说，是那种坚固而多节的象征。

兑卦是泽、少女、巫神、口舌、折断、果实成熟而坠落的象征。就土地来说，是盐碱地的象征。又是妾、羊的象征。

序卦

有天地，然后万物生焉。盈天地之间者唯万物，故受之以屯。屯者盈也。屯者物之始生也。物生必蒙，故受之以蒙。蒙者蒙也，物之稺也。物稺不可不养也，故受之以需。需者饮食之道也。饮食必有讼，故受之以讼。讼必有众起，故受之以师。师者众也。众必有所比，故受之以比。比者比也。比必有所畜，故受之以小畜。物畜然后有礼，故受之以履。履者，礼也。履而泰，然后安，故受之以泰。

泰者，通也。物不可以终通，故受之以否，物不可以终否，故受之以同人。与人同者，物必归焉，故受之以大有。有大者不可以盈，故受之以谦。有大而能谦必豫，故受之以豫。豫必有随，故受之以随。以喜随人者必有事，故受之以蛊。蛊者事也。有事而后可大，故受之以临。临者大也。物大然后可观，故受之以观。可观而后有所合，故受之以噬嗑。嗑者合也。物不可以苟合而已，故受之以贲。贲者饰也。致饰然后亨则尽矣，故受之以剥。

剥者，剥也。物不可以终尽剥，穷上反下，故受之以复。复则不妄矣，故受之以无妄。有无妄然后可畜，故受之以大畜。物畜然后可养，故受之以颐。颐者，养也。不养则不可动，故受之以大过。物不可以终过，故受之以坎。坎者，陷也。陷必有所丽，故受之以离。离者，丽也。

【**译文**】有了天地（即乾、坤二卦），然后万物就产生了。万物充满于天地之间，所以接着的是屯卦。屯卦就象征着充满。所谓屯，是指万物开始生长。万物始生的时候必定蒙昧，所以接着的是蒙卦。所谓蒙，就是蒙昧，就是万物幼稚的状态。万物幼小的时候，不可不抚养，所以接着的是需卦。所谓需，就是饮食的道理。饮食就必然有争讼，所以接着的是讼卦。争讼必然有很多人参加，所以接着的是师卦。所谓师，就是众多的意思。人多必然各有亲附，所以接着的是比卦。所谓比，就是亲附的意思。人们亲附互助，必然可以积蓄力量，所以接着的是小畜卦。物质积蓄了就可以讲求礼仪了，所以接着的是履卦。所谓履，就是礼的意思。人们遵守礼仪，社会就会安泰，所以接着的是泰卦。

所谓泰，就是指安泰的时候，万事就亨通了。但是事物不可能总是通顺，所以接着的是否卦。同样，事物不可能总是不顺利，所以接着的是同人卦。同别人同心同德，物质财富也必然会随之而来，所以接着的是大有卦。有了大量的财富后，不可以自满，所以接着的是谦卦。有了大量财富，又能谦虚待人，一定会安乐，所以接着的是豫卦。安乐必然有人追随，所以接着的是随卦。乐于追随他人安乐的，总要发生事端，所以接着的是蛊卦。所谓蛊，就是由于沉溺于安乐而发生腐败的事，所以需要整治。从事整治以后，事业就可以光大，所以接着的是临卦。所谓“临”，就是光大的意思。事物光大以后，就很值得观摩，所以接着的是观卦。观摩以后，必然同思想感情有所吻合共鸣，所以接着的是噬嗑卦。所谓嗑，就是契合的意思。但是事物不应该随便契合，所以接着的是贲卦。所谓贲，就是文饰的意思。致力于文饰，就可以亨通；亨通之后，就会文饰过了头，所以接着的是剥卦。

所谓剥，就是剥落的意思。但事物不可能永远剥落，剥落到尽头，就可以从上面返回到下面，重新上升，所以接着的是复卦。复归到正道上来，就可以不虚妄了，所以接着的是无妄卦。行动不虚妄，就可以积蓄力量和财富，所以接着的是大畜卦。积蓄了足够的物资，就可以休养，所以接着的是颐卦。所谓颐，就是休养的意思。不休养就不能行动，但也不能休养过了头，所以接着的是大过卦。矫枉可以过正，但不能过头，所以接着的是坎卦。所谓坎，就是陷落。陷落一定要有所攀附，所以接着的是离卦。所谓离，就是附丽、攀附的意思。

有天地，然后有万物。有万物，然后有男女。有男女，然后有夫妇。有夫妇，然后有父子。有父子，然后有君臣。有君臣，然后有上下。有上下，然后礼义有所错。

夫妇之道不可以不久也，故受之以恒。恒者久也。物不可以久居其所，故受之以遯。遯者退也。物不可以终遯，故受之以大壮。物不可以终壮，故受之以晋。晋者进也。进必有所伤，故受之以明夷。夷者伤也。伤于外者，必反于家，故受之以家人；家道穷必乖，故受之以睽。睽者乖也。乖必有难，故受之以蹇。

蹇者难也。物不可以终难，故受之以解。解者缓也。缓必有所失，故受之以损。损而不已必益，故受之以益。益而不已必决，故受之以夬。夬者决也。决必有所遇，故受之以姤。姤者遇也。物相遇而后聚，故受之以萃。萃者聚也。聚而上者，谓之升，故受之以升。升而不已必困，故受之以困。困乎上者必反下，故受之以井。井道不可不革，故受之以革。革物者莫若鼎，故受之以鼎。主器者莫若长子，故受之以震。

震者动也。物不可以终动，止之，故受之以艮。艮者止也。物不可以终止，故受之以渐。渐者进也。进必有所归，故受之以归妹。得其所归者必大，故受之以丰。丰者大也。穷大者必失其居，故受之以旅。旅而无所容，故受之以巽。

巽者入也。入而后说之，故受之以兑。兑者说也。说而后散之，故受之以涣。涣者离也。物不可以终离，故受之以节。节而信之，故受之以中孚。有其信者必行之，故受之以小过。有过物者必济，故受之以既济。物不可穷也，故受之以未济，终焉。

【译文】有了天地以后，就有了万物。有了万物以后，就有了男女。有了男女以后，就有了夫妇。有了夫妇以后，就有了父子。有了父子以后，就有了君臣。有了君臣以后，就分出了上下等级关系，有了上下等级关系，礼义就可以在这方面施行。

夫妻关系不可以不长久，所以接着的是恒卦。所谓恒，就是久远的意思。事物又不可能永远停留在一个地方，所以接着的是遯卦。所谓遁，就是退避的意思。但事物不可能永远退避，所以接着的是大壮卦。事物不可能始终壮大，所以接着的是晋卦。所谓晋，就是前进。前进之中难免挫折受伤，所以接着的是明夷卦。所谓夷，就是伤害的意思。在外面受伤的人，一定要返回家里，所以接着的是家人卦。家道贫穷了，事情必定乖违，所以接着的是睽卦。所谓睽，就是乖违的意思。乖违必定有困难，所以接着的是蹇卦。

所谓蹇，就是行动困难。事情不可能永远处于困难之中，所以接着的是解卦。所谓解，就是缓解。缓和必然会有损失，所以接着的是损卦。损失不止，必定会转向增益，所以接着的是益卦。增益不止，一定会溃决，所以接着的是夬卦。所谓夬，就是溃决的意思。溃决之后，必定会遇到补救，所以接着的是姤卦。所谓姤，就是遭遇的意思。事物相遇，就会相聚，所以接着的是萃卦。所谓萃，就是聚集的意思。聚集而向上发展，就叫作升，所以接着的是升卦。上升不止，一定会发生困难，所以接着的是困卦。在上面受困，必然会返回到下面，最下面就是水井，所以接着的是井卦。使用井的道理是时间长了就要淘清，这就是革新，所以接着的是革卦。使食物改变味道，没有比鼎的作用更大的了，所以接着的是鼎卦。鼎又是祭器，主持祭祀的没有比长子更合适的了，所以接着的是震卦。

所谓震，就是动的意思。万物不可能始终运动，需要让它停止，所以接着的是艮卦。所谓艮，就是停止的意思。万物也不能永远停止，所以接着的是渐卦。所谓渐，就是渐进的意思。前进一定要有归宿，所以接着的是归妹卦。得到良好的归宿，事业就可以扩大，所以接着的是丰卦。所谓丰，就是盛大的意思。盛大到了极点，就会不安于原有的居处，所以接着的是旅卦。旅行的时候，没有地方容身，就要寻找一个地方进去住，所以接着的是巽卦。

所谓巽，就是表示进入的意思。进入到可以居住的地方，自然会喜悦，所以接着的是兑卦。所谓兑，就是喜悦的意思。喜悦总会过去，所以接着的是涣卦。所谓涣，就是离散的意思。事物不可能始终离散，所以接着的是节卦。有节制的人，言行就会有信用，所以接着的是中孚卦。有诚信必然能够实行，实行之中，难免会有失误，所以接着的是小过卦。有过失得到改进，一定会成功，所以接着的是既济卦。万物的运动是不可能穷尽的，所以接着的是未济卦，六十四卦就结束了，但结束于未济意味着重新开始。

杂卦

乾刚坤柔。比乐师忧。临观之义，或与或求。屯见而不失其居。蒙杂而著。震起也。艮止也。损益，盛衰之始也。大畜时也。无妄灾也。萃聚而升不来也。谦轻而豫怠也。噬嗑食也。贲无色也。兑见而巽伏也。随无故也。蛊则饬也。剥烂也。复反也。晋昼也。明夷诛也。井通而困相遇也。咸速也。恒久也。涣离也。节止也。解缓也。蹇难也。睽外也。家人内也。否泰反其类也。

大壮则止，遯则退也。大有众也。同人亲也。革去故也。鼎取新也。小过过也。中孚信也。丰多故也。亲寡旅也。离上而坎下也。小畜寡也。履不处也。需不进也。讼不亲也。大过颠也。姤遇也，柔遇刚也。渐女归待男行也。颐养正也。既济定也。归妹女之终也。未济男之穷也。夬决也，刚决柔也。君子道长，小人道忧也。

【**译文**】乾卦德行刚健而坤卦品性柔顺，比卦亲近欢乐而师卦心头忧愁。临、观两卦的卦义，或者给予或者请求。屯卦表示端倪初见而不失其本来居所。蒙卦的思虑繁杂而显著。震卦是万事起动，艮卦是一切停止，损、益两 卦是事业万物盛衰的开始。大畜是适时蓄积，无妄是无端遭灾而不妄为，萃卦是积聚而升卦是上升不落下来。谦卦是轻己尊人而豫卦是安逸懈怠。噬嗑卦借食喻争，贲卦不多润色，兑卦喜见会说而巽卦驯服隐伏。随卦是无故追随，蛊卦是整饬治理。剥卦是烂脱剥落，复卦是反复回归。晋卦光明如昼，明夷卦是洞察黑暗和诛杀，井卦表示流通助人而困卦表示遇困受阻。咸卦表示迅速感应，恒卦表示永久保持，涣卦表示四分离散，节卦表示适度制止。解卦表示慢慢缓解，蹇卦表示步步艰难。睽卦表示外拒排斥，家人卦表示内部和谐。否、泰两卦类别相反，一个否定一个肯定。

大壮表示盛极而止；遯卦表示退让隐避。大有表示众多，同人表示亲和；革卦除去故弊，鼎卦采取新法；小过纠枉过正，中孚诚信中直。丰卦荫蔽是因为丰茂过多，亲人远离寡居在外正是旅卦的含义。离卦表示火焰向上而坎卦表示水流向下。小畜是积累得比较寡少，履卦是谨慎不处。需卦是等待不进，讼卦是争讼而不亲近。大过是颠倒正反，是非不分。姤卦是巧遇媾和，柔弱遇到了刚强。渐卦表示女儿出嫁，等待男子的迎亲行动。颐卦是涵养正气，既济卦是大事已定。归妹卦是女儿有了好归宿，未济卦表示男子的穷困未展。夬卦之德表示冲决突破，象征刚爻和柔爻的决裂。大易之德清楚表明：君子之道宽广而长久，小人之道狭窄而忧愁。

参考文献

1. 张立文 .《帛书周易注译》. 郑州：中州古籍出版社，2008

2. 于豪亮 .《马王堆帛书〈周易〉释文校注》. 上海：上海古籍出版社，2013

3. 张政烺，李零 .《张政烺论易丛稿》. 北京：中华书局，2015

4. 廖名春 .《帛书〈周易〉论集》. 上海：上海古籍出版社，2008

5. 朱熹，廖名春 .《周易本义》. 北京：中华书局，2009

6. 黄寿祺，张善文 .《周易译注》. 上海：上海古籍出版社，2018

7. 裘锡圭，《长沙马王堆汉墓简帛集成》. 北京：中华书局，2014

图书在版编目（CIP）数据

帛书周易 / 李克译注. -- 北京 ：北京联合出版公司，2023.11
ISBN 978-7-5596-7254-4

Ⅰ. ①帛… Ⅱ. ①李… Ⅲ. ①《周易》－注释 Ⅳ. ①B221.2

中国国家版本馆CIP数据核字(2023)第195409号

帛书周易

作　　者：李　克　译注
出 品 人：赵红仕
责任编辑：肖　桓
封面设计：周　亮
内文排版：北京崇贤馆

北京联合出版公司出版
（北京市西城区德外大街83号楼9层　100088）
鑫艺佳利（天津）印刷有限公司　　新华书店经销
字数260千字　710 毫米 × 960 毫米　1/16　24 印张
2023 年11月第1版　2023 年11月第1次印刷
ISBN 978-7-5596-7254-4
定价：89.00 元